अंतर्वस्तु

लेखक के बारे में

डॉ अमोल मौर्य एक रियल एस्टेट उद्योगी और एक रियल एस्टेट कोच और ट्रेनर है। उन्होंने "कंस्यूमर बाइंग बिहैवियर इन रियल एस्टेट" में भारत की पहली पीएच.डी. की है। वह भारत के प्रमुख रियल एस्टेट कोच और रियल एस्टेट यूट्रूबर हैं, जिनके पास भारत में रियल एस्टेट क्षेत्र में सबसे अधिक दर्शक हैं। डॉ. अमोल मौर्य के पास एशिया के टॉप रियल एस्टेट हस्तियों के इंटरव्यूव् आयोजित करने और इसे यूट्यूब पर अपलोड करने के लिए इंडिया बुक और एशिया बुक ऑफ रिकॉर्ड्स हैं।

अपने पीएच.डी. अनुसंधान में, उन्होंने 2000+ ग्राहकों, 200+ कर्मचारियों और रियल एस्टेट कंपनियों के 50+ डायरेक्टर का इंटरव्यूव् लिया। उन्होंने अब तक 2,00,000 से अधिक लोगों को प्रशिक्षित किया है और भारत के 50+ शहरों में ट्रेनिंग दिया है। वह अगले 10 वर्षों के भीतर 1 लाख से अधिक रियल एस्टेट उद्यमियों को सशक्त बनाने और रियल एस्टेट क्षेत्र के माध्यम से रोजगार के लाखों लोगो को रोजगार देने के मिशन पर हैं।

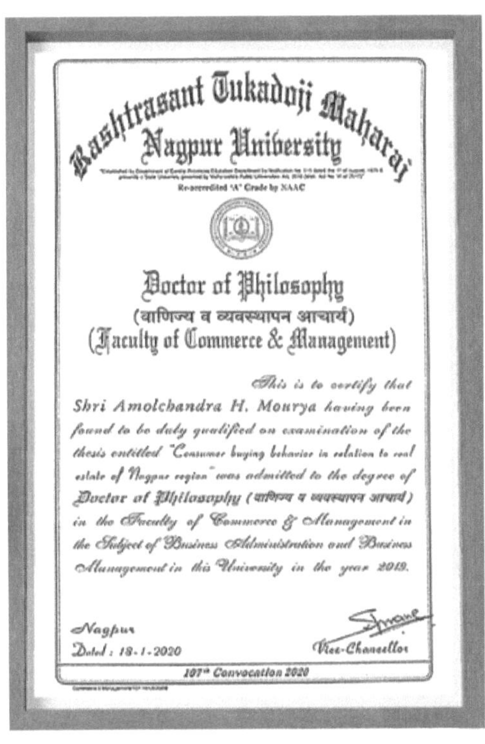

"कंस्यूमर बाइंग बिहैवियर इन रियल एस्टेट" में भारत की पहली पीएच.डी.

आभार

इस किताब को खरीदने का निर्णय लेने के लिए आपका बहुत-बहुत धन्यवाद। यह किताब आपके हाथ में है, इसका मतलब है कि आप अपने जीवन में कुछ बदलना चाहते हैं, खासकर आपके रियल एस्टेट उद्योग में। मैं आपको सबसे पहले धन्यवाद देना चाहता हूं। मैं आपको धन्यवाद क्यों दे रहा हूं? क्योंकि आप ही वह कारण हैं जिसके कारण मैंने यह किताब लिखी है।

आपने हमारे यूट्यूब चैनल, लिंक्डइन, फेसबुक और इंस्टाग्राम पर रियल एस्टेट गेम चेंजर्स के इंटरव्यूव् सीरीज को महत्व दिया है। हमारे यूट्यूब चैनल पर रियल एस्टेट गेम चेंजर्स के इंटरव्यूव् देखने के बाद बोहोत सारे लोग इस किताब को खरीद रहे हैं। इसलिए रियल एस्टेट गेम चेंजर्स खरीदने के लिए और अपना बहुमूल्य समय देने के लिए मैं सबसे पहले आपको धन्यवाद देना चाहता हु। अब मैं अपने जीवन में सभी शिक्षकों, सलाहकारों और प्रशिक्षकों को धन्यवाद देना चाहता हूं, जिन्होंने मुझे अपने जीवन के प्रत्येक चरण मुझे मदद की है जिसके कारण इस किताब को लिखने के बारे में सक्षम बन पाया हूं।

मैं उनका आभारी हूं जिन्होंने मेरे स्कूली जीवन से लेकर मेरे पोस्ट-ग्रेजुएशन जीवन तक मेरा मार्गर्शन किया। दुनिया भर में मैंने जिन प्रशिक्षकों से मुलाकात की है, या जिनकी मैंने किताबे पढ़ी है या किसी माध्यम से मैंने उनसे सीखा है, मैं उनका आभारी हूं। मैं ब्लेयर सिंगर का विशेष रूप से आभारी हूं जिन्होंने अपने जीवन में महान काम किया और उनके कार्यों से और विचारो से ही मुझे प्रेरणा मिली। मैं अपने परिवार के सदस्यों और अपनी पत्नी को धन्यवाद देना चाहता हूं कि हम जिस कठिन परिस्थिति से गुजरे हैं, उन्होंने हमेशा मेरे जीवन के हर पहलू में मेरा साथ दिया।

मैं अपनी मां और अपने पिता को धन्यवाद देना चाहता हूं कि उन्होंने कड़ी मेहनत की है। मैंने अपने पिता से बहुत कुछ सीखा जो की दूकान चला

रहे थे और 16 सदस्यों के परिवार का प्रबंधन कर रहे थे। मैं अपनी मां का शुक्रिया अदा करना चाहता हूं जो मेरी पढ़ाई के लिए कपड़े सिलती थीं। यह उनकी कड़ी मेहनत, समर्पण और प्रयासों के कारण है कि मैं सफलता के इस स्तर तक पहुंच सका हूं। हर कठिन परिस्थति में और निराशाजनक समय में मुझे नयी ऊर्जा देने के लिए मैं अपने बड़े बेटे दुर्वांक और छोटे बेटे रियान का शुक्रिया करना चाहता हु।

सबसे महत्वपूर्ण मैं विन-विन ट्रेनिंग की अपनी पूरी टीम को धन्यवाद देना चाहता हूं क्योकि वे इस किताब के पीछे का सबसे मजबूत स्तंभ हैं। आज यह सपना केवल उनकी मेहनत के वजह से ही साकार हो पाया है। अगर मेरी टीम नहीं होती तो मैं यह सब नहीं कर पाता। इसलिए मैं टीम के प्रत्येक सदस्य को धन्यवाद देना चाहता हूं, जिन्होंने इंटरव्यूव् आयोजित करने में हमारी मदद की है और जिन्होंने सीईओ और हमारी कंपनी के बीच एक पुल के रूप में काम किया है। मीनल येवले मैडम से लेकर प्रणिता सरभैया मैडम - जो की हमारी कॉर्पोरेट कम्युनिकेशन की टीम का नेतृत्व करने की जिम्मेदारी सँभालते रहे है। योगेश नारखेड़े सर से लेकर यश मौर्य सर जो की हमारी कंपनी की ग्राफिक डिज़ाइन, यूट्यूब चैनल मार्केटिंग, फेसबुक और इंस्टाग्राम मार्केटिंग आदि जिम्मेदारियों को सँभालते रहे है। हम अन्य दो कंपनियों (वेल्थ क्रिएटर्स प्रॉपर्टी एंड अर्थ इंटिरियर्स) के टीम सदस्यों के भी आभारी हैं। इतने लंबे समय तक शोध करने में और हमारे रियल एस्टेट गेम चेंजर्स सिस्टम का प्रयोग करने में उन्होंने हमारा सहयोग किया है। अंत में, मैं प्रकाशकों को हम पर विश्वास करने और हर मोड़ पर हमारा सहयोग करने के लिए धन्यवाद कहना चाहता हूं। क्योकि उन्ही की वजह से हम सभी इस महान कार्य को आपने सामने प्रस्तुत रहे है।

अंत में, सभी आध्यात्मिक गुरुओं को धन्यवाद, जिन्होंने मुझे एक असाधारण दिशा में निर्णय लेने का विश्वास और साहस दिया। 2011 में मैंने अपनी पीएचडी शुरुवात की, पूरे भारत में ऐसा कोई व्यक्ति नहीं था जिसने इस विषय पर शोध किया हो। इसलिए मैं उन सभी आध्यात्मिक गुरुओं को धन्यवाद देना चाहता हूं जिन्होंने मुझे प्रेरित किया और जिनसे मैंने अपने जीवन के पहलुओं को सीखा। मैं फिर से सभी पाठकों और यूट्यूब चैनल

सब्सक्राइबर्स को धन्यवाद देना चाहता हूं। सबसे महत्वपूर्ण बात यह है कि मैं उन्हें धन्यवाद देना चाहता हूं, क्योंकि उनसे हमें नियमित रूप से प्रेरणा मिलती है। वीडियो पर वे हमें जिस तरह की टिप्पणियां देते हैं, वे हमें और अधिक मूल्य देने के लिए प्रेरित करते हैं। इस किताब के माध्यम से हमने आप सभी को सर्वोत्तम मूल्य प्रदान करने का प्रयास किया है। रियल एस्टेट गेम चेंजर्स की यात्रा के दौरान अपार प्यार और समर्थन देने के लिए एक बार फिर से धन्यवाद। मैं सभी सीईओ को धन्यवाद देना चाहता हूं क्योंकि उनके बिना यह किताब लिखना असंभव था। मैं कंपनियों के सभी बड़े रियल एस्टेट सीईओ के सभी स्टाफ सदस्यों और टीम के सदस्यों को धन्यवाद देना चाहता हूं जिन्होंने अपने सीईओ के इंटरव्यूव् आयोजित करने में हमारा समर्थन किया है।

यह कार्य हमसे जुड़ा प्रत्येक व्यक्ति का संयुक्त प्रयास है। हमने न केवल टॉप कंपनियों के सीइओ को इंटरव्यूव् देने वाले के रूप में शामिल किया है बल्कि वे इस किताब के सह-लेखक हैं। उनके 10 साल, 20 साल, 30 साल, 40 साल और 50 साल के अनुभव के कारण हम यह किताब की रचना कर पाए हैं। हम तहे दिल से उन सभी 50+ सीईओ के आभारी हैं जिन्होंने हमारी किताब के लिए इंटरव्यूव् दिए है। मैं नितिन जी गडकरी को इस किताब के विमोचन के लिए कीमती समय देने के लिए धन्यवाद देना चाहता हूं। इसलिए मैं उन सभी लोगों का आभारी हूं, जिनका आभार इस किताब में व्यक्त नहीं किया गया हो लेकिन अप्रत्यक्ष रूप से जिन्होंने हमारा समर्थन किया है, कर रहे है और भविष्य में करेंगे।

रियल एस्टेट उद्यमियों का रियल एस्टेट लीडर्स में परिवर्तन

इससे कोई फर्क नहीं पड़ता कि आप अभी रियल एस्टेट की दुनिया में किस मुकाम पर हैं। चाहे आप वर्तमान में सफलता की उचाईयों पर हों, उच्चतम स्तर पर नियमितता से बढ़ रहे हो, या आप रियल एस्टेट मार्केट में टिके रहने के लिए अपना रास्ता खोजने के लिए संघर्ष कर रहे हों, मुझे पता है कि आप अपने जीवन में और रियल एस्टेट के उद्योग में सुधार करना, बढ़ना और अमीर बनना चाहते हैं, और रियल एस्टेट क्षेत्र में सफलता और खुशी के शिखर पर होना चाहते हैं।

रियल एस्टेट मार्केट में, बिल्डर्स, डेवलपर्स, मार्केटिंग एजेंसियो के मालिक, इन्वेस्टर्स, एजेंट, खरीदार, विक्रेता, मजदूर, टीम के सदस्य, चैनल पार्टनर, उद्यमी, रियल एस्टेट सीखने वाले उत्साही नौजवान और रियल एस्टेट उद्योग में योगदान देने वाले अन्य सभी लोग अपने जीवन को बेहतर बनाना चाहते हैं। यहां तक कि एक रियल एस्टेट कोच के रूप में, मैं हर दिन हर पल सीखते रहना चाहता हूं और स्वयं को सुधारना चाहता हूं। ताकि मैं अपने लोग और रियल एस्टेट समुदाय को सर्वोत्तम परिणाम दे सकूं।

एक रियल एस्टेट उद्यमी और कोच, "कंज्यूमर बाइंग बेहेवियर इन रियल एस्टेट" में भारत के पहले पीएच.डी. धारक, 5 रियल एस्टेट कंपनियों के संस्थापक और सीईओ के रूप में, मेरा इरादा केवल आपके जीवन के हर क्षेत्र और आपके रियल एस्टेट व्यवसाय के हर कार्य को सफलता के अगले स्तर तक ले जाने में आपकी मदद करना है। जैसा कि मैं रियल एस्टेट उद्योग का एक समर्पित और भावुक शिक्षार्थी हूं, मैं पूरी स्पष्टता के साथ कह सकता हूं

कि रियल एस्टेट गेम चेंजर आपके लिए सबसे व्यावहारिक, लक्ष्य की ओर लेके जाने वाली और प्रभावी मार्गदर्शिका है।

मैं आपके जीवन के हर क्षेत्र में सुधार करने और आपके रियल एस्टेट व्यवसाय को बढ़ाने के लिए यह व्यावहारिक मार्गदर्शिका आपके हाथों में दे रहा हूं। हां! आप अपने रियल एस्टेट व्यवसाय को आगे बढ़ा सकते हैं और आप अपने जीवन के साथ-साथ अपने शहर, देश और यहां तक कि दुनिया भर में कई लोगों के जीवन में सुधार कर सकते हैं। आप इसे केवल तभी कर सकते हैं जब आप इस किताब को अंत तक पढ़ने की इच्छा रखेंगे और स्वयं पर और इस किताब में बताये गए सिस्टम पर विश्वास के साथ कार्य करेंगे।

किताब की मुख्य विचार इस बात पर चर्चा करेंगे कि हम एक रियल एस्टेट उद्यमी को रियल एस्टेट गेम-चेंजर में कैसे बदल सकते हैं। तो चलिए पहले शुरू करते है यह जानकर की रियल एस्टेट गेम चेंजर्स क्या है और कौन है?

रियल एस्टेट गेम चेंजर्स प्रभावी रियल एस्टेट लीडर हैं जो:

- हमेशा हर समस्या के लिए समाधान खोजने की कोशिश करते है।

- हमेशा सकारात्मक सोचते है और सकारात्मक सोच के साथ काम करते है।

- जोखिम लेने वाले और अपने रास्ते में आने वाली चुनौतियों को स्वीकार करते हैं।

- रियल एस्टेट उद्योग के बारे में अत्यधिक उत्सुक और क्षेत्रीय ज्ञान प्राप्त करने पर ध्यान केंद्रित करते है।

- पहले रियल एस्टेट बिज़नेस के बड़े लीडर्स से प्रेरणा लेते है और फिर अपने आस पास के लोगो के लिए के लिए प्रेरक बनते है।

अब आप जानते हैं कि किताब की मुख्य अवधारणा आपको एक प्रभावी रियल एस्टेट लीडर बनाने पर चर्चा करेगी। क्योंकि हमारे समाज में प्रगति के लिए अच्छे लीडर्स आवश्यक है और एक वास्तविक लीडर वह है जो निरंतर सीखते रहता है। इसलिए, हम सीखने के विचारो पर ध्यान केंद्रित करके एक लीडर बनने पर ध्यान केंद्रित करेंगे। फिर, मुख्य प्रश्न यह है कि रियल एस्टेट गेम-

चेंजर बनने के लिए आपको क्या सीखने की आवश्यकता है? आपको सीखने की आवश्यकता है:

- एक मजबूत मानसिकता बनाने की तकनीक

- एक मजबूत टीम बनाने और उनका नेतृत्व करने के लिए - नेतृत्व और प्रभावित करने की क्षमता

- रियल एस्टेट में काम करने के लिए लगने वाला कार्य सम्बन्धी ज्ञान (कार्यात्मक ज्ञान)

- रियल एस्टेट उद्योग का मुख्य क्षेत्रीय ज्ञान (डोमेन नॉलेज)

रियल एस्टेट क्षेत्र की व्यवस्था और प्रक्रिया से संबंधित अपने शोध के दौरान कई सर्वेक्षण करने के बाद मुझे पता चला कि हर रियल एस्टेट उद्यमी में कहीं न कहीं कमी है। गहन शोध और इसमें गुणवत्तापूर्ण समय देने के बाद, मुझे पता चला कि कई रियल एस्टेट उद्यमियों के लिए कार्यात्मक ज्ञान की कमी के साथ उनके रियल एस्टेट व्यवसाय को बढ़ाने के लिए अन्य आवश्यक चीजों की भी कमी थी। उनमें से कुछ क्षेत्रीय ज्ञान में अच्छे थे लेकिन उनमें कार्यात्मक ज्ञान की कमी थी। उनमें से कुछ कार्यात्मक ज्ञान में अच्छे थे लेकिन उनमें क्षेत्रीय ज्ञान की कमी थी। उनमें से कुछ क्षेत्रीय ज्ञान में अच्छे थे लेकिन उनमें कार्यात्मक ज्ञान की कमी थी। उनमें से कुछ कार्यात्मक ज्ञान में अच्छे थे लेकिन उनमें से क्षेत्रीय ज्ञान की कमी थी। उनमें से कुछ के पास एक मजबूत मानसिकता थी लेकिन रियल एस्टेट क्षेत्रीय ज्ञान की कमी थी। उनमें से कुछ के पास सभी चीजें थीं लेकिन उनके पास एक मजबूत टीम बनाने और नेतृत्व करने के लिए नेतृत्व कौशल की कमी थी। उनमें से कुछ अच्छे लीडर थे, लेकिन उनमें कार्य करने की स्पष्टता की कमी थी, जिसके कारण वे एक अच्छी टीम नहीं बना पाए। गहराई से, हमें पता चला कि यदि आप रियल एस्टेट उद्योग में सफल होना चाहते हैं, तो आपके पास ये सबसे महत्वपूर्ण और शक्तिशाली चीजे होना जरुरी है:

- स्पष्टता, दृष्टि और मजबूत मानसिकता

- रियल एस्टेट उद्योग का मुख्य क्षेत्रीय ज्ञान (डोमेन नॉलेज)

- मजबूत कार्यात्मक ज्ञान
- कुशल, सक्षम और मजबूत टीम

अपने शोध के निष्कर्ष को देखने के बाद, मैंने महसूस किया कि उन रियल एस्टेट उद्यमियों में इन शक्तिशाली और महत्वपूर्ण मूल्यों के बीच एक बड़ा अंतर था जो अपने रियल एस्टेट व्यवसाय को बढ़ाने के लिए संघर्ष कर रहे थे। जो अपने रियल एस्टेट कारोबार को बढ़ाने में सफल रहे, उनके पास ये सभी सबसे महत्वपूर्ण मूल्य थे। इन सबसे शक्तिशाली मूल्यों ने ही उन्हें रियल एस्टेट मार्केट में रियल एस्टेट गेम-चेंजर बना दिया।

यह क्षेत्र प्रारंभ से ही अव्यवस्थित रहा है। आज भी यह विभिन्न पहलुओं में अव्यवस्थित लगता है। इसके पीछे कारण यह है कि हमारे देश में रियल एस्टेट सीखने के लिए कोई विशिष्ट कोर्स या सर्टीफिकेशन्स उपलब्ध नहीं है। यदि यह उपलब्ध हो भी सकता है, तो यह उतना लोकप्रिय नहीं है। अगर कोर्स है भी तो यह कौशल नहीं सिखाता जिसकी जरुरत हमें रियल एस्टेट बिज़नेस को बढ़ाने के लिए होती है। अंत में, हमने केवल आपके लिए, रियल एस्टेट गेम-चेंजर ट्रेनिंग सिस्टम/ RGC सिस्टम नाम से एक सिस्टम लॉन्च करने का निर्णय लिया।

रियल एस्टेट उद्यमियों को सशक्त बनाने के लिए RGC सिस्टम एक सरल विचारो पर चलेगा:

- सही मानसिकता, स्पष्टता और दृष्टि
- रियल एस्टेट उद्योग का मुख्य क्षेत्रीय ज्ञान (डोमेन नॉलेज)
- सही कार्यात्मक ज्ञान
- सही नेतृत्व और टीम निर्माण कौशल
- सही मानव व्यवहार कौशल

इन सभी पांच तत्वों के साथ, आप अपने शहर, राज्य या देश में अपना सफर को सफल बनाने में सक्षम होंगे। इसके लिए आपको इस व्यावहारिक किताब में जो कुछ भी सीखने जा रहे हैं उसे पढ़ने, समझने और कार्यान्वित

करने की आवश्यकता है। इन सीखों को अपने जीवन में और अपने रियल एस्टेट व्यवसाय में लागू करने के बाद ही आप रियल एस्टेट गेम-चेंजर बन सकते हैं।

लेकिन सवाल उठता है, "क्या आप में से हर एक के लिए रियल एस्टेट गेम चेंजर्स बनना संभव है?" मेरा उत्तर होगा, "नहीं, यह आप में से प्रत्येक के लिए संभव नहीं है। यह आपके लिए तभी संभव है जब आप अपने आस-पास के अपने कम्फर्ट जोन के मायाजाल से बाहर निकलेंगे और अपने लक्ष्य की ओर काम करना शुरू करेंगे।"

मैंने 50+ टॉप रियल एस्टेट सीईओ का इंटरव्यूव् लिए है जो रियल एस्टेट की दुनिया के असली सुपरहीरो हैं। 2011 से 2016 के बीच मेरी पीएचडी के दौरान 2000+ ग्राहकों, 200+ कर्मचारियों और रियल एस्टेट कंपनियों के 50+ इंटरव्यूव् सहित कई लोगों के साथ मेरी बातचीत हुई।

उस दौरान मैंने ग्राहक के व्यवहार और रियल एस्टेट में ग्राहकों के मनोविज्ञान का अध्ययन किया। 100+ रियल एस्टेट सीईओ के साथ मेरी बातचीत के बाद सामान्य निष्कर्ष यह था कि केवल हमेशा सीखने के लिए तैयार रहने वाले, जोखिम लेने वाले और और लक्ष्य की ओर काम करने वाले ही बड़े स्तर पर रियल एस्टेट में सफलता को प्राप्त कर सकते हैं।

जब तक आप एक मजबूत मानसिकता नहीं बनाते हैं, डोमेन ज्ञान को नहीं बढ़ाते हैं, अपने नेतृत्व कौशल को नहीं बढ़ाते हैं, और व्यवसाय के कार्यों को नहीं समझते हैं, तब तक आप रियल एस्टेट मार्केट में विकास नहीं कर सकते। यदि आप पूरी किताब पढ़ते हैं और सिस्टम को समझते हैं और सीखों को एक्शन में लाते हैं, तो आप अपने रियल एस्टेट व्यवसाय में 110% अच्छे परिणाम प्राप्त कर पाएंगे।

लेकिन अपने आप से कमिटमेंट करना आवश्यक है कि आप अपने कम्फर्ट ज़ोन के जाल को तोड़ देंगे, आप एक्शन लेना शुरू कर देंगे, और इस व्यावहारिक मार्गदर्शिका से जो कुछ भी आप सीखते हैं उसे बिना समय बर्बाद किए और उस पर विचार करना शुरू कर देंगे। अगर आपके दिमाग का कोई हिस्सा आपको इन कामों को करने से रोकता है, तो आप परिणाम प्राप्त नहीं कर पाएंगे।

क्योंकि इस किताब में जो कुछ भी मैं आपको समझाने जा रहा हूँ वह व्यावहारिक रूप से परखा हुआ है। मैंने इसे अपनी कंपनियों और अन्य कंपनियों में जहां मैं एक कोच था वहा आजमाया है। मैं 15+ वर्षों से एक रियल एस्टेट उद्यमी के रूप में काम कर रहा हूं। सच कहूं तो मैं कई बार असफल हुआ। मैंने अपनी असफलताओं से बहुत कुछ सीखा। मैं एक झूठा व्यक्ति कहलाऊंगा अगर मैं कहूं कि मैंने अपनी सफर में कभी असफलताओं का सामना नहीं किया। मैंने कई असफलताओं का सामना किया, लेकिन मैंने उनसे बहुत कुछ सीखा और वापस सफलता के लिए काम करना शुरू किया।

फिर, व्यावहारिक अनुभवों और टॉप रियल एस्टेट सीईओ और उनके सफर और अनुभव से मिली सीख की मदद से, मैंने बड़े कदम उठाए। उसका परिणाम यह है कि आज मेरे 5+ रियल एस्टेट कंपनियों में 450+ लोग प्रत्यक्ष और अप्रत्यक्ष रूप से हमारे साथ काम कर रहे हैं। और हाल ही में हमने "आरजीसी इन्वेस्टमेंट क्लब" नाम से रियल एस्टेट निवेशकों का भारत का सबसे बड़ा समुदाय बनाया है। इस सब के कारण, अब मैं आपके लिए आपके रियल एस्टेट व्यवसाय के लिए एक नया सिस्टम देने में सक्षम हूं, जो आपके व्यवसाय में सबसे बड़ा परिवर्तन ला सकता है और जो आपके रियल एस्टेट व्यवसाय को आसानी से चलाने में आपकी सहायता कर सकता है।

मेरे व्यावहारिक अनुभव, टॉप रियल एस्टेट सीईओ का व्यावहारिक ज्ञान, और रियल एस्टेट उद्यमियों के साथ कई सर्वेक्षण, शोध और कई मूल्यवान बातचीत के साथ, हम उनके समस्याओं और जरूरतों को समझकर, "रियल-एस्टेट गेम-चेंजर ट्रेनिंग सिस्टम" नाम से सिस्टम को बनाया गया है जिसे इस व्यावहारिक किताब में आगे समझाया जाएगा। यदि आप RGC सिस्टम की वास्तविक विचारो को समझने के बाद लक्ष्य की ओर काम करना शुरू करते हैं, तो आपकी सफलता की गारंटी है।

आपका और आपकी सफलता का शुभचिंतक!

डॉ. अमोल मौर्य

रियल एस्टेट गेम चेंजर्स अनुसंधान विश्लेषण

हमने, एक टीम के रूप में, इस किताब को लिखने से पहले विभिन्न प्लेटफॉर्म्स पर सर्वेक्षण किया। यूट्यूब पर हमारे 80k+ सब्सक्राइबर्स हैं और फेसबुक, लिंक्डइन और इंस्टाग्राम पर हजारों फॉलोअर्स हैं। इसलिए, सभी सोशल मीडिया प्लेटफॉर्म सहित, हमने कम से कम 1 लाख+ लोगों से यह सवाल पूछा है, उनमें से अधिक से अधिक लोगो ने अलग-अलग प्लेटफॉर्म पर सक्रिय रूप से जवाब दिया है। यदि आप रियल एस्टेट उद्योग के सटीक तथ्यों और आंकड़ों को जानना चाहते है तो हमें लगता है कि यह आपके लिए मददगार होगा। अगले कुछ पन्नों में हमने लोगों द्वारा दी गई राय के साथ रेखाचित्रों के साथ शोध प्रश्नावली दी है।

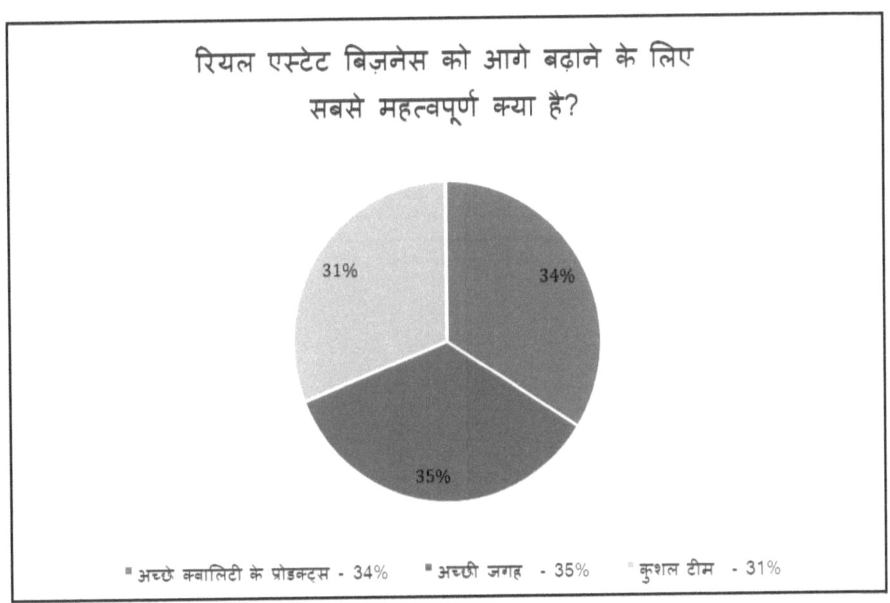

किन मेट्रो शहरों में रियल एस्टेट इन्वेस्टर्स को पिछले 10 वर्षों में संपत्तियों में अधिकतम रिटर्न मिला है?

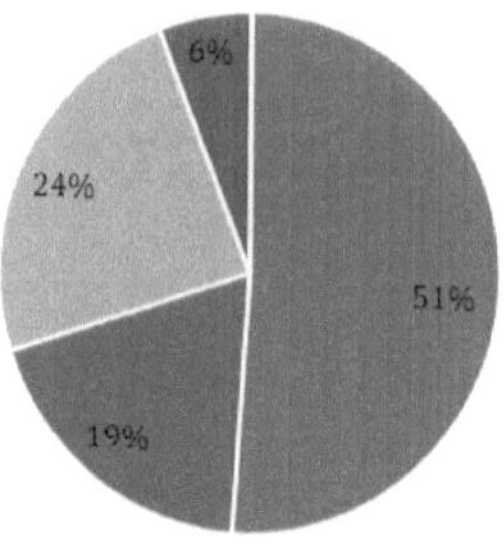

▪ मुंबई और पुणे - 51% ▪ दिल्ली और नोएडा - 19% ▪ बैंगलोर और हैदराबाद - 24% ▪ कोलकाता और चेन्नई - 6%

संपत्ति खरीदने का सबसे अच्छा समय है:

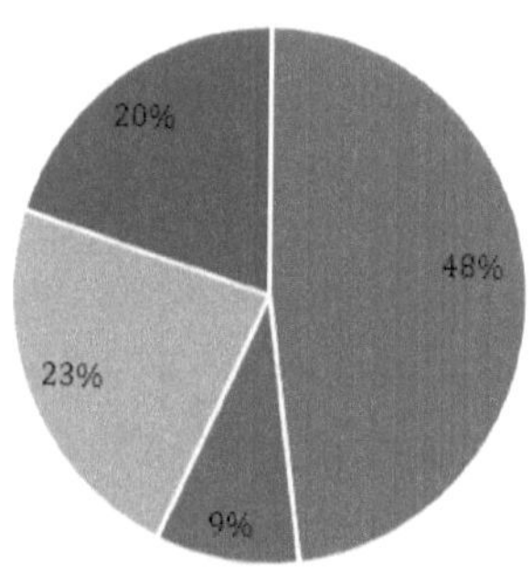

▪ प्रोजेक्ट प्रीलॉन्च के दौरान- 48% ▪ प्रोजेक्ट लॉन्चिंग के दौरान - 9%
▪ जब प्रोजेक्ट का काम चल रहा हो - 23% ▪ प्रोजेक्ट पूरा होने के बाद - 20%

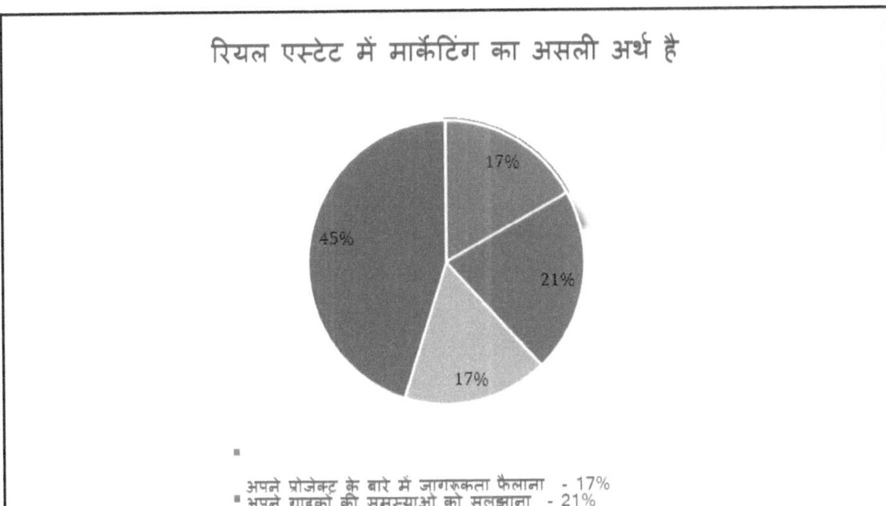

कोरोना महामारी के बाद भारत में किफायती घरो की मांग:-

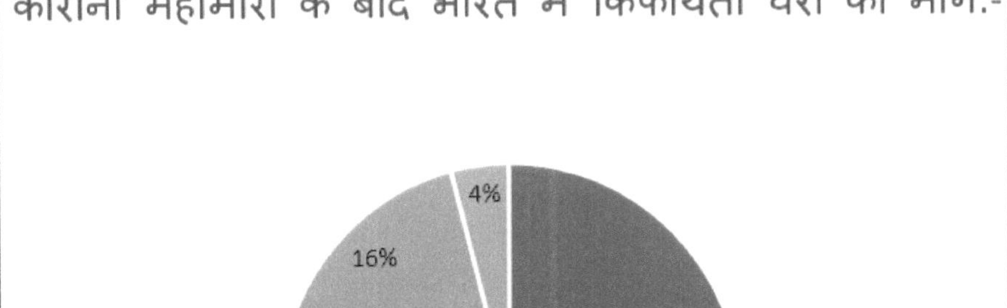

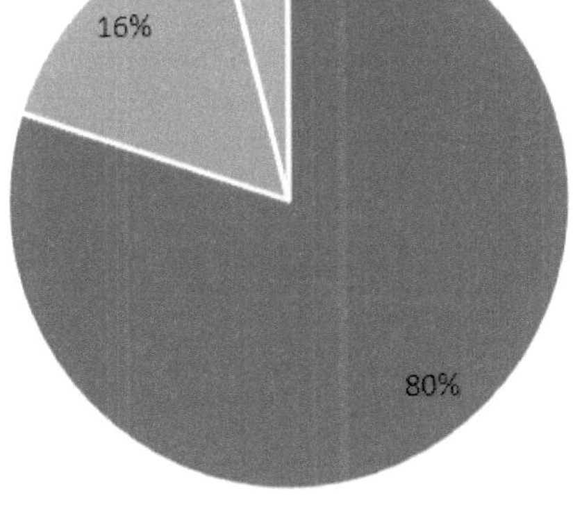

यदि आप रियल एस्टेट में धनराशि इन्वेस्ट करने की योजना बना रहे हैं, तो आप कौन सा उत्पाद खरीदना पसंद करेंगे?

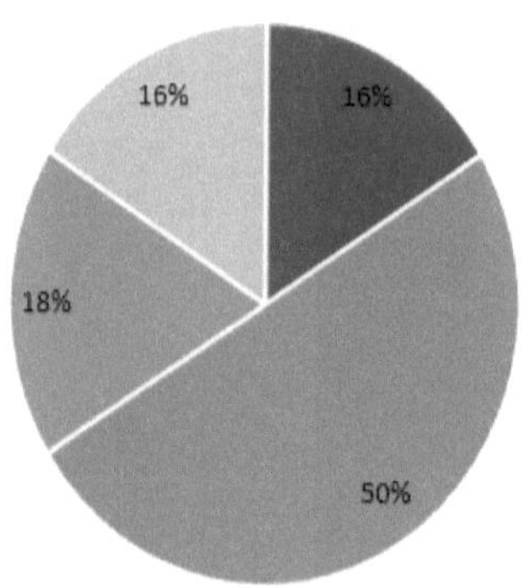

■ फ़्लैट और ड्प्लेक्स - 16% ■ प्लॉट - 50% ■ ऑफिस और शॉप - 18% ■ खेती और उद्योगिक जमीन - 16%

यदि आपको रियल एस्टेट व्यवसाय शुरू करने का मौका मिलता है, तो आप क्या बनना चाहते हैं?

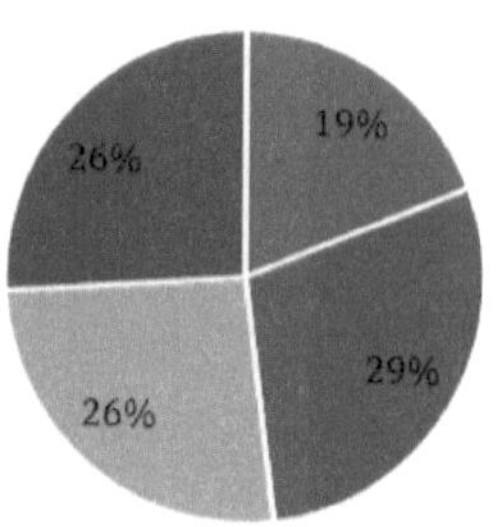

■ रियल एस्टेट बिल्डर - 19%   ■ रियल एस्टेट डेवलपर - 29%
■ मार्केटिंग एजेंसी के मालिक - 26% ■ रियल एस्टेट इन्वेस्टर - 26%

रियल एस्टेट गेम चेंजर्स

भाग - 1

अध्याय 1

मेरी व्यक्तिगत कहानी

मेरा जन्म 16 सदस्यों के एक बड़े परिवार में हुआ। मेरे परिवार की हालत बहुत गंभीर थी। उचित रोटी कमाना मुश्किल था। मेरे पिता सिर्फ एक सामान्य व्यक्ति थे जिनकी पान की दुकान थी जो पूरे परिवार के लिए रोटी कमाने का एकमात्र माध्यम था। मेरे पिता मेरी बेहतर शिक्षा के लिए इससे आगे पैसा मैनेज करने में भी सक्षम नहीं थे, और मेरी मां ने निश्चय लिया था कि वह मेरी शिक्षा के लिए अधिक से अधिक परिश्रम करेंगी। इसलिए, उन्होंने मेरी शिक्षा के लिए पैसे जमा करने के लिए कपड़े सिलना शुरू कर दिया।

मैंने अपनी उच्च शिक्षा एक स्कूल में पूरी की जहां शैक्षणिक सुविधाएं फ्री थी। शांति से पढ़ाई करने के लिए मैं रात में पढ़ाई करता था| मैं रात 11.30 बजे से सुबह 4.00 बजे तक पढ़ाई करता था। बिजली की कमी के कारण मुझे रात में अपनी पढ़ाई में समस्याओं का सामना करना पडा। इसलिए, मैं मोमबत्ती की रोशनी में पढ़ाई करता था। मेरी शैक्षणिक यात्रा ग्रेजुएशन स्तर की ओर गई। मेरे दिमाग में जो पहला विचार चल रहा था वह इंजीनियरिंग था, लेकिन फीस बहुत अधिक थी। मेरा दूसरा विचार बायोटेक्नोलॉजी करने का था। मुझे यह विचार छोड़ना पड़ा क्योंकि यह महंगा भी था। मैंने BSc-बायोकेमिस्ट्री माइक्रोबायोलॉजी, और केमिस्ट्री को एक प्रमुख विषय के रूप में चुना।

मेरा मेन ट्रेनिंग कैरियर 2006 में शुरू हुआ जब मैंने प्रमोटर और ट्रेनर के रूप में एक डायरेक्ट सेलिंग कंपनी के साथ काम करना शुरू किया। मेरे सीनियर लीडर मुझे फ्रंटलाइन लीडर के रूप में रखते थे। मुझे नहीं पता था कि उन्होंने मुझमें क्या देखा था। मेरा सपना साइंटिस्ट बनने का था। इसलिए, मैं IIT, JNU और इंटीग्रेटेड Phd प्रवेश की तैयारी के लिए पुणे गया। लेकिन मेरे

सपने तब चकनाचूर हो गए जब मुझे मेरी मां का एक बोहोत बुरी खबर के साथ फोन आया। उन्होंने कहा कि हमारी छोटी पान की दुकान (हमारी आजीविका का मुख्य स्रोत) ध्वस्त कर दी गई है। कारपोरेशन की ओर से आए बुलडोजर ने नए पुल के निर्माण के लिए लाइन में लगी सभी दुकानों को नष्ट कर दिया है। मैंने उन्हें चिंता न करने के लिए कहा। सौभाग्य से, मेरे पास अच्छे दोस्त थे, और वे एक कठिन स्थिति में मेरे परिवार की मदद करने के लिए मेरे घर गए। मैं निराश होकर पुणे से घर लौटा। लेकिन जीवन में आगे बढ़ने की मेरे अंदर की आग रुकी नहीं। बायोकैमिस्ट्री में डिग्री मुझे बेहतर जगह पर ला सकती थी लेकिन मैंने एमबीए करने का फैसला किया। लेकिन अधिकांश एमबीए प्रवेश परीक्षाओं का समय समाप्त हो गया था। इसलिए, एमएच-सीईटी मेरे लिए आखिरी विकल्प बचा था।

परीक्षा से एक दिन पहले मैं चिकन पॉक्स से पीड़ित हो गया। स्थति इतनी गंभीर थी की दर्द के कारण ठीक से खड़ा होना भी मेरे लिए संभव नहीं था। मेरे परिवार के सदस्यों ने मुझे परीक्षा के लिए नहीं जाने की सलाह दी। "करो या मरो" मेरे पास एकमात्र विकल्प था। विचार यह था, "मैं तब तक करूंगा जब तक मैं जीवित हूं, हर स्थिति में, किसी भी क्षण में, किसी भी कीमत पर ...

यह 23 फरवरी 2007 की बात है। मैंने अपने पूरे शरीर को कपड़ों से ढक लिया था और यहां तक कि मेरा चेहरा मिस्र की एक मम्मी की तरह ढका हुआ था, जो प्रतियोगी परीक्षा के लिए जा रही थी, जिसमें सिर्फ दो आंखें दूसरों को दिखाई दे रही थीं। अंत में, मैंने इसे पास कर लिया और नागपुर विश्वविद्यालय में बेस्ट मैनेजमेंट इंस्टीटूशन में प्रवेश लिया। मेरे सभी क्लासमेट्स में मैं उम्र में सबसे छोटा था और एम्बीए के पहले वर्ष में मुझे कक्षा का प्रतिनिधि बनाया गया। सफर तब भी जारी रहा जब मुझे एमबीए डिपार्टमेंट के प्रेसिडेंट के रूप में चुना गया। लेकिन मेरे जीवन का सबसे अच्छा क्षण तब आया जब चमत्कार हुआ। मुझे राष्ट्रीय स्तर की पहचान मिली। इंडियन ऑयल कंपनी लिमिटेड (भारतीय और वैश्विक तेल बाजार में एक विशाल और फॉर्च्यून 500 कंपनियों में से एक) IIMS, IITS, XLRIS, SYMBIOSIS और अन्य प्रसिद्ध संस्थानों से पूरे भारत में 60 एमबीए छात्रों

का चयन करती है। और उन्हें 48,000 रुपये की स्कॉलरशिप राशि के साथ राष्ट्रीय स्तर के मेरिट स्कॉलर के रूप में टैग करती है। सौभाग्य से, मैं उनमें से एक था। यह 2007 में किसी ऐसे व्यक्ति के लिए एक बड़ी राशि थी जिसने 10 हजार से कम समय में ग्रेजुएशन स्तर तक पूरी 15 साल की शिक्षा पूरी की थी। यहां तक कि मुझे पहले विश्वास नहीं हुआ, लेकिन हां, मैं उनमें से एक था।

मैंने पोस्ट ग्रेजुएशन के 2 वर्षों के दौरान इतने सारे पुरस्कार जीते थे कि उन सभी का यहां उल्लेख करना मुश्किल है। मैंने मैनेजमेंट में सर्वश्रेष्ठ वक्ता, मार्केटिंग स्ट्रेटेजी के लिए पूरे विदर्भ से सर्वश्रेष्ठ विजेता, सर्वश्रेष्ठ प्रस्तुतकर्ता, सर्वश्रेष्ठ सुवक्ता आदि जैसे खिताब जीते। मुझे विभिन्न कॉलेजों में विभिन्न परिसर इंटरव्यूव् में सभी कंपनियों द्वारा भी चुना गया था। लेकिन मेरी सोच मुझे महान रास्तो की ओर जाने का संकेत दे रही थी।

एमबीए पूरा करने के बाद, मेरे जीवन में एक बड़ा बदलाव आया। मैं 2009 में पहली रियल एस्टेट कंपनी में शामिल हो गया। मैंने एक महीने के भीतर 20 फ्लैट बेच दिए थे। इसमें 3 करोड़ का बिजनेस और 20 लाख का कमीशन था। और यहां टर्निंग प्वाइंट था। रियल एस्टेट सीखने का सफर मेरे जीवन में शुरू हुआ। लेकिन जब मुझे बिल्डर के पिछले ट्रैक रिकॉर्ड के बारे में पता चला, मैं अंदर से खुश नहीं था। प्रोजेक्ट नाकाम होने के संकेत मुझे लग रहे थे| क्योंकि बिल्डर का पिछला ट्रैक रिकॉर्ड खराब था। मैं सोच रहा था कि जिन ग्राहकों को फ्लैट बेचे जायेंगे उन्हें समय पर उनके घर डिलीवर नहीं होंगे। इसलिए, मैंने अपने फैसले के बारे में सोचना शुरू कर दिया कि मैं सही कर रहा हूं या गलत। फिर, मैंने व्यावसायिक सौदों को रद्द करने का फैसला किया। मैंने ग्राहकों को फोन किया और उन्हें अपनी बुकिंग राशि वापस लेने के लिए कहा। मुझे पता है कि यह एक कठिन विकल्प था। मेरे लिए 20,00,000 रुपये की कमिशन को खोना इतना आसान नहीं था लेकिन मेरी आंतरिक चेतना मुझे ऐसा करने की अनुमति नहीं दे रही थी। मेरे शब्दों को चिह्नित करें, 2009 में 22 साल की उम्र में 20,00,000 रुपये का नुकसान उठाना कोई मजाक नहीं है। ऐसा करने के लिए मजबूत मन और स्थिर बुद्धि की आवश्यकता होती है।

मेरे कई दोस्त, जो एक ही फर्म में काम कर रहे थे, उन लोगों ने ग्राहक के लाभों को नजर अंदाज कर दिया और अपने व्यक्तिगत लाभों पर ध्यान केंद्रित किया। परन्तु मुझे मेरा मन ऐसा करने की अनुमति नहीं दे रहा था। मुझे टेम्पररी प्रॉफिट मिलता, लेकिन मैं लोगों के शाप को सहन नहीं कर सकता था। फिर मैंने निर्णय लिया की मैं किसी बिल्डर या डेवलपर की प्रॉपर्टीज तभी बेचूंगा जब मुझे अपने ग्राहकों को सही मूल्य मिलने की गारंटी मिलेगी और इस तरह से मैं फिर से शून्य पर लौट आया। इस कदम के साथ, मैंने नैतिकता, मूल्यों, वफादारी, बलिदान और विश्वास के साथ रियल एस्टेट व्यवसाय करने के लिए खुद को प्रतिबद्ध किया और यहां रियल एस्टेट गेम चेंजर्स की संकल्पना ने जन्म लिया।

मैंने अपने शहर में अपना खुद का रियल एस्टेट लीजिंग (किराये पर) ऑफिस शुरू किया, 6-8 सौदे किए, कॉर्पोरेट्स के साथ काम किया, कॉर्पोरेट लीजिंग और रेंटल बिजनेस के बारे में बहुत कुछ सीखा। यह इतनी अच्छी तरह से काम नहीं कर रहा था, इसलिए मैंने अपने जुनून का पालन करने का फैसला किया। मुझे में ट्रेनिंग देने का अच्छा कौशल था, इसलिए मैं एमबीए प्रोफेसर के रूप में एक मैनेजमेंट इंस्टीट्यूशन में शामिल हो गया। सुबह 8 बजे से दोपहर 3 बजे तक मैं एक इंस्टीट्यूशन में पढ़ाता था, और शाम 4 बजे से रात 9 बजे तक मैं रियल एस्टेट व्यवसाय पर ध्यान केंद्रित करता था। 2012 में, मैंने प्रोफेसर के रूप में अपनी नौकरी छोड़ने का फैसला किया। कारण मजबूत था, मैं एक इंजीनियर के साथ पार्टनर के रूप में एक प्रोजेक्ट में शामिल था। मैंने एक इंजीनियर को एक इन्वेस्टर से धन प्राप्त करने में मदद की। लेकिन इंजीनियर और इन्वेस्टर ने राजनीति करके मुझे उस टीम से बाहर कर दिया जहां मैं एक पार्टनर था। मैं लीगल पेपरवर्क किये बिना ही उस प्रोजेक्ट में शामिल था। इसलिए, यह मेरे लिए एक बड़ा सबक था।

मेरा सपना था कि मैं एक खूबसूरत घर बनाऊं। मैंने अगले 3 वर्षों में, जिस तरह से सपना देखा था, उसी तरह से मैंने अपना घर बनाया। जिसके पास पढ़ाई करने के लिए कोई जगह नहीं थी, अब 25 साल की उम्र में रियल एस्टेट क्षेत्र में 2-3 साल की समर्पित कड़ी मेहनत और स्मार्ट काम के साथ एक

बड़ा 4 बीएचके घर था। घर बनाते समय मुझे मजदूरों और विक्रेताओं से जुड़ने में मदद मिली। उसके बाद से ही फिर मैंने घरों, अस्पतालों और कार्यालयों के इंटीरियर के लिए टर्नकी प्रोजेक्ट्स को लेना शुरू कर दिया, और मैंने "Earth Interiors" नामक अपनी कंपनी शुरू की।

जैसा कि मैंने सेल्स और मार्केटिंग से अपना रियल एस्टेट करियर शुरू किया, धीरे-धीरे मैंने इसमें विशेषज्ञता बनाई। मैंने Wealth Creator Properties (WCP) नाम से अपनी रियल एस्टेट मार्केटिंग फर्म शुरू की, और यहां मेरी दूसरी रियल एस्टेट कंपनी स्थापित हुई। इस कंपनी के पास अब 5000 से अधिक फ्लैट हैं जिन पर हम शहर भर में काम कर रहे है, जिसमें 100+ चैनल पार्टनर और 25+ फूल टाइम टीम मेंबर्स है।

जैसा कि ट्रेनिंग और कोचिंग मेरा जुनून था, मेरे व्यवसाय और नौकरी के साथ, मैं विभिन्न कंपनियों के लिए कॉर्पोरेट ट्रेनिंग सेशन लेता था, और हमने पूरे भारत में 50 से अधिक विभिन्न ग्राहकों के साथ एक अच्छा व्यवसाय विकसित किया है। मैंने बिजनेस ट्रेनिंग ओपन हाउस वर्कशॉप भी ली जो 2016 तक शानदार चल रही थी। इसलिए, मेरे पास मेरी रियल एस्टेट कंपनियों के साथ कॉर्पोरेट और बिजनेस कोचिंग अनुभव का एक अच्छा मिश्रण है। 2016 में रियल एस्टेट में कंज्यूमर बाइंग बिहेवियर में भारत की पहली पीएचडी थीसिस जमा करने के बाद, मैंने रियल एस्टेट बिज़नेस में कोर ट्रेनिंग और कोचिंग के माइक्रो-निश में प्रवेश करने का फैसला किया। मैंने कई रियल एस्टेट कंपनियों को ट्रेनिंग देना शुरू किया और उन्हें अच्छे परिणाम मिलने लगे। मैंने एक यूट्यूब चैनल शुरू किया जो तेजी से रियल एस्टेट क्षेत्र पर ही केंद्रित है। आज, यह रियल एस्टेट में सबसे ज्यादा सब्सक्राइबर के साथ भारत के टॉप चैनलों में से एक है।

यह सब कुछ इस "रियल एस्टेट गेम चेंजर्स" किताब के विचार के साथ ही शुरू हुआ, जिसका उद्देश्य रियल एस्टेट इंडस्ट्री में बदलाव लाने वाले व्यक्तियों के बारे में दुनिया को बताना था। हम यह कभी नहीं जानते थे कि यह विनम्र प्रयास जल्द ही क्षेत्र के कुछ प्रमुख व्यक्तियों, सम्मानित नितिन गडकरी सर और विभिन्न मंत्रियों का ध्यान आकर्षित करेगा।

जैसे ही इस किताब के विचारधारा के बारे में लोगो को पता होने लगा वैसे ही हमारे सफर के बारे में भी लोग जानने के लिए उत्सुक होने लगे। केवल राष्ट्रीय स्तर पर ही नहीं, बल्कि वैश्विक स्तर पर भी हम लोगो ने रियल एस्टेट क्षेत्र में रिकॉर्ड सेट किया। "इंडिया बुक ऑफ़ रिकाईस" से लेकर "एशिया बुक ऑफ़ रिकाईस" तक, हमने ऐसे मार्ग पर कदम रखा जिससे आखिरकार हम विश्व रिकॉर्ड बनाने के मार्ग खोजने लगे।

लेकिन हमारा मिशन रिकॉर्ड और पुरस्कारों से परे था। यही वक्त था जब हमने अपना ध्यान कोचिंग और प्रशिक्षण की ओर मोड़ दिया। पिछले वर्ष, हमें 25+ शहरों से अधिक 50+ रियल एस्टेट सीईओ, डायरेक्टर्स, बिल्डर्स, और मार्केटिंग एजेंसी के मालिकों के साथ काम करने का गर्व हुआ। हम वहीं नहीं रुके; हमने 2000+ व्यक्तियों से संपर्क किया और 50+ भारतीय शहरों में 200+ एजेंट्स, चैनल पार्टनर्स, और सलाहकारों को प्रशिक्षित किया। हमारे प्रयासों का परिणाम प्रभावशाली था। हमारे प्रशिक्षित और सशक्तिकृत व्यक्तियों के माध्यम से हमने रियल एस्टेट क्षेत्र में 10,000 से अधिक नए चेहरों के लिए रोजगार के अवसर संयुक्त रूप से बनाए।

हमारे YouTube चैनल, जिसकी शुरुवात केवल एक छोटे विचार और प्रयासों के साथ हुई थी, आज देश के प्रमुख रियल एस्टेट कोचिंग और प्रशिक्षण चैनल में बदल गया है। 30+ देशों से 1,00,000+ सब्सक्राइबर्स और 50,00,000+ दर्शकों के साथ, प्रामाणिक प्रयास और दृढ़ता से परिश्रम करने की भावना को प्रकट करती है।

मुझे "प्राइड ऑफ़ विदर्भ इन रियल एस्टेट" अवार्ड से सम्मानित किया गया। जहा मुझे बिज़नेस मल्टीप्लायर वर्कशॉप (BMW) में 200+ बिल्डर और डेवलपर को ट्रेनिंग करने का मौका मिला। यह वर्कशॉप रियल एस्टेट प्रोफेशनल को ज्ञान, कौशल, और दृष्टिकोण देने के लिए एक मंच था ताकि वे इस उद्योग में बढ़ने के लिए तैयार हो सकें। यह मेरे लिए समाज को कुछ देने और रियल एस्टेट लीडर्स को प्रशिक्षित करने का अवसर था।

मुझे "रियल्टी प्लस 40 अंडर 40 अवॉर्ईस 2022" के ग्रैंड जूरी मेंबर के रूप में जुड़ने का आमंत्रण मिला। यह अनुभव गर्व और उत्साह से भरा था। इस इवेंट में मुझे डॉ निरंजन हीरानंदानी - हीरानंदानी ग्रुप के संस्थापक और

एम.डी., ध्रुवजी अग्रवाला - हाउसिंग, मकान और प्रॉपटिगर के ग्रुप सीइओ और हर्षवर्धन नेओटीया जैसे बड़े बड़े दिग्गज लोगो के साथ स्टेज शेयर करने का मौका मिला।

मैंने नारेडको विदर्भ चाप्टर की स्थापना और रियल एस्टेट अवॉर्ड फंक्शन के दौरान ले मेरिडियन नागपुर में भारतीय रियल एस्टेट इंडस्ट्री के असली सुपरहीरोज के साथ एक अद्वितीय बातचीत की। मैं सचमुच खुश और गर्वित महसूस कर रहा था जब मैंने डॉ. निरंजन हिरानंदानी, श्री राजन बंदेलकर - रौणक ग्रुप के सीएमडी, गौतम चटर्जी - सेवानिवृत्त IAS अफसर और महारेरा के संस्थापक चेयरमैन, और विजय गुप्ता - सोफटेक के सीईओ जैसे बड़े दिग्गज लोगो के साथ प्रमुख अतिथि और पैनल चर्चा के होस्ट और मॉडरेटर के रूप में मंच साझा किया। यह मीटिंग आविष्कार और उत्साह से भरी थी। यह मीटिंग ने मुझे महसूस कराया की रियल एस्टेट क्षेत्र एक भारत के बेहतरीन लोगो के द्वारा किया गया एक सामूहिक प्रयास है जिसका मार्ग केवल भारत की उन्नति की तरफ जाता है।

हमारी रियल एस्टेट फर्म, "Earth Interiors", इस साल खुद में 300 से अधिक इंटीरियर और रेनोवेशन प्रोजेक्ट्स को संभाला, यह हमारे ग्राहकों द्वारा हम पर विश्वास का प्रमाण है। लेकिन हम केवल यही नहीं रुके। हमने अपने विचारो को विस्तारित किया और लेआउट प्रोजेक्ट्स "ऑरेंज सिटी रिएल्टीज़" लॉन्च किए। कुछ नए लक्सरीयस प्रोजेक्ट को भी हम लॉन्च करने जा रहे है जो लोगो की जीवनशैली को बदल सकता है।

हालांकि, इन सभी उपलब्धियों के बावजूद, सबसे ज़्यादा खुशी तब आती है जब हमारे टीम की ग्रोथ होती है। हम सभी की ग्रोथ का कारण हमारे काम करने की ईमानदारी ही है जो हमें इस मुकाम पर ला पायी है। हम जानते है की यह सफर हमारे मेंटर्स, हमारा आरजीसी सिस्टम, हमारा कंपनी कल्चर, प्रामाणिक टीम और ईश्वर के आशीर्वाद के बिना यह संभव नहीं था। हम मानते हैं कि ये मूल्य केवल हमारे व्यापार का हिस्सा नहीं हैं; वे हमारे डीएनए में समाहित हैं।

यह कहानी अभी भी खतम नहीं हुई है। वास्तव में, यह बस शुरुआत है। तो, आगे क्या है, इसके लिए बने रहें, और चलिए इस अद्भुत सफर को जारी

रखते हैं। क्योंकि रियल एस्टेट के दुनिया में, सबसे बड़ी कहानियां अब भी लिखी जा रही हैं। मेरी टीम, मेरा परिवार, मेरे कनेक्शन, और मेरे दर्शक जो अक्सर मेरे कंटेंट के माध्यम से मुझसे जुड़े हुए है, मैं इस किताब को आपके हाथ में दे रहा हूं। मुझे आशा है कि आप इस किताब को पढ़कर एक रियल एस्टेट गेम-चेंजर बनने की ओर कदम बढ़ाना शुरू करेंगे।

अध्याय 2

इस किताब को लिखने का मुख्य उद्देश्य

जिस दिन से मैंने रियल एस्टेट में अपना सफर शुरू किया है, मुझे एहसास हुआ है कि रियल एस्टेट की ताकत और पूरी दुनिया के लिए रियल एस्टेट कितना महत्वपूर्ण है। इस किताब को लिखने का उद्देश्य बहुत स्पष्ट है। अगले 10 वर्षों में, इस किताब और रियल एस्टेट गेम-चेंजर ट्रेनिंग या आरजीसी सिस्टम के माध्यम से दिसंबर 2030 तक, हम 1 लाख से अधिक रियल एस्टेट उद्यमियों को अपने रियल एस्टेट व्यवसायों को बढ़ाने और विस्तार करने में मदद करना चाहते हैं।

क्योंकि, जैसा कि हम सभी जानते हैं, इस क्षेत्र में देश के पूरे जीडीपी और आर्थिक स्तर को बदलने की ताकत है। काफी रिपोर्टों और रिसर्च पेपर में कहा गया है कि 2030 तक भारतीय रियल एस्टेट 1 ट्रिलियन डॉलर उद्योग बन जाएगा और इसलिए हमने एक लाख से अधिक रियल एस्टेट बिजनेसमैन को सक्षम बनाकर अगले 10 वर्षों में क्रांति लाने का निर्णय लिया है। इसके पीछे मुख्य कारण को समझने के लिए, आपको रियल एस्टेट उद्योग की क्षमता को जानने की आवश्यकता है।

रियल एस्टेट क्षेत्र के साथ-साथ एक रियल एस्टेट बिजनेसमैन में भी अद्भुत क्षमता है। भले ही एक रियल एस्टेट बिजनेसमैन बिज़नेस के शुरुवाती दौर में 40-50 से अधिक व्यक्तियों को रोजगार देने में सक्षम हो। आशावाद के साथ आप मेरी दृष्टि को समझने में सक्षम होंगे। मेरी विचार आरजीसी सिस्टम की मदद से बदलाव लाने की है।

यदि एक रियल एस्टेट बिजनेसमैन 50 व्यक्तियों को रोजगार देने में सक्षम है, तो, 50 * 100000 = 50,00,000 रियल एस्टेट और इंफ्रास्ट्रक्चर सेक्टर में 10 वर्षों के भीतर नौकरी के अवसर दिए जा सकते हैं। यह एक

फैक्ट है कि एग्रीकल्चर सेक्टर के बाद, रियल एस्टेट एकमात्र ऐसा सेक्टर है जो पूरे देश में अधिकतम रोजगार पैदा कर रहा है। यह मुझे इस किताब को लिखने का एक कारण देता है। इस किताब को लिखने के पीछे गहरा उद्देश्य रियल एस्टेट उद्योग की गहराई का पता लगाना, प्रणाली की गहराई और इस पूरे बिज़नेस के पैटर्न को जानने की जिज्ञासा है।

बचपन से ही, मैं वक्तृत्व और वाद-विवाद प्रतियोगिताओं में भाग लेने के लिए उत्सुक रहता था। लोगो के साथ मिलने में और सही सम्बन्ध बनाने में हमेशा ही उत्सुक रहता था। मैं लोगो के मन के अंदर अपनी बात रखने में माहिर था। मुझे अपने आसपास के लोगों के साथ बातचीत करना और चर्चा करना पसंद था। मुझे आध्यात्मिकता में विश्वास था, जिसने मुझे अपने जुनून को पेशे में बदलने के बारे में सोचने पर मजबूर कर दिया। रियल एस्टेट में कंस्यूमर बाइंग में भारत की पहली पीएचडी से सम्मानित होने के बाद, मुझे एहसास हुआ कि रियल एस्टेट वह सेक्टर है जिसमे भगवान् ने मुझे काम करने का संकेत दिया है। मेरे अंदर से एक ही आवाज़ आ रही थी, कि मुझे रियल एस्टेट सेक्टर की रिसर्च करनी चाहिए और मैंने रियल एस्टेट क्षेत्र में काम करने का ही जीवन में उद्देश्य बनाना चाहिए। सुबह आंखें खोलने के क्षण से लेकर रात में आंखें बंद करने तक, मैंने रियल एस्टेट क्षेत्र को अधिक से अधिक सीखने में अपना गुणवत्ता समय निवेश करना शुरू कर दिया। समय के साथ, मैं रियल एस्टेट के बारे में बेहद जुड़ गया। मैंने डोमेन नॉलेज की गहराई की खोज शुरू की, बिज़नेस फंक्शन को समझना शुरू किया, और रियल एस्टेट में एक मजबूत मानसिकता और नेतृत्व के महत्व की खोज की। जिस विचार को मैंने पहले ही बहुत अच्छे तरीके से समझाया है।

मैं रियल एस्टेट क्षेत्र को एक सरल, प्रैक्टिकल और रिजल्ट ओरिएंटेड व्यवस्था देना चाहता हूं। ताकि हम 10 साल के अंदर 1 लाख से अधिक रियल एस्टेट बिजनेसमैन को सशक्त बना सकें।

हम इस सिस्टम का उपयोग करके परिणाम लाने में सक्षम होंगे। क्योंकि यह सिस्टम केवल एक व्यक्ति या दो व्यक्तियों से संबंधित नहीं है। यह रियल एस्टेट बिज़नेस में हजारों लोगों से संबंधित है जिनके साथ हमने

बातचीत की है। हम उनके रियल एस्टेट उद्योग के काम के में आने वाली समस्याओं और समाधानों की जानकारी लेते है। जब मैंने इन सभी चिंताओं की गहराई की खोज शुरू की, तो मुझे एहसास हुआ कि यह एक सामान्य मिशन नहीं है। यह एक आंदोलन है जो रियल एस्टेट उद्योग को पूरी तरह से बदल सकता है। यह काम करने का पैटर्न है जो रियल एस्टेट सेक्टर को व्यवस्थित कर सकता है।

आप इस सिस्टम का उपयोग करके देश और दुनिया भर में हजारों नौकरी के अवसर बना सकते हैं। हम एक साथ बेरोजगारी की सबसे बड़ी चिंताओं का समाधान ला सकते हैं। यदि आप बेरोजगारी की समस्याओं से निपटना चाहते हैं, तो छोटे और मध्यम स्तर के रियल एस्टेट बिजनेसमैन को सशक्त बनाना आवश्यक है। क्योंकि छोटे और मध्यम स्तर के बिजनेसमैन के पास ज्ञान प्राप्त करने पर बड़े व्यवसाय चलाने की क्षमता होती है।

जब वे बड़ी कंपनियों के मालिक बन जाते हैं, तो वे हमारे देश में अधिक रोजगार के अवसर बना सकते हैं। मैं आपको 200 प्रतिशत गारंटी दे सकता हूं कि कोई भी राष्ट्र अधिक शक्तिशाली बन सकता है जब छोटे और मध्यम स्तर के रियल एस्टेट बिजनेसमैन और एजेंट सही सिस्टम के साथ अपने व्यवसाय बढ़ाते हैं।

अब, मैं आपको इस किताब में जो कुछ भी बताने जा रहा हूं वह प्रैक्टिकल है। निरीक्षण वास्तविक हैं और हमें जो परिणाम मिल रहे हैं वे उत्कृष्ट हैं। कई कंपनियों में जहां मैं एक कोच था रियल एस्टेट गेम चेंजर ट्रेनिंग सिस्टम को प्रैक्टिकल रूप से परीक्षण किया गया है। यह किताब मेरे अनुभव और कंपनियों के टॉप CEO और MD के अनुभवों का प्रमाण है। यह किताब टॉप रियल एस्टेट आर्गेनाइजेशन और उनके वर्कप्लेस कल्चर का रहस्य है।

मैं केवल रियल एस्टेट क्षेत्र के लिए अपने जुनून के कारण ऐसा करने में सक्षम था। इसके पीछे एक मजबूत कारण है, इसका कारण ईश्वर और मेरे कर्तव्यों में मेरा विश्वास है। मेरा मानना है कि भगवान ने मुझे इस महान मिशन के लिए चुना है। मैंने अपने जीवन में जो कुछ भी हासिल किया है, उसके लिए कृतज्ञता की संकल्पना में विश्वास करता हूं। यह भगवान के आशीर्वाद, मेरी मां और मेरे पिता के आशीर्वाद, मेरे आस-पास के सबसे अच्छे

लोगों के आशीर्वाद, मेरे जीवन में मिले वातावरण और आपके आशीर्वाद ही कारण है कि हमने इस किताब के लिए 50 सीईओ के इंटरव्यूव् को कवर करने के असंभव कार्य को पूरा किया है। इस वजह से, हमने टॉप रियल एस्टेट हस्तियों के इंटरव्यूव् आयोजित करने और उन्हें हमारे यूट्यूब चैनल पर अपलोड करने के लिए इंडिया बुक ऑफ रिकॉर्ड्स और एशिया बुक्स ऑफ़ रिकार्ड्स में रजिस्टर किया है।

लेकिन वह महत्वपूर्ण संदेश क्या है जिसे मैं चाहता हूं कि आप समझें? रियल एस्टेट बिज़नेस के लिए प्यार का संदेश। अगर मुझे इस सेक्टर से प्यार नहीं होता तो मेरे लिए इस लेवल तक पहुंचना असंभव होता। यह केवल मेरी चरम इच्छा के कारण है कि मैं गेम-चेंजिंग संगठनों के टॉप सीईओ और एमडी तक पहुंच सकता हूं।

मेरे और मेरी टीम के लिए एशिया के प्रेरणादायक रियल एस्टेट संगठनों के टॉप सीईओ तक पहुंचना आसान नहीं था। हमने कभी नहीं सोचा था कि हमारे प्रयासों को 'इंडिया बुक ऑफ रिकॉर्ड्स' और 'एशिया बुक ऑफ रिकॉर्ड्स' द्वारा मान्यता दी जाएगी। ऐसा कहा जाता है कि एक जीत एक हजार रिजेक्शन के साथ आती है। हर लक्ष्य मेरे और मेरी टीम के लिए बड़ी चुनौती थी। मेरी टीम ने टॉप रियल एस्टेट सीईओ पर शोध करने और उन तक पहुंचने के तरीके खोजने के लिए कड़ी मेहनत की। यह एशिया भर में प्रेरणादायक रियल एस्टेट संगठनों के टॉप रियल एस्टेट सीईओ तक पहुंचने की यह बोहोत बड़ी पहल थी, जिसने मुझे अपने आधिकारिक यूट्यूब चैनल और मेरे प्यारे दर्शकों के लिए किताब पर सर्वश्रेष्ठ कहानियों और सुविधाओं को लाने में मदद की। इस तरह के एक बड़े शोध अभ्यास मेरी टीम के धैर्य, दृढ़ता और जुनून के बिना संभव नहीं था। मेरी टीम ने निश्चित रूप से असाधारण काम किया, और मुझे इसके लिए उन पर बहुत गर्व है।

प्रत्येक इंटरव्यू एक जीत की तरह था और हर जीत अनगिनत रिजेक्शन के साथ हासिल की गई है। मैं अपनी टीम का आभारी हूं जिन्होंने चुनौतियों को दूर करने के लिए इतनी मेहनत की; चुनौतियां जो हर दिन हमारे रास्ते में आती थीं। लेकिन हम अजेय रहे और हमने यह जीत हासिल की। मैं रियल एस्टेट गेम-चेंजर्स को सलाम करता हूं जिन्होंने हमारे महान मिशन को पूरा

करने के लिए हमारे साथ दिया। प्रेरक लीडर्स अपना समय देने और अपने अनमोल ज्ञान और अनुभव को बताने के तैयार थे; ऐसा अनुभव जो आपको रियल एस्टेट गेम चेंजर्स बना दे।

हमने अपने दर्शकों को पहले ही सूचित कर दिया है, जो सभी सोशल मीडिया प्लेटफार्मों पर हमारे साथ जुड़े हुए हैं, कि हमने 2000 से 5000 से अधिक ग्राहकों और 100-200 कर्मचारियों पर शोध किया है, फिर सीईओ और डायरेक्टर्स के साथ बातचीत की है, गहराई से जा रहे हैं और डेटा एकत्र कर रहे हैं और रियल एस्टेट उद्योग के लिए हमारे प्यार के कारण इस कांसेप्ट के साथ आ रहे हैं।

द इम्पोर्टेंस ऑफ़ लर्निंग ऐटिट्यूड
(सीखने के दृष्टिकोण का महत्व)

ऐसा कहा जाता है की प्रोफेशनल डिग्री से आप जिंदगी जीने जितना कमा सकते, लेकिन वास्तविक शिक्षा आपको अपने जीवन में जो कुछ भी चाहते है वह दे सकती है। वास्तविक शिक्षा से इसका क्या अर्थ है? जीवन के अनुभवों, फॅमिली बैकग्राउंड, जिम्मेदारियों, आसपास की चीज़ें, व्यक्तिगत हितों, जुनून, जिज्ञासाओं और सामाजिक संपर्क से प्राप्त शिक्षा वास्तविक शिक्षा है।

मैंने अपने जीवन में जो किया है वह यह है कि मैंने निरंतर सीखने का सफर जारी रखा अपने मास्टर्स इन बिज़नेस एडमिनिस्ट्रेशन को पूरा करने के बाद भी, मैं उच्चतम भुगतान वाली नौकरी पाने या सिर्फ एक व्यवसाय बनाने पर ध्यान केंद्रित करने का फैसला कर सकता था। अगर मैंने यह तय कर लिया होता, तो मेरे लिए आपके लिए यह किताब लिखना संभव नहीं होता। लेकिन यह मेरी आत्मा को संतुष्ट करने के लिए पर्याप्त नहीं था। इसलिए, मैं वास्तविक शिक्षा का अनुभव करता रहा और मैं रियल एस्टेट की गहराई की खोज करता रहा।

अपने मास्टर और पीएचडी पूरा करने के बाद, मैंने विभिन्न राष्ट्रीय और अंतर्राष्ट्रीय कोचों से 100+ प्रीमियम कोर्सेस पुरे किये। मैंने दुनिया के सर्वश्रेष्ठ

कोचों से संपर्क किया। मुझे सर्वश्रेष्ठ लोगों द्वारा प्रशिक्षित किया गया है ताकि मैं अपने लोगों को सर्वश्रेष्ठ तरीके से प्रशिक्षित कर सकूं। मुझे ब्लेयर सिंगर, टोनी रॉबिन्स और कई अन्य जैसे महान कोचों द्वारा सलाह दी गई है। मैंने श्री श्री रविशंकर, रामदेव बाबा और सद्गुरु जैसे आध्यात्मिक गुरुओ से भी बहुत सी चीजें सीखी हैं। अपनी व्यावसायिक शिक्षा पूरी करने के बाद भी, मैंने अपने 30-40 लाख पाठ्यक्रमों में निवेश किए ताकि मैं विश्व नेताओं के अनुभवों के बारे में जान सकूं।

मेरे प्यारे दोस्त, मेरे बारे में ये सारी बातें बताने का मेरा इरादा और मेरा सीखने का ऐटिट्यूड यह है कि मैं चाहता हूं कि आप अपने जीवन में सीखने की भूमिका को समझें। सीखना आपके जीवन को बेहतर बनाने में बहुत महत्वपूर्ण भूमिका निभाता है। आपके पास सीखने का ऐटिट्यूड होना चाहिए। क्योंकि सीखने और लागू करने से आपके काम करने के तरीके में सुधार हो सकता है। यह चीजों को करने के पैटर्न में सुधार कर सकता है। यह आपके विचारों और अभिनय के पैटर्न को बदल सकता है। यह आपको सही दिशा दे सकता है।

यदि आप वास्तव में एक रियल एस्टेट गेम-चेंजर बनना चाहते हैं, तो आपको अपने जीवन में जोखिम लेने की आवश्यकता है। आपको सही निर्णय लेने की आवश्यकता है। आपके आसपास बहुत सारे डिस्ट्रैक्शन हो सकते हैं। आपके आसपास के लोग आलीशान चीजों पर पैसा खर्च करते रहेंगे। लेकिन आपको संपत्ति के निर्माण में अपना समय, पैसा और ऊर्जा निवेश करना सीखना होगा

आप अपने आप में सबसे बड़ी संपत्ति हैं। आपका शरीर और मन आपकी सबसे बड़ी संपत्ति है। जैसा कि आपको स्वस्थ भोजन और एक अच्छे वातावरण की आवश्यकता होती है, आपके दिमाग को अच्छे सबक और विचारों की आवश्यकता होती है। अब भी जब आप इस किताब को पढ़ रहे हैं, तो आपको सभी डिस्ट्रैक्शन को दूर करना होगा। पढ़ने के दौरान भी आपको ध्यान केंद्रित करना होगा। आपको उस पर ध्यान केंद्रित करना होगा जो मैं आपको बताने जा रहा हूं।

"आप दुनिया को कुछ ऐसा नहीं दे सकते जो आपके पास नहीं है।" - यह सुविचार मैंने अपने गुरु से सुना है। हर कोई किसी ऐसे व्यक्ति से सीखना

चाहता है जिसने अपने जीवन में व्यावहारिक काम किया है। मैं आपको वही बता सकता हु जो कि मैंने व्यावहारिक रूप से किया है। मैं आपको वही ज्ञान दे सकता हूं जिसका मैंने वास्तव में अपने जीवन में अभ्यास किया है। इस किताब में, मेरे बारे में सभी कहानियां वास्तविक हैं। 50+ टॉप रियल एस्टेट सीईओ की सभी कहानियां ओरिजिनल और ऑथेंटिक हैं। हर कहानी का एक अलग-अलग रंग हैं। हर कहानियो में अलग-अलग तरह के अनुभव और सीख़ है। रियल एस्टेट गेम चेंजर्स के इंटरव्यूव् के समय कुछ सीइओ ने अपनी यादे साझा की, कुछ लोगो ने ज्ञान साझा किये और कुछ ने भावनाओं को व्यक्त किया। यही कारण है कि मैं आपके साथ साझा करने जा रहा हूं कि मैं किस दौर से गुजरा हूं। मैं आपके साथ साझा करने जा रहा हूं कि आपको क्या करने की आवश्यकता है। आपको किताब के गहरे उद्देश्य को समझने की जरूरत है। आप ही एकमात्र कारण हैं कि मैं इस किताब को लिख रहा हूं। आप ही असली कारण हैं जिन्होंने मुझे इस किताब को लिखने की प्रेरणा दी है। ताकि मैं आपको एक सरल, आसान और व्यवस्थित तरीके से रियल एस्टेट उद्योग के मूल्यवान सीख़ और व्यावहारिक ज्ञान दे सक रहा हु।

स्वाध्याय:

इस किताब को पढ़ने का आपका गहरा उद्देश्य क्या है? (कम से कम 50 से 100 शब्दों में उत्तर लिखें)

उत्तर:

____

____

____

____

____

____

____

____

____

____

____

____

____

अध्याय 3

इस अद्भुत अवधारणा का उदय

अब, मैं आपको अध्याय 3 पर आने के लिए बधाई देना चाहता हूं। मुझे पता है कि आप कुछ अलग महसूस कर रहे हैं कि मैं आपको क्यों प्रत्येक अध्याय पर बधाई दे रहा हु? क्या हम कोई युद्ध जीत रहे है? क्या हम कोई पहाड़ चढ़ रहे है? क्या हम कोई असंभव काम कर रहे है जिस काम को कोई इस युग में संभव करने का भी विचार नहीं करता हो? फिर, मैं आपको प्रत्येक अध्याय के लिए बधाई क्यों दे रहा हूं? इसे समझिए मेरे दोस्तों, पूरी दुनिया में यही स्थिति है। दुर्भाग्य से, ज्यादातर लोग आज ऐसी किताबें खरीदते हैं जिन्हें वे पढ़ना शुरू करते हैं लेकिन कभी खत्म नहीं कर पाते है। मान लीजिए कि 1,00,000 लोग एक किताब खरीदते हैं, तो उनमें से केवल 10,000 लोग किताब पढ़ने के लिए उसे खोलते हैं। यदि 10,000 लोग किताब खोलते हैं, तो उनमें से केवल 1000 वास्तव में इसे पढ़ते हैं। बाकी 9000 बस दूसरों को दिखाने के लिए अपनी बुकशेल्फ पर किताब रखते हैं ताकि वे लोगो को बता सके की वे कितने पढ़ाकू और होशियार लोगो में से हैं। 1000 लोगों में से केवल 500 लोग पूरी किताब पढ़ते हैं। 250 लोग अपने जीवन को बदलने के लिए काम करना शुरू करते है। लेकिन उनमें से कुछ समय के साथ हार मान लेते हैं, और उनमें से केवल 100 सफलता के उचाईयों तक पहुंचते हैं। मुझे पता है कि आप मन ही मन में मुस्कुरा रहे हैं लेकिन यह सच्चाई है, और हमें इस सच्चाई को स्वीकार करना चाहिए। इसलिए मैं चाहता हु कि आप इसमें भाग लें। मैं चाहता हु कि आप हर अध्याय के बाद अपने उत्तर लिखें या टिक करें। मैं चाहता हु कि सही तरह से काम करे और अपने सुखदायक वातावरण से बाहर आएं।

इस अध्याय में, हम इस अद्भुत अवधारणा के उदय और विकास पर चर्चा कर रहे हैं। अध्याय 1 और 2 में मैंने विस्तृत इच्छाएं चर्चित की, जिनसे मुझे वास्तविक और व्यावहारिक अवधारणाओं पर किताब लिखने की विचारशीलता

मिली, जिससे "रीयल एस्टेट गेम चेंजर्स" का आविष्कार हुआ, और इस सिस्टम का नाम RGC - रीयल एस्टेट गेम-चेंजर्स सिस्टम रखा गया।

आपने पिछले अध्यायों में साथ ही मेरे यूट्यूब चैनल "डॉ अमोल मौर्य रियल एस्टेट कोच" पर मेरे वीडियो में भी इसके बारे में सुना होगा। "आरजीसी - रियल एस्टेट गेम चेंजर्स" ट्रेनिंग सिस्टम है जो रियल एस्टेट बिज़नेस के व्यावहारिक पहलुओं पर आधारित है, जो पिछले 15 वर्षों में हमारी खुद की कंपनियों को चलाने, रियल एस्टेट पर राष्ट्रीय और अंतर्राष्ट्रीय रिसर्च पेपर प्रकाशित करने, रियल एस्टेट उद्योग के इतने सारे सीईओ, कर्मचारियों और ग्राहकों के साथ बातचीत करने के गहरे शोध पर आधारित है।

जब मैं रियल एस्टेट पर अपनी रिसर्च कर रहा था तब एक विचार था जो बार बार मेरे दिमाग में आ रहा था, वह यह था की लोग हमेशा रियल एस्टेट में सही तरह का कल्चर नहीं होने के बारे हमेशा शिकायत क्यों करते है? दुनिया के अधिक से अधिक लोगो का यही मानना है की रियल एस्टेट एक अव्यवस्थित बिज़नेस है। हर बार जब मैं रियल एस्टेट के अव्यवस्थित कल्चर के बारे में शिकायते सुनता हु, तो मुझे लगता था कि मैंने रियल एस्टेट क्षेत्र को व्यवस्थित करने में अपना यथाशक्ति हर संभव प्रयास करना चाहिए।

मैं इस तथ्य से इनकार नहीं कर रहा हूं कि पहले ज्यादातर लोग जो शिक्षित नहीं थे, रियल एस्टेट बिज़नेस में प्रवेश करते थे और अनैतिक तरीकों से पैसा कमाते थे। लेकिन अब स्थिति बदल रही है, अधिकांश बिल्डर शिक्षित हैं, उनकी दूसरी पीढ़ी बिज़नेस में प्रवेश कर रही है, और उनमें से कुछ हार्वर्ड विश्वविद्यालय, कार्डिफ विश्वविद्यालय, अन्य टॉप यूनिवर्सिटीज से एमबीए हैं।

अब यह बिज़नेस बदल रहा है, अब दुनिया बदल रही है और उसी विज़न और मिशन के साथ, हमने इस संकल्पना के बारे में शोध करना शुरू कर दिया है; हम रियल एस्टेट के कल्चर को दुनिया का सबसे अच्छे कल्चर में से एक बनाने के मिशन पर है।

यह एक तथ्य है की अव्यवस्थित रियल एस्टेट उद्योग के कारण, लोगों को समस्याओं का सामना करना पड़ रहा था। लोग प्रयास कर रहे थे, लेकिन उन्हें परिणाम नहीं मिल रहे थे। अगर परिणाम सही मिल रहे है, तो उन्हें उनके

प्रॉफिट के सही रुपये नहीं मिल रहे थे। इसीलिए लोगो ने रियल एस्टेट सेक्टर पर विश्वास करना ही छोड़ दिया।

इस बिज़नेस से संबंधित कई समस्याएं थीं। जो भी लोग रियल एस्टेट में काम कर रहे थे, वे सोचते थे की मैं तो कस्टमर को आश्वासन देकर डील क्लोज कर लूंगा परन्तु क्या होगा अगर बिल्डर ने सही समय प्रोजेक्ट को पूरा नहीं बनाया तो? रियल एस्टेट बिज़नेस में पहले कोई नियम नहीं थे, हम 30-40 साल पहले के स्थिति के बारे में बात कर रहे हैं। 10 साल पहले भी कोई नियम-कानून नहीं थे। लेकिन 4-5 साल पहले भारत में SEBI (सिक्योरिटी एक्सचेंज बोर्ड ऑफ इंडिया) की तरह RERA (रियल एस्टेट रेगुलेटरी एक्ट) का कॉन्सेप्ट पेश किया गया था। अब रेरा रियल एस्टेट इंडस्ट्री में SEBI की भूमिका निभा रहा है। SEBI की तरह, जो वित्तीय लेनदेन की निगरानी देशभर में करता है और वित्तीय क्षेत्र में नियामक संगठन का काम करता है, उसी तरह, RERA रियल एस्टेट उद्योग के लिए एक मूल विधान है। विभिन्न राज्य सरकारों से संबंधित स्थानीय विधियाँ भी आ रही हैं ताकि रियल एस्टेट ग्राहकों के लिए अधिक स्पष्टता, ईमानदारी और सुरक्षित लेन-देन संभव हो।

एक और बात जिसका मुझे बुरा लगता है वह यह है कि रियल एस्टेट के काम करने की प्रक्रिया सही नहीं थी। अधिकांश ब्रोकर और एजेंट किसी भी अन्य बिज़नेस या इंडस्ट्री की तरह प्रोफेशनल नहीं रहते थे। विशेष रूप से, मैं टियर 2, टियर 3 शहरों की बात कर रहा हु। सही सिस्टम नहीं होना, एजेंट लोगो को सही पैसा नहीं मिलना, प्रोजेक्ट का सही समय पर नहीं बनना, आदि. कई समस्याओं का लोगों को सामना करना पड़ता था। यही कारण रहे की हमें रियल एस्टेट गेम चेंजर्स सिस्टम बनाना पड़ा।

अब हम अगले कदम पर आते है - "रियल एस्टेट गेम चेंजर्स" यह संकल्पना क्या है? मैं रियल एस्टेट गेम चेंजर्स ट्रेनिंग सिस्टम के बारे में इतना आश्वस्त कैसे हूं? यह संकल्पना पूरी तरह से रिसर्च, रियल एस्टेट सीईओ से चर्चा करके प्राप्त हुआ ज्ञान और अलग-अलग मध्यम से दुनिया भर में किये गए सर्वेक्षण पर आधारित है।

जब हमने विभिन्न ऑनलाइन प्लेटफार्म पर सर्वेक्षण किया तो लोगो ने अपनी उत्सुकता से उसमे भाग लिया है और उन्हें जो सही लगे दिए हुए ऑप्शन

का चयन किया। हमारी किताब उन तथ्यों, रिसर्च और सर्वेक्षणों के ज्ञान पर आधारित है जो हमने चलाये हैं, और हमने अध्याय -1 से पहले किताब की शुरुआत में कुछ सर्वेक्षणों के परिणाम भी दिखाए हैं।

यह पूरी प्रक्रिया है जिसे रियल एस्टेट गेम चेंजर्स ट्रेनिंग सिस्टम में कवर किया जा रहा है। यह बिज़नेस कैसे चल रहा है? इस बिज़नेस के फायदे और नुकसान क्या हैं? यह बिज़नेस सबसे सफल बिज़नेस में से एक कैसे बन सकता है? यह देश रियल एस्टेट गेम चेंजर्स ट्रेनिंग सिस्टम से कैसे लाभान्वित हो सकता है, ताकि हम अपने देश विकास में अपना योगदान दे सके।

अब, इस ठोस कारण से, रियल एस्टेट गेम चेंजर्स ट्रेनिंग सिस्टम ने जन्म लिया है और हमने एक प्रत्येक चरण की प्रक्रिया तैयार की है। उस प्रक्रिया के माध्यम से, कोई भी व्यक्ति, रियल एस्टेट के बारे में सीख सकता है, और रियल एस्टेट गेम चेंजर्स सिस्टम को लागू करके वे रियल एस्टेट बिज़नेस में वृद्धि प्राप्त कर सकते हैं; वे एक शक्तिशाली टीम बना सकते हैं और अपनी खुद की कंपनी में व्यवस्थित डिपार्टमेंट्स स्थापित कर सकते हैं।

इस बिज़नेस में लोगों को इसी समस्या का सामना करना पड़ रहा था। वे एक उचित सिस्टम नहीं होने की समस्या का सामना कर रहे थे; बिल्डरों, डेवलपर्स, मार्केटिंग एजेंसी के मालिकों और इन्वेस्टर्स से संबंधित कई समस्याएं थीं। इन समस्याओं के आधार पर, हम संयोजित समाधान पर आए हैं। सभी समस्याओं के संयुक्त समाधान देने के लिए, मैंने एक सिस्टम तैयार किया जिसका नाम "रियल एस्टेट गेम चेंजर" रखा गया। लेकिन अब, मुख्य सवाल उठता है; हमने इस आरजीसी सिस्टम का परीक्षण कैसे किया है? तो, इस सवाल का जवाब आपको विशाल जी की कहानी से मिलेगा।

हम दोनों पिछले 14 सालों से एक-दूसरे को जानते हैं। विशालजी का जीवन गरीबी से समृद्धि तक के सफर की अद्भुत कहानी है। 16 साल की उम्र में, वह कबाड़ इकट्ठा कर रहे थे। वह नागपुर के पास इंडस्ट्रियल क्षेत्रों से स्क्रैप चुनने के लिए एक दिन में 10 किमी पैदल चलते थे। 20 साल की उम्र में 3 साल तक कड़ी मेहनत करने के बाद, उन्हें रियल एस्टेट की ताकत का एहसास हुआ।

उनका एक रिश्तेदार रियल एस्टेट ब्रोकरेज का बिज़नेस कर रहा था। इसलिए, उन्होंने एक रियल एस्टेट सौदे में उनकी मदद की और 21 साल की उम्र में 5000 रुपये कमाए। उन्हें लगा की यह रुपये कमाने का तरीका कितना अच्छा है। क्यों न रियल एस्टेट के इस कौशल सीखा जाये? तब से, उन्होंने रिस्क लेना शुरू कर दिया और रियल एस्टेट के बारे में सीखना शुरू कर दिया। उन्होंने अगले 7-8 वर्षों में बहुत विकास किया और तकनीकी और कानूनी रियल एस्टेट मामलों को हल करने की कला सीखी। कभी उन्हें नुकसान नजर आया तो कभी मुनाफा, लेकिन अपनी रिस्क उठाने की क्षमता और तकनीकी और कानूनी जानकारियों से उन्होंने किसी तरह 3-4 जमीन के पार्सल का इंतजाम किया।

अब, मुख्य मोड़ यहां आया जब उन्होंने रिटेल लैंड प्लॉटिंग व्यवसाय शुरू किया। वह एक दिन तनावग्रस्त और निराश महसूस कर रहा थ और उन्होंने मुझे फोन किया। उन्होंने कहा कि उनके लिए अपने कंपनी में लोगो को सही तरीके से मैनेज करना असंभव होता जा रहा है। उनके पास टीम के सदस्य थे, लेकिन हर कोई उलझन में था कि क्या करना है। वह बड़ी जमीन खरीदने और जमीन की समस्याओ को सुलझाने में बहुत प्रतिभाशाली थे, लेकिन एक कंपनी चलाना उनके बस की बात नहीं थी।

तो, आखिरकार 5 साल पहले उन्होंने मुझसे संपर्क किया और कहा कि जैसा कि आप रियल एस्टेट में भारत में पहली पीएचडी हैं, क्या आप एक कंपनी चलाने के लिए एक टीम बनाने में मेरी मदद कर सकते हैं? मैंने तुरंत कहा, क्यों नहीं?

मैंने आरजीसी ट्रेनिंग का सिस्टम तैयार किया, और हमने अगले 3 वर्षों के लिए उनकी कंपनी के साथ काम किया। जब हमने उनके आर्गेनाइजेशन के अंदर इस ट्रेनिंग सिस्टम को लागू करना शुरू किया, तो टर्नओवर सालाना मुश्किल से 2-3 करोड़ था, जिसमें टीम का आकार 4 से 5 लोगों का था। और अब, उसका सालाना बिज़नेस 20 गुना से 30 गुना बढ़ा है, फिर उनका शुरुआती बिज़नेस, प्रति वर्ष 200% की अनुमानित वृद्धि के साथ, 25 से अधिक फुल टाइम टीम के सदस्यों और 200 से अधिक विक्रेताओं, लेबर्स और चैनल पार्टनर्स के टीम के आकार के साथ उनकी प्रोजेक्ट्स पर काम कर रहे हैं। और

फिर, उन्होंने पीछे मुड़कर नहीं देखा। हमने बिल्डरों, डेवलपर्स और मार्केटिंग एजेंसियों सहित 10 और रियल एस्टेट कंपनियों में इन सिस्टम्स की कोशिश की है और लागू किया है और परिणाम अच्छे थे। और अंत में, रियल एस्टेट गेम चेंजर्स सीरीज शुरू करने के बाद, बहुत सारी सीख, परिवर्तन और प्रतिक्रिया के साथ वास्तविक सिस्टम अस्तित्व में आया। तो, इस तरह, आरजीसी ट्रेनिंग संकल्पनाओं का जन्म रियल एस्टेट बिज़नेस में हुआ था। "अगले अध्याय में आप पढ़ोगे "रियल एस्टेट की दुनिया के सप्तअश्व" अर्थात रियल एस्टेट में किस तरह अलग-अलग डिपार्टमेंट होते है और उन सभी डिपार्टमेंट का क्या महत्व है"।

आपको विभिन्न रियल एस्टेट के अश्वों के बारे में पता चल जाएगा जिन्हें आप अभी नियंत्रित करने में सक्षम नहीं हैं। यदि आप आरजीसी सिस्टम को उचित तरीके से सीखते हैं, तो आप रियल एस्टेट के अश्वों को नियंत्रित कर सकते हैं। यदि आप उन रियल एस्टेट के अश्वों को नियंत्रित करने में सक्षम हैं जिनका हमने अध्याय 4 में उल्लेख किया है, तो यह एक वादा है, मेरे दोस्त, आप रियल एस्टेट बिज़नेस में एक अच्छी, सफल और लाभ कमाने वाली कंपनी चला सकते हैं।

स्वाध्याय:

आपके जीवन में आपके साथ कौनसी जीवन बदलने वाली घटनाये हुई और कब हुई?

(कृपया अपने विचार व्यक्त करने के लिए कम से कम 3 से 4 लाइनें लिखें)

उत्तर:

अध्याय 4

रियल एस्टेट की दुनिया के सप्तअश्व

चौथे अध्याय में, हम इस किताब के सबसे महत्वपूर्ण भाग और आरजीसी ट्रेनिंग सिस्टम कि ओर बढ़ रहे हैं, और वह है - रियल एस्टेट व्यवसाय के सप्तअश्व अर्थात सात घोड़े। मुझे पता है कि जब आपको "रियल एस्टेट की दुनिया के सप्तअश्व" शब्द के बारे में सुनते हो तो आपको अलग ही अनुभव आता होगा। लेकिन मेरा विश्वास करो, इस अध्याय के अंत में, आप इस अध्याय में जो भी चीजें समझाऊंगा, उससे 200% संतुष्ट होंगे। यदि आप वास्तव में एक अच्छी रियल एस्टेट कंपनी चलाना चाहते हैं, जो सफलता के शिखर तक जा सकती है, तो आपको रियल एस्टेट के इन सप्तअश्वो को नियंत्रित करना होगा। रियल एस्टेट के व्यवसाय में, यदि आप वास्तव में रियल एस्टेट क्षेत्र में बढ़ना चाहते हैं, तो आपको अश्वों को नियंत्रित करने की कला या कौशल को जानना चाहिए।

ये अश्व कितने महत्वपूर्ण हैं? ये अश्व वास्तव मे रियल एस्टेट बिज़नेस के कार्य के डिपार्टमेंट हैं और यदि काम करने का तरीका और डिपार्टमेंट कमजोर हैं, तो जाहिर है कि एक ग्राहक को अच्छी सेवा नहीं मिल सकती है। हर एक घोड़ा एक रियल एस्टेट बिज़नेस के एक कार्य या डिपार्टमेंट को दर्शाता है।

मैं इन अश्वों के बारे में बात कर रहा हूं। ये अश्व वास्तव में महत्वपूर्ण हैं क्योंकि ये 7 अश्व आपकी रियल एस्टेट कंपनी में एक महान भूमिका निभाते हैं। यदि अश्व सही दिशा में नहीं जा रहे हैं, तो यह केवल दर्शाता करता है कि आपकी कंपनी में कार्यों के डिपार्टमेंट ठीक से काम नहीं कर रहे हैं। जाहिर है, आपका ग्राहक किसी विशेष डिपार्टमेंट में काम करने के बारे में खुश नहीं होगा। यह कोई भी डिपार्टमेंट हो सकता है। जब मैं 7 अश्वों के बारे में बात कर रहा हूं, तो यह 7 विभागों का प्रतिनिधित्व करता है। मैं आपको इसे ठीक से समझाता हूं।

यह है रियल एस्टेट के विश्व के सप्तअश्व:

प्रथम अश्व - रिसर्च एंड लीगल डोक्युमेंटेशन

द्वितीय अश्व - मार्केटिंग

तृतीया अश्व - साइट विजिटिंग एंड सेल्स क्लोजिंग

चतुर्थ अश्व - फाइनेंस एंड एकाउंटिंग

पञ्चम अश्व - ऑपरेशन

षष्ठ अश्व - ट्रेनिंग एंड रिक्रूटमेंट

सप्तम अश्व - मैनेजमेंट एंड लीडरशिप

यदि आप इन अश्वों को नियंत्रित नहीं कर सकते हैं, या यदि आप इन कार्यों, या अपने कंपनी में विभागों को नियंत्रित नहीं कर सकते हैं, तो जाहिर है कि आपकी कंपनी अगले स्तर तक नहीं बढ़ सकती है। आप अपने व्यवसाय में जितना भी पैसा लगाते हैं, यदि आप इन 7 घोड़ों को नियंत्रित करने की कला और कौशल नहीं जानते हैं, तो आप अपनी कंपनी को विकसित नहीं कर सकते हैं। अब, एक-एक करके, मैं इन घोड़ों से संबंधित संकल्पना की व्याख्या करूंगा।

अब हम पहले अश्व की ओर बढ़ेंगे और इससे कोई फर्क नहीं पड़ता कि आप एक बिल्डर, डेवलपर, मार्केटिंग एजेंसी के मालिक या एक अच्छे एजेंट हैं। धीरे-धीरे आपको वह सब सीखना होगा जो रियल एस्टेट में ग्रोथ के लिए आवश्यक है। क्योंकि हर रियल एस्टेट बिज़नेसमैन के लिए, जो खुद को एक व्यापारी मानता है, इन अश्वों के बारे में सीखना आवश्यक है।

तो, चलिए, अश्व नंबर १ के साथ जारी रखते हैं:

प्रथम अश्व - रिसर्च एंड लीगल डोक्युमेंटेशन

रियल एस्टेट में R & D की भूमिका और प्रभाव को समझने के लिए, रिसर्च एंड डेवलपमेंट को परिभाषित करना और रियल एस्टेट व्यवसाय में इसकी भूमिका और इसके व्यापक महत्व का पता लगाना उपयोगी है। रियल एस्टेट व्यवसाय में कोई भी बड़ा निर्णय लेने से पहले, आपको उचित शोध करने के

कौशल सेट की आवश्यकता होती है। यदि आप भूमि के बारे में उचित शोध किए बिना निर्णय ले रहे हैं, तो आप रियल एस्टेट बिज़नेस में वर्षों की कड़ी मेहनत को नष्ट कर सकते हैं।

रिसर्च के बिना एक भी बुरा निर्णय पूरे खेल को बदल सकता है। इसलिए प्रोजेक्ट्स के बारे में हर छोटी जानकारी और कानूनी दस्तावेज की ठीक से जांच करके सभी महत्वपूर्ण चीजों पर शोध करें। एक रियल एस्टेट बिल्डर या डेवलपर के रूप में जमीन खरीदते समय अपने जमीन के आस-पास का वातावरण, आस-पास में चल रहे या आने वाले विकास को बढ़ावा देने वाले प्रोजेक्ट्स, कानूनी तकनीकी मामलों, भूमि के स्वामित्व आदि से संबंधित उचित परिश्रम के साथ रिसर्च करें।

यदि आप उचित तरीके से प्रत्येक सावधानी बरत रहे हैं, तो आप जमीन खरीदने के बारे में निर्णय ले सकते हैं। यह आपके पूरे कंपनी के लिए सुरक्षित हो सकता है। अन्यथा, हमने पूरे भारत में इतनी सारी कहानियां देखी हैं कि लोगों ने प्रोजेक्ट्स शुरू की है, लोगों ने प्रोजेक्ट्स को बेच दिया है, और लोगों ने अपने ग्राहकों से पैसा लिया है, लेकिन, अंत में, लोगों को पता चला कि भूमि आरक्षण के तहत आती है, यह भूमि यूएलसी के तहत है, यह भूमि एक योजना के तहत है, यह भूमि इस अधिनियम के तहत आरक्षित है या आपने फ़र्ज़ी मालिक से खरीदा है, आदि।

इसलिए, भूमि, परिवेश, कानूनी और तकनीकी मामलों और भूमि से संबंधित हर चीज के बारे में गहन शोध आपको सही निर्णय लेने की शक्ति दे सकता है। आपको सही निर्णय लेना सीखना चाहिए और समझना चाहिए क्योंकि रिसर्च एंड लीगल डोक्युमेंटेशनं एक रियल एस्टेट व्यवसाय के लिए एक बहुत ही महत्वपूर्ण डिपार्टमेंट है।

यदि आप रिसर्च एंड लीगल डोक्युमेंटेशनं पर ध्यान केंद्रित नहीं कर रहे हैं, और विशेष रूप से भूमि और बाजार के बारे में कानूनी दस्तावेज सत्यापन, और अन्य बिल्डर क्या पेशकश कर रहे हैं, अन्य डेवलपर्स क्या पेशकश कर रहे हैं, यदि आप उचित गुणवत्ता नहीं दे रहे हैं, यदि आप नई चीजें और इनोवेशन नहीं ला रहे हैं, तो आप ग्राहक से आपके पास आने की उम्मीद कैसे कर सकते हैं। रिसर्च एक डिपार्टमेंट है जो रियल एस्टेट बाजार में पूरी तरह

से आपकी यूएसपी (अद्वितीय बिक्री प्रस्ताव) विकसित कर सकता है। बाजार में, अनुसंधान और विकास एक ऐसा डिपार्टमेंट है जो आपको अंतर बनाने में मदद कर सकता है। अनुसंधान और विकास की मदद से, आप एक अद्वितीय प्रोजेक्ट का निर्माण कर सकते हैं। आपके प्रोजेक्ट की विशिष्टता लोगों को चुंबक की तरह आपकी ओर आकर्षित करेगी। यदि आप एक सफल रियल एस्टेट लीडर बनना चाहते हैं, तो अनुसंधान और विकास में मास्टर बनें।

रिसर्च में अच्छा होने के लिए, टॉप प्रॉपर्टी लॉयर्स से मिलें, 20-30 से अधिक वर्षों के कार्य अनुभव वाले अपने शहर के डेवलपर्स और पुराने बिल्डरों से मिलें और उनसे उनके जीवन के अनुभवों के बारे में पूछें। रिसर्च एंड डॉक्यूमेंटेशन पर सर्वोत्तम लेखों और पुस्तकों के माध्यम से जाना शुरू करें; आप इस काम को एक वकील को आउटसोर्स कर सकते हैं या यदि आपका कार्यभार बहुत अधिक है, आप अपनी टीम में एक पूर्णकालिक वकील भी रख सकते हैं। YouTube पर सबसे अच्छे वीडियो देखना शुरू करें। यदि आप बहुत उन्नत जाना चाहते हैं, तो आप हमारे ऑनलाइन-ऑफ़लाइन पाठ्यक्रमों में आ सकते हैं और आप रियल एस्टेट में रिसर्च एंड डेवलपमेंट से संबंधित कई चीजें सीख सकते हैं। रियल एस्टेट गेम चेंजर्स सिस्टम में, मैंने जमीन खरीदने से पहले R & D के लिए एक "लीडर" मॉडल तैयार किया है। आपको हमारे आरजीसी सीईओ कोचिंग कार्यक्रमों में इसके बारे में पता चल जाएगा।

यह अश्व बहुत महत्वपूर्ण है क्योंकि यह अश्व किसी भी प्रोजेक्ट को सुपर प्रोजेक्ट बनाने की ताकत रखता है, या अगर आप गलत दिशा में जाते हैं तो आपकी पूरी मेहनत पर पानी फेर सकता है। इस अश्व में आपके सामान्य प्रोजेक्ट को सुपर सेलिंग प्रोजेक्ट में बदलने की ताकत भी है। इसलिए, रिसर्च एंड डेवलपमेंट के अश्व को नियंत्रित करना रियल एस्टेट व्यवसाय का एक बहुत ही महत्वपूर्ण पहलू है।

द्वितीय अश्व - मार्केटिंग

मार्केटिंग का अश्व रियल एस्टेट में बहुत महत्वपूर्ण भूमिका निभाता है। यह आपके लक्षित ग्राहकों को यह बताने के लिए मुख्य अश्व है कि आप कौन हैं और आपकी कंपनी क्या करती है। कल्पना कीजिए कि आप अपने शहर में

एक बहुत अच्छे रियल एस्टेट के खिलाड़ी हैं, लेकिन आप अच्छी तरह से ज्ञात नहीं हैं। तब आपके लिए मार्केट में विश्वास बनाना कठिन होगा। आपके लिए अपने विचारों को अपने दर्शकों के साथ संवाद करते समय उन्हें सही समझाना चुनौतीपूर्ण हो सकता है। आपके साथ ऐसा क्यों हो सकता है? क्योंकि आपका ब्रांड रियल एस्टेट मार्केट में अच्छी तरह से लोगो को पता नहीं है। आपका कंपनी सर्वोत्तम प्रोडक्ट्स और सर्विस को वितरित करने के लिए अच्छी तरह से पहचाना जाना चाहिए। रियल एस्टेट में मार्केटिंग के अश्व की प्राथमिक भूमिका क्या है? मैं आपको बता दूं, मार्केटिंग के अश्व की प्राथमिक भूमिका जागरूकता बनाना, नए ग्राहकों को लाना और अपने व्यवसाय को बचाना है।

संकल्पना को समझें, मेरे दोस्त। आपका व्यवसाय लीडस् अर्थात नए ग्राहक के बिना नष्ट हो सकता है। हाँ! आपने सही सुना है। नष्ट होना एक बहुत बड़ा वाक्य है। इस तरह ज्यादातर कंपनियों ने अपने कारोबार को बर्बाद कर दिया है। क्योंकि वे अपने प्रोडक्ट्स और सर्विस को सर्वोत्तम तरीकों से प्रतिनिधित्व और बढ़ावा नहीं दे सकते थे। वे जो परिणाम देख सकते थे, वे केवल निराशा के परिणाम थे। मार्केटिंग का अश्व कुछ ऐसा है जो रियल एस्टेट की दुनिया में एक महत्वपूर्ण भूमिका निभाता है।

आइए एक उदाहरण लेते हैं: कल्पना करें कि आप विशेष क्षेत्र में मिठाई के निर्माता हैं। और आप भारत की सबसे अच्छी मिठाइयों का निर्माण करते हैं। यह साबित हो चुका है और इसका परीक्षण भी किया जाता है। आपके पास यह साबित करने के लिए एक प्रमाण पत्र भी है कि आपका स्वाद सबसे अच्छा है और खाद्य प्रोडक्ट्स भारतीय बाजार में स्वच्छ हैं। लेकिन अगर आपने मार्केटिंग के जरिए इसे पूरे देश में सही तरीके से प्रमोट नहीं किया है तो आपके लोकल मार्केट के लोग भी आपसे नहीं खरीदेंगे। यहां तक कि आपके पड़ोसी भी आपसे खरीदने नहीं आएंगे क्योंकि वे नहीं जानते कि आप क्या करते हैं।

वही उदहारण रियल एस्टेट उद्योग में भी लागू होता है। यदि आपके पास सबसे अच्छी गुणवत्ता वाले फ्लैट, बंगले और प्रोपर्टिया है, परन्तु इसके बारे में सही जानकारी आपके होने वाले ग्राहकों तक नहीं पोहोच रही है, तो आप अपने जीवन में केवल निराशा को ही प्राप्त कर पाएंगे।

मार्केटिंग का अश्व रियल एस्टेट में सबसे बड़ी अवधारणा है। मार्केटिंग सिर्फ विज्ञापन चलाना नहीं है। इसमें उपभोक्ताओं के मनोविज्ञान को समझने से लेकर आपके भावनात्मक बुद्धिमत्ता का उपयोग करने तक के कदम शामिल हैं। मनोविज्ञान मार्केटिंग में एक महान भूमिका निभाता है। मार्केटिंग का खेल मनोविज्ञान से शुरू होता है। यह आपके खरीदारों के समस्याओ को समझने से शुरू होता है। सर्वश्रेष्ठ मार्केटिंग कंटेंट और कॉपी लिखने के लिए, आपको मनोविज्ञान और अपनी ग्राहकों की समस्याओ को समझने की आवश्यकता है।

मनोविज्ञान को समझना आपको आपके ग्राहकों की सही जानकारी प्राप्त करने में मदद करता है। यह आपको अपने लक्षित बाजार के बारे में अधिक स्पष्टीकरण प्राप्त करने में मदद करता है। यह आपको सर्वोत्तम मार्केटिंग योजना और एक्शन स्टेप्स बनाने में मदद करता है।

मार्केटिंग की कला में महारत हासिल करने का अर्थ है जीवन में संपत्ति बनाने के मार्ग को खोजना। रियल एस्टेट में मार्केटिंग के महत्व को जानना आपके लिए जरूरी है आपको अपने लक्षित दर्शकों को जानना होगा और आप उन्हें कहां पा सकते हैं इसके बारे में आपको अच्छेसे अध्ययन करना होगा। मार्केटिंग में पहला कदम यह समझना है कि आपके लक्षित दर्शक कहां मौजूद हैं। इसे दो बार पढ़ें या तीन बार पढ़ें। लेकिन यह तथ्य है, आपको उस स्थान पर मौजूद होना होगा जहां आपके लक्षित दर्शक मौजूद हैं।

यदि आपके रियल एस्टेट प्रोडक्ट 5 करोड़ की प्रीमियम श्रेणी से संबंधित हैं, तो आप अपने प्रोडक्ट्स को ऐसी जगह पर बढ़ावा नहीं दे सकते हैं जहां आपके दर्शक मौजूद नहीं हैं या जहा पर ऐसे दर्शक मौजूद है जिनकी ५ करोड़ इन्वेस्ट करने की क्षमता या विचार भी नहीं है। यही कारण है कि आपके लिए अपने प्रोडक्ट्स को बढ़ावा देने के लिए बुद्धिमानी से अपना प्लेटफ़ॉर्म चुनना महत्वपूर्ण है। चाहे वह ऑनलाइन हो या ऑफलाइन प्लेटफॉर्म। आप रोटरी, जेसीआई, बीएनआई, जैसे कई सामाजिक संगठनों से भी जुड़ सकते हैं, और मजबूत नेटवर्क बनाने और सामाजिक होने के द्वारा लीड प्राप्त कर सकते हैं।

विभिन्न स्तरों पर विभिन्न प्रोडक्ट्स को बढ़ावा देने के विभिन्न तरीके हैं। यदि आपका प्रोडक्ट्स भारत के विभिन्न शहरों से संबंधित है तो आप

हवाई अड्डे पर एक मैगज़ीन में अपने प्रोडक्ट्स का प्रचार कर सकते हैं। यदि आप मुंबई में फ्लैट बेच रहे हैं तो आपको किसी मैगज़ीन में अपने प्रोडक्ट्स का प्रचार करना चाहिए जिसे लोग किसी भी मेट्रो शहर से मुंबई, या मुंबई से अन्य मेट्रो शहरों या मुंबई की यात्रा करने वाली अंतरराष्ट्रीय फ्लाइट के दौरान पढ़ना पसंद करेंगे।

यह आप हैं जो प्रचार करने के सर्वोत्तम तरीके और काम करने वाले सर्वोत्तम प्लेटफार्म या माध्यम का फैसला करेंगे। मार्केटिंग के बारे में यही तथ्य है कि लोग मार्केटिंग में करोड़ों बर्बाद कर रहे हैं और प्रभावी लीड जनरेट नहीं कर पा रहे हैं क्योंकि वे सही जगह पर और सही लोगो के लिए मौजूद नहीं हैं या सही लोगो तक सही जानकारी पोहोचा नहीं पा रहे है।

सही समय पर, आपको अपने प्रोडक्ट्स को सही तरीके से बढ़ावा देना होगा। आपको सही रणनीति के साथ अपने प्रोडक्ट्स को सही लागत पर बेचना होगा। यह मार्केटिंग के अश्व की संकल्पना है। यदि आप इन तथ्यों को समझ सकते हैं और अपने रियल एस्टेट व्यवसाय में इस अश्व को नियंत्रित करने के लिए इस कला में महारत हासिल कर सकते हैं, तो मैं आपको आश्वस्त कर सकता हूं, मेरे दोस्त, आप रियल एस्टेट की दुनिया में चमत्कार कर सकते हैं। अब, हम रियल एस्टेट के अगले अश्व को समझेंगे।

तृतीया अश्व - साइट विजिटिंग सेल्स क्लोजिंग

आप सेल्स और मार्केटिंग के अश्व के बीच भ्रमित हो सकते हैं। लेकिन आपको स्पष्ट होना चाहिए कि मार्केटिंग और सेल्स दो अलग-अलग अश्व हैं। सरल शब्दों में, मार्केटिंग के अश्व का उद्देश्य आपके कंपनी के बारे में जागरूकता बनाना और संभावित ग्राहकों तक पहुंचना है। सेल्स के अश्व का उद्देश्य उन संभावित ग्राहकों को वास्तविक लोगों में परिवर्तित करके, उस दर्शकों को लाभ में बदलना है।

मैं आपको समझाता हूं। विचार करें कि आपकी टीम टाउनशिप प्रोजेक्ट्स पर काम कर रही है और आपके पास 1000 ग्राहकों की जानकारी है। आपने अपने प्रोडक्ट्स को सही तरीके से सही टारगेट मार्केट में प्रमोट किया है। ग्राहकों की जानकारी भी जो आपने प्राप्त की है सही और प्रभावी है। लोग साइट पर

आ रहे हैं लेकिन आपकी टीम उन्हें ठीक से अपने प्रोजेक्ट्स के बारे में सही जानकारी दे नहीं पा रहे है। इसका मतलब है कि आपके पास अच्छी तरह से प्रशिक्षित साइट विजिट विशेषज्ञ और अनुभवी सेल्स के लोग नहीं है।

यदि आप रियल एस्टेट में सफलता को छूना चाहते हैं तो साइट विजिट, सेल्स, मार्केटिंग, कम्युनिकेशन और आपकी टीम के प्रेजेंटेशन कौशल महत्वपूर्ण हैं। एक सेल्स की टीम एक कंपनी में वैसेही होती है जैसे की इस शरीर में भोजन, पानी और ऑक्सीजन की होती है। रेवेन्यू ही आपकी रियल एस्टेट कंपनी का जीवन है और रेवेन्यू केवल और केवल सेल्स से ही बनाया जाता है। इसलिए, आपकी टीम की मार्केटिंग के तरीके और प्रॉपर्टी को बेचने का कौशल ही आपके कंपनी की सफलता को निर्धारित करता है।

रियल एस्टेट में, आपके ग्राहक बहुत सारे सवालों के साथ बार-बार साइट पर जाते हैं। उसे आपकी टीम से बार-बार पुष्टि की आवश्यकता होती है। क्योंकि घर या प्लॉट या फार्महाउस खरीदना उनके जीवन का सबसे बड़ा फैसला होता है। बस यह निर्णय लेने के लिए, उसे अपने सेल्सपर्सन से पुन: पुष्टि और आत्मविश्वास की आवश्यकता है। सेल्सपर्सन को साइट विजिट और रेप्रेसेंटेशन की कला पता होनी चाहिए। यदि सेल्सपर्सन साइट विज़िट और रियल एस्टेट में क्लोजिंग करने की कला नहीं जानता है, तो आपके मार्केटिंग प्रयासों का कोई मूल्य नहीं है। भले ही आप एक लाख रुपये का भुगतान करके 1000 से अधिक ग्राहकों की जानकारी उत्पन्न कर रहे हैं, लेकिन एक अच्छी साइट विजिट और क्लोजिंग टीम के बिना सब कुछ बर्बाद होने जा रहा है।

आप अपनी टीम की मदद से अपने रियल एस्टेट व्यवसाय को बढ़ा सकते हैं, केवल तभी जब आपकी सेल्स टीम के पास आपके ग्राहकों की जेब से पैसा निकालने की क्षमता हो। यदि वे साइट विजिट के दौरान संबंध बनाने और अपने ग्राहकों के साथ संवाद करने में अच्छे हैं और यदि आपकी सेल्स टीम आपके ग्राहकों के सभी सवालों के जवाब देने में एक विशेषज्ञ है, तो आप रियल एस्टेट में सफलता पाने के लिए तैयार हैं।

मैं रियल एस्टेट में साइट विज़िट और सेल्स क्लोजिंग के अश्व पर गहराई से जा सकता हूं। मैं साइट विज़िट और सेल्स के घोड़े पर एक पूरी किताब भी लिख सकता हूं। लेकिन हमारे पास प्रतिबंध हैं, यही कारण है कि इस किताब में

हम प्रत्येक महत्वपूर्ण विषय में केवल सरल और साधारण अंतर्दृष्टि दे रहे हैं। साइट विज़िट और सेल्स कम्युनिकेशन कौशल विकसित करने के लिए आपको कॉन्फिडेंस, कम्युनिकेशन, मोटिवेशन, अपने प्रोडक्ट्स पर बोहोत विश्वास, नेगोशिएट करने की कला, फॉलो अप लेने की तैयारी, सेल होने के बाद भी सर्विस देने का वचन आदि कौशलों को निखारने की आवश्यकता हैं। साइट विज़िट और सेल्स क्लोजिंग की कला सीखने के लिए हर पल और अवसर का उपयोग करें। अपने और अपनी कंपनी के लिए रेवेन्यू उत्पन्न करने की दिशा दिखने वाली हर सामग्री को सुनने, पढ़ने और सीखने के लिए हर एक पल का उपयोग करें। मेरे ऑफिस में कॉल करें और हमें बताएं कि अपने मोबाइल, टैबलेट, लैपटॉप और कंप्यूटर को रियल एस्टेट विश्वविद्यालय में कैसे बदलें। आप YouTube पर हमारे मुफ्त वीडियो देख सकते हैं आप हमारी वेबसाइटों पर हमारे ब्लॉग पढ़ सकते हैं, और आप हमारे ऐप को डाउनलोड कर सकते हैं और रियल एस्टेट में सेल्स और साइट विज़िट की कला सीखने के लिए 'रियल एस्टेट सेल्स मास्टरी' पर हमारे पाठ्यक्रमों के लिए साइन अप कर सकते हैं। इन सभी संसाधनों के साथ, आप अपनी सेल्स टीम को प्रशिक्षित कर सकते हैं और रियल एस्टेट मार्केट में अपने सफलता के रास्ते तैयार कर सकते है।

चतुर्थ अश्व - फाइनेंस एंड एकाउंटिंग

जब सेल्स और और फाइनेंस टीमों के बीच संचार सही नहीं होता है, तो यह कार्यों को अनदेखा करने और समय और ऊर्जा की बर्बादी के रास्ते की ओर जाता है। यही कारण है कि इस अंतर को कम करना महत्वपूर्ण है। यदि आप इन दो घोड़ों के बीच की दुरी को कम कर सकते हैं, तो आप रियल एस्टेट मार्केट में सफलता की प्राप्त कर सकते हैं।

रियल एस्टेट लीडर्स को सेल्स और फाइनेंस विभागों के बीच संबंधों को बेहतर बनाने पर भी ध्यान केंद्रित करना चाहिए। एक रियल एस्टेट बिज़नेसमैन के लिए फाइनेंस और एकाउंटिंग के घोड़े को मजबूत बनाने पर ध्यान केंद्रित करना महत्वपूर्ण है। फाइनेंस और एकाउंटिंग का एक मजबूत घोड़ा आपकी कंपनी को उन तरीकों से बढ़ा सकता है जिनकी आपने कभी कल्पना नहीं की है।

तथ्य यह है कि अधिकांश रियल एस्टेट सीईओ और डायरेक्टर फाइनेंस में बहुत अच्छे नहीं हैं क्योंकि उन्होंने कभी भी फाइनेंस का अध्ययन नहीं किया है। उन्हें लगता है कि यह उनके सीए और अकाउंटेंट का काम है। लेकिन एक रियल एस्टेट सीईओ, या एक डायरेक्टर होने के नाते, आपको कुछ चीजों को समझना चाहिए जो आपके व्यवसाय से संबंधित हैं। जैसे नियमित रूप से अपनी बैलेंस शीट, डेबिट और क्रेडिट, खरीद बिल, विक्रेता भुगतान, श्रम भुगतान आदि की जांच करना। यदि आप एक रियल एस्टेट बिल्डर या डेवलपर हैं, तो आपको फाइनेंस से संबंधित इन आवश्यक कारकों की समझ होनी चाहिए। मैं नहीं चाहता कि आप हर चीज के मास्टर बनें, लेकिन मैं चाहता हूं कि आप अपने रियल एस्टेट व्यवसाय में हर आवश्यक बात जानें।

यदि आप वास्तव में वित्त के घोड़े को मजबूत करना चाहते हैं, तो आपको कम से कम कुछ शब्दों को जानना चाहिए जो आपके व्यवसाय से संबंधित हैं। वित्त के घोड़े की संकल्पना को समझकर, आप अपने प्रोडक्ट्स को सही दरों पर बेच सकते हैं, आप अपने पैसे को एक अच्छे प्रोजेक्ट्स में निवेश कर सकते हैं, आप अपने ग्राहकों के साथ उचित तरीके से बातचीत कर सकते हैं।

मैं आपको फाइनेंस के घोड़े का महत्व समझाता हूं। कल्पना कीजिए कि आप एक बिल्डर हैं, और आप जमीन खरीदना चाहते हैं जिसकी कीमत 50 करोड़ है लेकिन आपके हाथ में नकदी केवल 10 करोड़ है, आपके प्रोजेक्ट्स हैंड-लोन क्षमता केवल 20 करोड़ है, और यदि आप बड़ी छलांग लगा रहे हैं अर्थात जमीन खरीद रहे हैं जिसके लिए 50 करोड़ की आवश्यकता होती है जबकि आपके पास केवल 30 करोड़ हैं। फिर 20 करोड़ की व्यवस्था करना एक बहुत बड़ी समस्या है यदि आप बड़े कदम उठाते हैं और समय पर इसकी व्यवस्था नहीं कर पाएंगे।

मेरे प्यारे दोस्त को समझिए, अगर आप रियल एस्टेट गेम चेंजर बनना चाहते हैं और आप सभी विभागों में एक जैसी गलतियां कर रहे हैं, तो आपको रियल एस्टेट में सफलता नहीं मिल सकती है। यदि आप दिशानिर्देशों को ठीक से समझते हैं और उन्हें सचेत रूप से पालन करते हैं, तो मुझे यकीन है कि आप एक सफल रियल एस्टेट बिज़नेसमैन बन सकते हैं। अब, हम रियल एस्टेट के अगले घोड़े पर चले जाएंगे।

पञ्चम अश्व - ऑपरेशन

रियल एस्टेट आर्गेनाइजेशन को रोजमर्रा के कार्यों को ट्रैक पर रखने के लिए ऑपरेशन के घोड़े पर ध्यान केंद्रित करना चाहिए। क्योंकि ऑपरेशन एक रियल एस्टेट कंपनी के लगभग हर पहलू में शामिल हैं। यह घोड़ा सबसे शक्तिशाली घोड़ों में से एक है। क्यों? क्योंकि ऑपरेशन के तहत निर्माण, साइट प्रबंधन, सभी कामकाज जो आपकी कंपनी के अंदर या साइट पर जा रहे हैं, जैसी विभिन्न चीजें आती हैं; ऑपरेशन के तहत सीआरएम गतिविधियां आती हैं जो शक्तिशाली विभागों में से एक है जो आपको 50 लाख की क्षमता वाले ग्राहक से 5 करोड़ का व्यवसाय दे सकती है।

आपने सही सुना है, मेरे प्यारे दोस्त। मैं कह रहा हूं कि आप 50 लाख की क्षमता वाले ग्राहक से 5 करोड़ का व्यवसाय उत्पन्न कर सकते हैं। यह कैसे संभव है? यह अच्छी सीआरएम गतिविधियों की मदद से और अच्छे ऑपरेशन की मदद से संभव हो सकता है।

आपकी कंपनी में खराब ऑपरेशन लंबे समय तक चलने वाले बुरा प्रभाव डालते हैं और पूरे आर्गेनाइजेशन को बुरी तरह से प्रभावित कर सकते हैं। कई रियल एस्टेट बिल्डरों ने ऑपरेशन के घोड़े पर ध्यान केंद्रित नहीं करके अपने पूरे करियर को नष्ट कर दिया है। मुझे एक लाइव केस स्टडी के साथ समझाने दें। मुंबई के बिल्डरों में से एक ने नागपुर में जमीन खरीदी और प्रोजेक्ट्स पर काम करना शुरू कर दिया। प्रोजेक्ट के बिल्डर ने प्रोजेक्ट मैनेजर या जनरल मैनेजर या प्रोजेक्ट हेड को जिम्मेदारी दी। लेकिन वह व्यक्ति गैर जिम्मेदार था। उसकी गैर जिम्मेदारी के कारण लोग गैरकानूनी चीजों, अनैतिक व्यवहार आदि में शामिल होने लगे। इन गतिविधियों ने कंपनियों में एक अस्तव्यस्तता बनाना शुरू कर दिया। प्रमोशन में अस्तव्यस्तता, कमीशन में अस्तव्यस्तता, कंपनी के अंदर चोरी, कम गुणवत्ता वाली सामग्री का उपयोग करने जैसी समस्या। इस अस्तव्यस्तता ने पूरे आर्गेनाइजेशन और कई लोगों के सपनों को नष्ट करना शुरू कर दिया। एक बिल्डर के रूप में, यदि आप वास्तव में अपनी कंपनी में ऑपरेशन को मजबूत करना चाहते हैं, तो आपको रियल एस्टेट आर्गेनाइजेशन में ऑपरेशन के घोड़े की भूमिका को समझना शुरू करना चाहिए।

यदि आपके आर्गेनाइजेशन में ऑपरेशन कमजोर है, तो यह आपके संभावित ग्राहकों पर बुरी तरह से प्रभाव डाल सकता है। आपकी कंपनी में खराब ऑपरेशन आपके ग्राहकों को साइट विज़िट, कानूनी दस्तावेज, और कागज, बैंक ऋण से संबंधित सर्विस आदि से परेशान महसूस करा सकते है। यदि आपकी कंपनी में ऑपरेशन सुचारू और व्यवस्थित हैं, तो आपके ग्राहकों को आपकी टीम से सर्वोत्तम सेवाएं मिलेंगी। यहां तक कि रियल एस्टेट में एक सोलोप्रेनर के रूप में, आपको अपने ऑपरेशन को मजबूत बनाना होगा, ताकि आपके ग्राहकों का आपकी कंपनी के साथ लेनदेन अच्छा हो।

ग्राहक हर व्यवसाय का मूल हैं और इसलिए, उन्हें आपके द्वारा प्रदान की जाने वाली सर्विस से संतुष्ट और खुश रखना समय की आवश्यकता है। रियल एस्टेट में, सीआरएम आपके व्यवसाय के सुचारू कामकाज को सुनिश्चित करने में महत्वपूर्ण भूमिका निभा सकता है और इसे अपडेट रखने में मदद करता है।

सीआरएम का मुख्य उद्देश्य अपने ग्राहकों के साथ अच्छे संबंध बनाए रखना है। यह सिस्टम और रणनीति में सुधार पर भी ध्यान केंद्रित करता है जो विक्रेताओं और आपूर्तिकर्ताओं के साथ संबंधों का प्रबंधन करने में सक्षम बनाता है। आपकी कंपनी में प्रभावी CRM ग्राहकों को कई चरणों में मदद कर सकता है जैसे - टोकन देने के बाद समझौता, कानूनी दस्तावेज का चरण, प्रोजेक्ट्स की मास्टर फाइल, वित्त से संबंधित कागजी कार्रवाई, साइट का दौरा, संपत्ति और सेल्स के बाद सर्विस तक सभी प्रश्नों के समाधान देने में। सही सीआरएम उपकरणों और रणनीतियों में निवेश करके, आप अपने ग्राहकों के साथ एक मजबूत और टिकाऊ संबंध बनाने में भी निवेश कर रहे हैं।

षष्ठ अश्व - ट्रेनिंग एंड रिक्रूटमेंट

यह घोड़ा किस बारे में है? ट्रेनिंग और रिक्रूटमेंट पर अलग-अलग ध्यान केंद्रित करना क्यों महत्वपूर्ण है? मेरे प्यारे दोस्त समझिये, रियल एस्टेट अन्य क्षेत्रों की तरह नहीं है। रियल एस्टेट व्यवसाय में, सही टैलेंट को अपने कंपनी में रिक्रूट करना इतना आसान नहीं है।

आईटी क्षेत्र में, आईटी नियोक्ताओं के लिए गूगल और सोशल मीडिया प्लेटफार्मों पर प्रासंगिक कौशल और शब्दों की खोज करके सही तकनीकी प्रतिभाओं को आकर्षित करना आसान है। आप सही शब्दों का उपयोग करके गूगल और बाकि सोशल मीडिया प्लेटफार्म पर सही लोगो तक पोहोच सकते है।

वित्त और बैंकिंग क्षेत्र में, रिक्रूटमेंट डिपार्टमेंट उन छात्रों से संपर्क कर सकता है जिन्होंने कॉमर्स में अपनी शिक्षा पूरी कर ली है और फाइनेंस में एमबीए किया है। हेल्थ केयर सेक्टर में, आप चिकित्सा संस्थानों से जुड़ सकते हैं और उन छात्रों तक पहुंच सकते हैं जिह्नोने इस क्षेत्र से सम्बंधित अध्ययन किया है। ऑटोमोबाइल उद्योग में, आप मैकेनिकल या ऑटोमोबाइल इंजीनियरों की तलाश करेंगे।

परन्तु जब हम रियल एस्टेट की बात करेंगे तो अन्य क्षेत्रों की तुलना में रियल एस्टेट अलग है। न तो उचित पाठ्यक्रम और विश्वविद्यालय हैं, न ही सीखने के लिए संस्थान हैं। यदि हैं, तो वे प्रसिद्ध या प्रासंगिक नहीं हैं। या भले ही वे प्रसिद्ध हों, उनमें से अधिकांश केवल थ्योरेटिकल ज्ञान के ही अध्ययन को बढ़ावा देंगे। आपको उन विशेषज्ञों से डोमेन ज्ञान प्राप्त करना होगा जो वर्षों से इस उद्योग में काम कर रहे हैं। आपको अपनी कंपनी में टैलेंटेड लोगो को अपने कंपनी में लाना होगा और उन्हें ठीक से प्रशिक्षित करना होगा।

ट्रेनिंग रियल एस्टेट का एक महत्वपूर्ण हिस्सा है। ट्रेनिंग और डेवलपमेंट के बिना आप किसी भी डिपार्टमेंट में सुचारू कामकाज की उम्मीद भी नहीं कर सकते। यही कारण है कि हमें लगता है कि यह रियल एस्टेट क्षेत्र में सबसे महत्वपूर्ण डिपार्टमेंट है। टीम के प्रत्येक सदस्य को ठीक से प्रशिक्षित किया जाना चाहिए। अपनी टीम को प्रशिक्षित करना और डोमेन ज्ञान प्राप्त करने में उनकी मदद करना आसान नहीं है। आप सोच रहे होंगे कि लोगों को प्रशिक्षित करने में वर्षों लग सकते हैं। इसके अलावा, आपके रियल एस्टेट व्यवसाय को स्केल करने में वर्षों लग सकते हैं। आप इन चिंताओं का समाधान कैसे पा सकते हैं?

मेरे प्यारे दोस्त, महाभारत के युद्ध को समझो और याद करो, भगवान कृष्ण की शिक्षाओं और उनके कौशल का दुनिया ने खुले दिल से पालन किया है। भगवद गीता हमारी आत्माओं को अनुसरण करने की दिशा देकर जीवन

के उद्देश्य को सरल बनाती है। अर्जुन के अवसाद को दूर करने के लिए और, उसे धर्म युद्ध लड़ने के लिए प्रेरित करने के लिए, भगवान कृष्ण ने अर्जुन को "भगवत गीता" की महान शिक्षा दी। इन सभी महान शिक्षाओं को सुनने के बाद, अर्जुन का मानसिक स्वास्थ्य ठीक हो गया, और वह युद्ध लड़ने के लिए प्रेरित और ऊर्जावान हो गया। इतने वर्षों के बाद, ये शिक्षाएं अभी भी व्यक्तिगत और पेशेवर दुनिया में प्रासंगिक हैं।

उसी तरह, हमने रियल एस्टेट सीईओ, डायरेक्टर्स और मैनेजिंग डायरेक्टर्स से 2500+ वर्षों के अनुभव और ज्ञान को मिलाकर "रियल एस्टेट गेम चेंजर्स सिस्टम" तैयार किया है। यह सिस्टम सिद्ध हो गया है। इस सिस्टम के साथ, आप कम अवधि के भीतर अपने रियल एस्टेट व्यवसाय को स्केल कर सकते हैं। आपको बस एक मजबूत विश्वास के साथ "आरजीसी सिस्टम" को निष्पादित करना होगा और अपने रियल एस्टेट व्यवसाय में वृद्धि का अनुभव करना होगा।

सप्तम अश्व - मैनेजमेंट एंड लीडरशिप

आपको अपनी रियल एस्टेट कंपनी में मैनेजमेंट और नेतृत्व के घोड़े की आवश्यकता क्यों है? क्योंकि यह आपकी टीम के प्रयासों को पूर्व-निर्धारित लक्ष्यों की उपलब्धि की ओर निर्देशित करता है। भले ही सभी घोड़े अच्छे से चल रहे हों, अगर मैनेजमेंट का घोड़ा मजबूत न हो तो आपकी टीम का ढांचा किसी कमजोर इमारत की तरह ही ढह सकता है। लक्ष्यों को प्राप्त करने में आपकी टीम के प्रयास बेकार जा सकते हैं। मैनेजमेंट और नेतृत्व का घोड़ा नीतियों, दिशानिर्देशों और रणनीतिक उद्देश्यों को स्थापित करने के साथ-साथ कंपनी के भीतर गुणवत्ता प्रबंधन के लिए नेतृत्व और दिशा प्रदान करने के लिए जिम्मेदार है।

मैनेजमेंट के घोड़े की भूमिका सभी टीम के सदस्यों को प्रभावित करने वाले निर्णय लेने से अधिक है। यह अध्याय विशेष रूप से आपके लिए डिज़ाइन किया गया है यदि आप अपनी कंपनी में सीईओ, डायरेक्टर या टॉप मैनेजमेंट के व्यक्ति हैं। यह अध्याय पूरी तरह से व्यक्तिगत नेतृत्व पर आधारित है। दूसरों को प्रबंधित करने से पहले, आपको खुद को प्रबंधित करने की आवश्यकता है।

ऐसा कहा जाता है कि कॉलेज की डिग्री होने से आप केवल धन अर्जित कर सकते हैं लेकिन जीवन कौशल सीखकर आप एक जीवन शैली कमा सकते हैं। औपचारिक शिक्षा के अलावा अन्य व्यावहारिक चीजों को सीखना महत्वपूर्ण है। खुद पर काम करना बहुत जरूरी है। यह घोड़ा पूरी तरह से आर्गेनाइजेशन के डायरेक्टर या फाउंडर या सीईओ पर केंद्रित है। क्योंकि डायरेक्टर पूरे आर्गेनाइजेशन को दिशा देता है। यदि आपका व्यक्तिगत मैनेजमेंट मजबूत है, तो आप रियल एस्टेट बाजार में लंबे समय तक टिके रह सकते हैं। मैनेजमेंट सही समय पर सही निर्णय लेने के बारे में है। हम पहले ही पिछले अध्यायों में इस पर चर्चा कर चुके हैं।

आपके व्यक्तिगत मैनेजमेंट कौशल आपके पेशेवर जीवन पर भी प्रभाव डालते हैं। इसलिए आपके लिए जरूरी है कि आप मैनेजमेंट के घोड़े को अपने जीवन में मजबूत बनाएं। एक मजबूत मानसिकता के साथ, आप विलंब से निपट सकते हैं। रियल एस्टेट में शिथिलता सबसे बड़ा दुश्मन हो सकता है। यदि आप मानसिक रूप से मजबूत हैं, तो केवल आपके पास अपने कंपनी का नेतृत्व करने की क्षमता है।

मैनेजमेंट में बेहतर बनने के लिए, और व्यक्तिगत नेतृत्व शक्ति बढ़ाने के लिए, आप अपने शेड्यूल में "पावर अवर" शामिल कर सकते हैं। एक पावर अवर तब होता है जब आप उन सभी कष्टप्रद छोटे कार्यों से निपटने के लिए सुबह या शाम को एक घंटा या 30 से 45 मिनट अलग रखते हैं जिन्हें आप अनदेखा कर रहे हैं। इस पावर अवर की संकल्पना आरजीसी इंटरव्यूव् के दौरान 50 सीईओ द्वारा दिए गए अनुभव और सवालों के जवाब से आई है।

आप निम्नलिखित स्वरूप का उपयोग करके अपना स्वयं का पावर अवर रूटीन बना सकते हैं:

15 मिनट - ऐसे काम करें जो आपके स्वास्थ्य में सुधार करते हैं।

10 मिनट - अपने लक्ष्य निर्धारित करें (आप 2-3 महत्वपूर्ण लक्ष्य भी लिख सकते हैं।)

15 मिनट - पूरे दिन, सप्ताह और महीने की योजना बनाने पर ध्यान दें।

10 मिनट - एक प्रभावशाली किताब पढ़ें या यूट्यूब पर रियल एस्टेट के बारे में एक वीडियो देखें।

10 मिनट - ध्यान

ऐसे में आप मजबूत मानसिकता के साथ रियल एस्टेट में एक प्रभावशाली लीडर बन सकते हैं। जब तक आप एक अधिक प्रभावशाली लीडर नहीं बनते, तब तक आप पूरे आर्गनाइजेशन और आपके साथ काम करने वाले लोगों को नियंत्रित नहीं कर सकते।

क्योंकि आपका स्केडुल आपकी कंपनी में काम करने वाले लोगों से ज्यादा महत्वपूर्ण है। इसलिए, प्रभावशाली लीडर, सीईओ या डायरेक्टर के रूप में आपका स्केडुल आपके नियंत्रण में होना चाहिए, तभी आप अपने कंपनी में विभिन्न चीजों को नियंत्रित कर सकते हैं।

आप अपनी टीम को तभी प्रशिक्षित कर सकते हैं जब आप स्वयं प्रशिक्षित हों। आप अपनी टीम को उनके द्वारा सौंपे गए प्रत्येक कार्य का स्वामित्व लेने के लिए प्रशिक्षित कर सकते हैं। आपके लिए, यह समझना महत्वपूर्ण है कि सदस्यों के कौशल स्तर और टीमवर्क में सुधार कैसे किया जाए।

कार्य शब्दों की तुलना में जोर से बोलते हैं और शब्द आपके लोगों पर सीधा प्रभाव डाल सकते हैं। ध्यान रखें कि आप क्या करते हैं और आप क्या कहते हैं। जब आप खुद से बात करते हैं तो ध्यान रखें। आपको सकारात्मक आत्म-चर्चा करनी चाहिए। शब्दों का सही इस्तेमाल करके और सही कार्य करके आपको अपने लोगो पर अपने मैनेजमेंट और लीडरशिप का सही प्रभाव बनाना चाहिए।

स्वाध्याय:

3-5 मिनट का समय लें, गहराई से सोचें और निचे दिए गए स्वाध्याय में हिस्सा ले

क्रम संख्या	अश्व का नाम	आप इस डिपार्टमेंट में कार्यरत है या नहीं? हा / ना	क्या आपके कोई टीम मेम्बर इसमें कार्यरत है या नहीं? हा / ना	उन टीम मेंबर्स के नाम जो इस डिपार्टमेंट को सँभालते है
1	रिसर्च एंड लीगल डोक्युमेंटेशन			
2	मार्केटिंग			
3	साइट विजिटिंग सेल्स क्लोजिंग			
4	फाइनेंस एंड एकाउंटिंग			
5	ऑपरेशन			
6	ट्रेनिंग एंड रिक्रूटमेंट			
7	मैनेजमेंट एंड लीडरशिप			

अध्याय 5

रियल एस्टेट गेम चेंजर्स सिस्टम

चेतावनी: ध्यान से पढ़े

यह अध्याय रियल एस्टेट बिज़नेस में आपके पूरे कार्य सिस्टम को बदलने की शक्ति रखता है। यह आपको बहुत ही कम समय में विकास और सफलता दे सकता है। आपके टर्नओवर को दोगुना करने में भी मदद कर सकता है, या फिर आपके रियल एस्टेट बिज़नेस को बढ़ाने के लिए एक शक्तिशाली टीम बनाने में भी मदत कर सकता है। अपनी टीम के साथ प्रक्रिया और सफर का आनंद लेते हुए, आपको बस काम करने की कमिटमेंट देनी होगी। हमारी टीम की ओर से ऑल द बेस्ट।

अब, जैसा कि मुझे पता है कि आप अध्याय 5 के स्तर पर पहुंच गए हैं। पहले 3 अध्यायों में, आपने सीखा कि रियल एस्टेट गेम चेंजर सिस्टम कैसे बनाया गया। चौथे अध्याय में, आपने RGC सिस्टम के 7 आवश्यक घोड़ों के बारे में सीखा। मैं अपने जीवन में बहुत सी प्रैक्टिकल हालातों से गुजरा हूं जिनके माध्यम से मैंने प्रैक्टिकल अनुभव प्राप्त किया है और मैं इसे आपको देना चाहता हूं। जैसा कि आप जानते हैं, किताब के आरंभ में मैंने आपको विशालजी की कहानी सुनाई थी। कैसे उन्होंने रियल एस्टेट में अपना सफर शुरू किया और रियल एस्टेट गेम चेंजर सिस्टम की मदद से एक प्रसिद्ध रियल एस्टेट ब्रांड बनाया।

यहां, हम आपको बताएंगे कि हमने विभिन्न कंपनियों के साथ कैसे काम किया है, हम किस तरह के मॉडल पर काम करते हैं और हमने कैसे नतीजे हासिल किए हैं। लेकिन हम यह केवल आपके लिए कर रहे हैं, क्योंकि हमारा उद्देश्य स्पष्ट है, कि हम प्रत्येक भावुक व्यक्ति को मूल्य देना चाहते हैं जो इस

किताब को पढ़ रहा है। हम आपसे वादा करते हैं कि इस अध्याय के अंत तक आप एक संगठित रियल एस्टेट कंपनी के निर्माण की विचार को समझ जाएंगे। इतनी सारी रियल एस्टेट कंपनियों के साथ काम करते हुए, हमने प्रभावी मॉडल तैयार किए हैं जो आपको आपकी रियल एस्टेट कंपनी में उत्कृष्ट परिणाम दे सकते हैं। RGC सिस्टम की मदद से, जिन कंपनियों में मै कोच था उन सारी रियल एस्टेट कंपनियों के डिपार्टमेंट में बदलाव आया है। यह इस तरह से बदल गया है कि कंपनियों के टॉप लीडर्स ने भी कल्पना नहीं की होगी। मेरे द्वारा डिज़ाइन किए गए मॉडल पूरी तरह से सिद्ध और परखे गए हैं। इसलिए मैं आपको इस अध्याय में कुछ प्रभावी मॉडलों की जानकारी देने की कोशिश कर रहा हूं, जो आपकी कंपनी को बदल सकते हैं। यह एक बड़ी प्रक्रिया है जिसे कुछ पन्नों में समझाया गया है।

पृष्ठों को छोड़ने और दूसरे स्तर पर कूदने की कोशिश न करें, क्योंकि इस अध्याय का ज्ञान आपको RGC सिस्टम के बारे में एक विचार देगा जो आपकी कंपनी में 20-30% की ग्रोथ दे सकता है, बस इस किताब को पढ़कर और चौंकिए मत अगर मैं यह कहूं कि हमारे साथ इस प्रणाली को लागू करने के बाद कंपनियों ने अपने कुल कारोबार में 5X, 10X और यहां तक कि 100X की वृद्धि हासिल कर सकता है।

एनर्जी और व्यवस्था के लिए "PRO" Model:

कोई फर्क नहीं पड़ता कि आप 4-5 लोगों की टीम के साथ रियल एस्टेट डेवलपर, बिल्डर, मार्केटिंग एजेंसी के मालिक, निवेशक या रियल एस्टेट एजेंट हैं। हम आपकी कंपनी में स्तर 1 के साथ सिस्टम को क्रियान्वित करना शुरू करते हैं। हम इसे आपकी टीम के सदस्यों और डायरेक्टर के साथ करते हैं। जिस मॉडल को हम 1 स्तर पर अमल करते हैं उसे "PRO" मॉडल कहा जाता है।

"प्रो" मॉडल मेरे पीएचडी के आधार पर डिज़ाइन किया गया है। रियल एस्टेट में उपभोक्ता के खरीदारी व्यवहार पर शोध, शीर्ष रियल एस्टेट लीडर्स के साथ RGC इंटरव्यूव् सीरीज और कई रियल एस्टेट संगठनों में किए गए

प्रयोग जहां मैं एक प्रशिक्षक था। रियल एस्टेट कंपनियों में 1000+ कर्मचारियों और 2000+ ग्राहकों के साथ किए गए शोध में, मैंने देखा कि जब कर्मचारी अपने ग्राहकों से मिले तो उनमें सबसे महत्वपूर्ण कमी थी - यह कर्मचारियों का ऊर्जा स्तर था।

मैंने रियल एस्टेट क्षेत्र में काम करने वाले कर्मचारियों में बहुत सी चीजों की कमी देखी। जैसे की ग्राहकों के साथ वचनबद्ध रहना, तुरंत काम करने की जिम्मेदारी लेना, कंपनी में काम की जिम्मेदारी होना, इत्यादि. रियल एस्टेट कंपनियों के कर्मचारी और ग्राहकों की समस्याओं को देखने के बाद, मैंने इन समस्याओं का समाधान निकालने के लिए "प्रो" मॉडल बनाया। रियल एस्टेट में "प्रो" मॉडल क्या है और यह आपकी मदद कैसे कर सकता है?

PRO मॉडल में "P" का मतलब पैशन अर्थात जोश:

जब तक आप अपनी रियल एस्टेट कंपनी में जो कुछ भी कर रहे हैं, उसके बारे में आप जुनूनी नहीं हैं, तब तक आप अपनी कंपनी में उच्च प्रदर्शन करने वाले नहीं हो सकते। अपने काम के प्रति जुनून के बिना, एक रियल एस्टेट कंपनी में कोई विकास नहीं होता है। आपको अपने काम के प्रति जुनून होना चाहिए, इससे कोई फर्क नहीं पड़ता कि आप किस डिपार्टमेंट में काम कर रहे हैं - मार्केटिंग, सेल्स, फाइनेंस, रिसर्च, लीगल आदि।

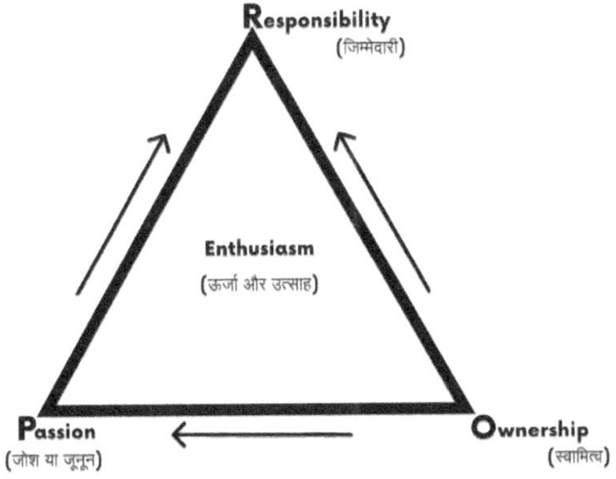

PRO मॉडल में का "R" का मतलब रेस्पॉन्सिबिलीटी अर्थात जिम्मेदारी:

अगर आप अपने काम के प्रति जुनूनी हैं, तो आपको एक जिम्मेदार टीम सदस्य बनने की जरूरत है। मुझे समझाने दो। कल्पना कीजिए कि आपका ग्राहक आपसे मिलने के लिए शाम 7.15 बजे आ रहा है क्योंकि वह केवल उसी समय कार्यालय से आता है। चलिए मै समझाता हु, मान लीजिये कि आपका ग्राहक आपसे मिलने के लिए शाम 7.15 बजे आ रहा है क्योंकि वह केवल उसी समय कार्यालय से आता है। लेकिन आपके ऑफिस से निकलने का समय हर दिन शाम 6.30 बजे है। लेकिन अगर आप "प्रो" टीम के सदस्य हैं, तो आप निश्चित रूप से अपने ग्राहक की प्रतीक्षा करेंगे क्योंकि आप अपने ग्राहक की परवाह करते हैं और आप एक जिम्मेदार व्यक्ति हैं। अर्थात आपने वादा पूरा करने और अपने ग्राहक को सर्वोत्तम सेवा देने की जिम्मेदारी ली है।

PRO मॉडल में का "O" का मतलब ओनरशिप अर्थात स्वामित्व:

RGC इंटरव्यू सीरीज में, रियल एस्टेट के टॉप लीडर्स ने स्वामित्व की अवधारणाओं को अच्छे तरीके से समझाया है। सरल शब्दों में, टीम के प्रत्येक सदस्य को उस कार्य का स्वामित्व लेना चाहिए जो वे अपनी कंपनी में करते हैं। आपकी कंपनी में आपको इस तरह से काम करना चाहिए जैसे कि यह आपकी अपनी कंपनी है। आपको इस तरह से काम करना चाहिए की आप ही इस कंपनी के मालिक हैं।

इस "प्रो" मॉडल के साथ, हमने रियल एस्टेट कंपनियों के सकारात्मक ऊर्जा, परिणाम और विकास को देखा है। हमने ऊर्जा के सकारात्मक वातावरण को देखा है जिसके उत्कृष्ट परिणाम मिले हैं।

लेवल 2: कनेक्शन, विकास और सफलता के लिए B4 मॉडल

जब हम एक रियल एस्टेट कंपनी के अगले स्तर पर जाते हैं, तो हम रियल एस्टेट उद्योग के लिए तेजी से डिजाइन किए गए एक आविष्कृत मॉडल को अमल करना शुरू करते हैं। इसे "B4" मॉडल नाम दिया गया है।

सामान्य समस्याएं जो हम अपने ट्रेनिंग और कोचिंग के दौरान इस मॉडल के माध्यम से हल करते हैं:

- सही स्टेकहोल्डर्स को नहीं जानना
- भविष्य के प्रमुख योगदानकर्ताओं को नहीं जानना।
- कंपनी के अंदर कनेक्शन नहीं होना।
- आपस में मजबूत बॉन्डिंग नहीं होना।
- अपने स्वयं के जीवन और सफलता के पैरामीटर के बारे में स्पष्टता न होना।

B4 मॉडल में, हम रियल एस्टेट के 4 मुख्य स्तंभों के फायदों के बारे में सोचते हैं। रियल एस्टेट कारोबार के चार मुख्य स्तंभ हैं:

- -ग्राहक
- टीम के सदस्य
- चैनल पार्टनर
- व्यवसाय के मालिक

रियल एस्टेट उद्योग में ज्यादातर लोग बड़ी गलतियां करते हैं। चैनल पार्टनर्स को महत्व नहीं देने की गलती। वे भूल जाते हैं कि चैनल पार्टनर भी रियल एस्टेट सेक्टर के महत्वपूर्ण हाथ हैं। रियल एस्टेट क्षेत्र में चैनल पार्टनर सबसे बड़ी भूमिका निभाते हैं। कभी-कभी हम उन्हें रेफरल पार्टनर, एसोसिएट मेंबर या गोल्ड मेंबर कहते हैं। सभी चार हितधारकों को महत्व देने से पूरे रियल एस्टेट क्षेत्र को लाभ होता है।

चित्र में, आप "B4" मॉडल का सही वर्णन देख सकते हैं:

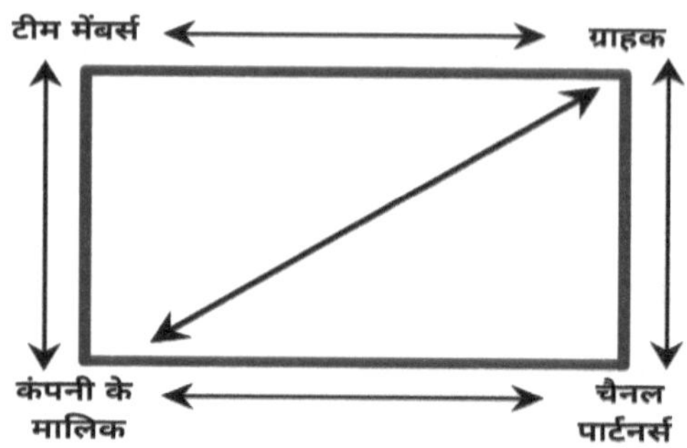

चित्र में, अब आप 4 हितधारकों को देख सकते हैं, यदि आप इस तरह से व्यवसाय करते हैं कि सभी 4 हितधारकों को वह मिलेगा जो वे चाहते हैं, इसका मतलब है कि उन्हें सिस्टम से लाभ मिलता है, तो कोई भी आपके कंपनी के विकास और सफलता को नहीं रोक सकता है। जब आप रियल एस्टेट के इन चार स्तंभों को लाभ देने के अवयवों को समझ जाते हैं, तो आप एक महान व्यवसाय खड़ा करने में सफल हो जाते हैं।

स्तर 3: कार्रवाई में स्पष्टता के लिए लक्ष्य पत्रक (टारगेट शीट)

लेवल 3 में, हम कंपनी के भीतर कनेक्शन मजबूत करना शुरू करते हैं। हम यह कैसे करते हैं? हम इसे स्टेप टू स्टेप प्रक्रिया के साथ करते हैं। हम टीम के सभी सदस्यों को एक साथ लेते हैं, हम कंपनी में सभी महत्वपूर्ण गतिविधियों में टीम के सदस्यों को शामिल करते हैं, और हम उनके डायरेक्टर के साथ उनके वर्ष की योजना बनाते हैं, ताकि कंपनी में हर कोई आगे का रास्ता जान सके। यह मॉडल बहुत महत्वपूर्ण है क्योंकि इसमें रियल एस्टेट विकास और विकास की वैज्ञानिक प्रक्रियाएँ शामिल हैं और कंपनी को विकसित करने के लिए आवश्यक समग्र पहलुओं को शामिल किया गया है।

ज्यादातर मामलों में रियल एस्टेट कंपनियों में रिसर्च और सर्वे के दौरान सामने आने वाली आम समस्याएं हैं:

• दूर दृष्टी नहीं होना

- लक्ष्य प्राप्त करने के लिए कारण नहीं होना
- लक्ष्यों को प्राप्त करने की क्षमता न होना
- स्वामित्व और जिम्मेदारी नहीं होना

जब हम इस सत्र का ऑपरेशन करते हैं, तो व्यवसाय के मालिक कंपनी के अंदर खामियों की पहचान करना शुरू कर देते हैं। हमने आपके लिए कुछ डायग्राम और टेम्प्लेट दिए हैं जो आपके कंपनी में इन चीजों को लागू करने में आपकी मदद कर सकते हैं। यहां, हम आगामी वित्तीय वर्ष में हासिल करने के लिए समग्र वार्षिक 360-डिग्री लक्ष्य निर्धारित करते हैं।

स्तर 4: गति बढ़ाने के लिए बाधा ढूँढना

यह मॉडल उन समस्याओं को जानने में बहुत मददगार है जो हम अपने कंपनी के लिए निर्धारित लक्ष्यों के बीच में आते हैं। इस मॉडल के कार्यान्वयन के दौरान, हम टीम के सदस्यों को एक-एक करके लिखित रूप में अपनी राय देने के लिए कहते हैं और फिर हम उन सभी समस्याओं की सूची एकत्र करते हैं जो लक्ष्यों को प्राप्त करने में बाधाओं के रूप में कार्य कर सकती हैं, फिर हम उन पर काम करने के लिए समस्याओं की सामूहिक सूची बनाते हैं

इस स्तर के माध्यम से हम जिन सामान्य समस्याओं को हल करते हैं, वे हैं:

कंपनी के अंदर काम न करने के वास्तविक कारण वास्तविक तथ्य और आंकड़े जो टीम के सदस्यों को रोक रहे हैं वास्तविक बाधाओं की पहचान करना किसी विशेष समस्या को हल करने के लिए वास्तविक समाधान खोजना बनाते हैं और फिर हम उन सभी समस्याओं की सूची एकत्र करते हैं जो लक्ष्यों को प्राप्त करने में बाधाओं के रूप में कार्य कर सकती हैं, और फिर हम समस्याओं या बाधाओं की एक सामूहिक सूची बनाते हैं।

ऐसा करने के लिए हम जिस फॉर्मेट का इस्तेमाल करते हैं वह नीचे दिया गया है:

सिस्टम और टीम से संबंधित समस्याओं की सूची बनाएं	व्यक्तिगत क्षमता से संबंधित समस्याओं की सूची बनाएं	बॉस या टीम लीडर से संबंधित समस्याओं की सूची बनाएं
1.	1.	1.
2.	2.	2.
3.	3.	3.

स्तर 5: अधिकतम परिणाम उत्पादन

RGC मॉडल के माध्यम से रियल एस्टेट संगठनों में सफलता प्राप्त करने के सबसे महत्वपूर्ण स्तरों में से एक व्यक्तिगत कार्य स्पष्टता निर्माण मॉडल है। अपने सर्वे और रिसर्च के दौरान हमने पाया कि रियल एस्टेट कारोबार में टीम के कई सदस्य अच्छे हैं, लेकिन उनके काम में स्पष्टता की कमी है। यह इसलिए है क्योंकि वे नहीं जानते हैं, या उन्हें छोटे पैमाने के संगठनों में ठीक से जानकारी नहीं दी जाती है। यहीं से उनकी प्रोडक्टिविटी घट जाती है। इस मॉडल के माध्यम से, हम टीम के प्रत्येक सदस्य को अपना व्यक्तिगत कार्य स्पष्टता दस्तावेज़ डिजाइन करने में मदद करते हैं।

यह स्तर विशेष रूप से निचे दिए गए सहायक होता है:

- प्रोडक्टिविटी बढ़ाने के लिए

- टीम के सदस्यों के बीच स्पष्टता बढ़ाने के लिए

- टीम के सदस्यों के बीच झड़पें घटाने के लिए

- संगठनों के अंदर दक्षता और समय प्रबंधन बढ़ाने के लिए

इस स्तर पर, हम आम तौर पर अपनी टीम के सदस्यों से अपने मौजूदा काम को लिखने के लिए कहते हैं जो वे कर रहे थे। फिर हम कार्य का उस भूमिका से मिलान करते हैं जिसके लिए उन्हें कंपनी में लाया गया है। फिर हम उनके लीडर की राय लेते हैं और फिर अंत में हम एक निष्कर्ष पर आते हैं और कंपनी के प्रत्येक टीम सदस्य के लिए अंतिम कार्य स्पष्टता दस्तावेज बनाते

हैं। तो, यहाँ से RGC सिस्टम सही मायनों में कंपनी के अंदर की चीज़ों को नियंत्रित करता है।

हम मूल रूप से 5 बातों का ध्यान रखते हैं:

पद

- परिभाषा
- ज़िम्मेदारी
- कार्य योजना
- अंतिम परिणाम

स्तर 6: कोचिंग और टीम परिवर्तन

यह असली गेम चेंजर है। इस स्तर पर, हम सबसे महत्वपूर्ण पहलू को कवर करते हैं और वह है टीम के सदस्यों को सीखने के मॉडल और कोचिंग के माध्यम से अपने काम और कौशल को बदलने में मदद करते है। उनमें से अधिकांश, यह जानने के बाद भी कि उन्हें क्या करना है, केवल इसलिए प्रदर्शन करने में सक्षम नहीं हैं क्योंकि उनके पास कुछ कौशल की कमी है जो उनके संबंधित क्षेत्रों में प्रदर्शन और विकास करने के लिए आवश्यक हैं। यहां, हम उन्हें उन विशेषज्ञों के नामों का उल्लेख करने का एक सरल प्रारूप देते हैं जिनसे वे सीख सकते हैं, वे संसाधन जिनसे वे सीख सकते हैं, और व्यावहारिक अनुभव जिनसे वे सीख सकते हैं।

यहां, हम उन्हें उल्लेख करने का एक सरल प्रारूप देते हैं, जहा वे

- जिन विशेषज्ञों से सीख सकते है उनका नाम
- जिन संसाधनों से वे सीख सकते हैं
- जिन व्यावहारिक अनुभव से वे सीख सकते हैं

तो, संक्षेप में, यह ERP मॉडल मानव की क्षमता को विकसित करना बहुत आसान है और वास्तव में उन्हें सफलता तक पहुंचने में मदद कर सकता है

और एक रियल एस्टेट उद्यमी को एक शक्तिशाली कुशल टीम विकसित करने में मदद कर सकता है जो आवश्यकता पड़ने पर कार्य कर सकता है।

रियल एस्टेट टैलेंट बिल्डिंग का ERP मॉडल:

विशेषज्ञ जिनसे आप सीख सकते हैं	संसाधन जिनसे आप सीख सकते हैं	व्यावहारिक अनुभव जिनसे आप सीख सकते हैं
1.	1.	1.
2.	2.	2.
3	3.	3.

स्तर 7: संगठन परिवर्तन

RGC सिस्टम कोचिंग में हम इसे आपके रियल एस्टेट व्यवसाय के विकास के सर्वोत्तम स्तर के रूप में मानते हैं। रियल एस्टेट में पिछले कई सालों से लोगों की धारणा है कि यह एक अव्यवस्थित क्षेत्र है। इस स्तर की मदद से, महत्वपूर्ण कार्य पहलुओं को ध्यान में रखते हुए, आप कंपनी के अंदर पालन किए जा रहे विभिन्न दैनिक पैटर्न पर काम कर सकते हैं और फिर आप उन्हें इस क्षेत्र की मांग के आधार पर बदल सकते हैं।

जैसा कि हमने 50 से अधिक रियल एस्टेट टॉप सीईओ और डायरेक्टर के इंटरव्यूव् आयोजित किए हैं, हमने उनके कामकाजी माहौल में कुछ सामान्य चीजों की पहचान की है जो इस स्तर के माध्यम से बिज़नेस को बदल सकते हैं। हम प्रत्येक रियल एस्टेट कंपनी को कंपनी के अंदर उनकी संस्कृति और कार्य पद्धति को बदलने से संबंधित उनके दैनिक कार्य में कुछ चीजों को लागू करके उस स्तर तक ले जाना चाहते हैं।

बुरी बातों या बुरी प्रथाओं को कम करने के लिए हम कंपनी के अंदर होने वाली चीजों की एक सूची बनाते हैं। फिर हम इसकी तुलना उन मानक चीजों से करते हैं जिनका टॉप कंपनियां पालन करती हैं और फिर हम एक अलग सूची बनाते हैं कि एक कंपनी के अंदर क्या करना है और क्या नहीं करना है।

इसलिए, धीरे-धीरे अच्छी आदतों को लागू करके और पुराने व्यवहार के पैटर्न को बदलकर, हम कभी-कभी टीम के सदस्यों के व्यवहार के पैटर्न को बदलने के लिए इस स्तर पर न्यूरो-प्रोग्रामिंग की मदद लेते हैं।

स्तर 8: अंतिम गतिविधि योजना

यह RGC का अंतिम चरण है जहां हम नियमित प्रतिक्रिया और समीक्षा करने की लंबी अवधि की योजना बनाते हैं, और हम सिस्टम को मजबूत और लागू करने में आसान बनाने के लिए कंपनी के अंदर एक निर्धारित गतिविधि की योजना बनाते हैं।

यह क्यों आवश्यक है?

यदि आपने जो सीखा है उसे आसान, सरल और व्यवस्थित तरीके से जारी रखने की योजना विकसित नहीं की है तो आप प्रभावशाली परिणाम नहीं ला सकते हैं। और यही RGC सिस्टम की USP है। हमने इसे बहुत सरल रखा है ताकि कोई भी आम आदमी अपने दिन-प्रतिदिन के कार्य स्केड्युल में करने के लिए चीजों और गतिविधियों को समझ सके।

यहां, हम EWS टेम्पलेट का एक बहुत ही सरल प्रारूप देते हैं।

हर दिन आरजीसी प्रारूप:

एक रियल एस्टेट कंपनी में 7 से 10 सदस्यीय टीम का उदाहरण लें। इसलिए, यहां हर रोज के प्रारूप में, टीम लीडर सुबह 10 मिनट की बैठक लेगा, जहां वह टीम के अन्य सदस्यों की गतिविधियों को पूछेगा और उन मुख्य कार्यों और लक्ष्यों के आधार पर संरेखित करेगा जो एक टीम सदस्य प्राप्त करना चाहता है।

ट्रैकिंग स्टेज:

टीम के सदस्यों का नाम						
महत्वपूर्ण कार्य वह आज पूरा करेंगे						

साप्ताहिक RGC प्रारूप:

यह प्रारूप उन 3 प्रारूपों में से सबसे महत्वपूर्ण है जहां टीम के सदस्य को मुख्य बातों का उल्लेख करना होता है। वह अगले 1 सप्ताह में हासिल करना चाहता है, अंतिम कार्यों के अनुरूप और लक्ष्य जिन्हे साठ दिन के प्रारूप में तय किए हैं। यह मीटिंग थोड़ी लंबी है, टीम के आकार और आपके द्वारा निर्धारित लक्ष्यों के आधार पर न्यूनतम 45 मिनट से अधिकतम 60 मिनट।

मीटिंग फ्लोव्:

इसकी शुरुआत 3 अच्छी चीजों से होती है जो पिछले हफ्ते हुई - 5 मिनट

पिछले सप्ताह के प्रारूप और कार्यों की समीक्षा करें - 20 मिनट

हम अगले 1 सप्ताह में क्या हासिल करना चाहते हैं - 20 मिनट

पिछले सप्ताह के प्रदर्शन के बारे में फीडबैक - 5 मिनट

आसान तरीके से आप अपने टीम लीडर्स या मेंबर्स से 3 आसान सवाल पूछ सकते हैं - (10 मिनिट)

क्या ठीक रहा?

क्या गलत हो गया?

क्या सुधार किया जा सकता है?

परिक्षण का चरण:

सदस्य का नाम		स्त्रोत का नाम		मीटिंग की तारीख	
क्रमांक	कार्य का नाम	जिम्मेदार व्यक्ति का नाम	कार्य योजना	लीडर	कितने दिनों की आवश्यकता है?

सदस्य का नाम		स्त्रोत का नाम		मीटिंग की तारीख	

साठ दिन का आरजीसी प्रारूप:

यह प्रारूप कंपनी के विकास और सफलता के लिए हमारे द्वारा निर्धारित वार्षिक 360-डिग्री लक्ष्यों के आधार पर बड़े कार्यों को प्राप्त करने के लिए लगभग 60 दिनों की योजना है।

वार्षिक योजना बैठक के दौरान कंपनी को ट्रैक पर रखने और पूर्व-निर्धारित लक्ष्यों को प्राप्त करने के लिए सही दिशा में रखने के लिए यह बैठक कम से कम 4 से 5 घंटे, प्रत्येक 60 दिनों की होगी।

मीटिंग का प्रवाह और स्वरूप:- प्रसन्नता की अवस्था

समय	प्रोग्राम	रिसोर्स पर्सन	मुख्य बातें	एक्शन स्टेप्स
10 मिनट	पिछले 60 दिन की मुख्य उपलब्धि साझा करना			
10 मिनट	पिछले 60 दिन की मुख्य गलतियों को साझा करना			
60 मिनट	प्रत्येक सदस्य के लिए टीम के किसी अन्य सदस्य द्वारा फीडबैक लेने के लिए सेशन			

समय	प्रोग्राम	रिसोर्स पर्सन	मुख्य बातें	एक्शन स्टेप्स
10 मिनट	प्रमुख उपलब्धि हासिल करने वालों के लिए पुरस्कार			
60 मिनट	अगले 60 दिनों के लिए लक्ष्य निर्माण करना			
30 मिनट	बाधा विश्लेषण और लिस्टिंग			
60 मिनट	कार्रवाई की योजना बनाना			
10 मिनट	मुख्य निष्कर्ष			

अध्याय 6

रियल एस्टेट में बढ़ने के लिए लगने वाले कौशल और ज्ञान

अब हम अपनी किताब के छठे अध्याय पर आ गए हैं और मैं आपको फिर से बधाई देना चाहता हूं कि आपने पहले 5 अध्याय पूरे कर लिए हैं। आप प्रत्येक चरण से गुजर चुके हैं। आप 7 घोड़ों को नियंत्रित करने की तकनीक को समझ गए हैं। आप "रियल एस्टेट गेम चेंजर्स सिस्टम" के पहलू को समझ गए हैं।

अब, मैं आपको बधाई क्यों दे रहा हूं? यह एक साधारण कारण से है। यह अध्याय आपके लिए अधिक महत्वपूर्ण है। इस अध्याय में, आप "रियल एस्टेट गेम चेंजर्स" बनने के लिए आवश्यक कौशल और डोमेन ज्ञान की अवधारणा को समझने जा रहे हैं। आपने पिछले अध्यायों में RGC सिस्टम के बारे में जो कुछ भी सीखा है, वह मैनेजमेंट को मजबूत करने और आपकी कंपनी के सिस्टम को प्रबंधित करने में सहायक है। यदि आप अपने व्यवसाय को प्रभावी तरीके से बढ़ाना चाहते हैं, तो अध्याय 5 के अनुसार काम करना आपके लिए महत्वपूर्ण है। हाँ! आपकी कंपनी में अच्छे परिणाम लाने के लिए अध्याय 5 की गहराई को समझना ही काफी है।

RGC सिस्टम सिद्ध और परीक्षित है। RGC सिस्टम कई रियल एस्टेट कंपनियों में प्रमाणित है, जहां मैं कोच था। मैंने कई रियल एस्टेट कंपनियों को व्यावसायिक कार्यों में सुधार करने के लिए प्रशिक्षित किया है। मैंने अपने ट्रेनिंग कार्यक्रम की मदद से कई रियल एस्टेट कंपनियों को 3 से 6 महीने के भीतर अपने व्यवसाय को बढ़ाने में मदद की है। मैं अक्सर अपने क्लाइंट को बेहतरीन तकनीक और टूल सीखने में मदद करता हूं। मैंने अपने RGC एक्जीक्यूटिव कोचिंग प्रोग्राम में उन्हें रियल एस्टेट गेम चेंजर बनने के रहस्य बताए। मैं संगठनों को RGC ट्रेनिंग सिस्टम के साथ प्रशिक्षित होने और व्यवसाय को स्वचालित रूप से बढ़ाने में मदद करने के लिए बेहद उत्साहित हूं।

RGC सिस्टम रियल एस्टेट में सभी के लिए मददगार है। ऊपर से लेकर निचे के पदों पर काम करने वाले लीडर्स तक, सभी रियल एस्टेट में बड़ी भूमिका निभाते हैं। मैनेजर से लेकर टीम के प्रत्येक सदस्य तक, सीईओ से लेकर चैनल पार्टनर तक, हर कोई रियल एस्टेट में महत्वपूर्ण भूमिका निभाता है। क्योंकि, अंत में, हम सभी अपने ग्राहकों की सेवा करते हैं।

जब आप रियल एस्टेट उद्योग के प्रत्येक महत्वपूर्ण पहलू को जानते हों, तब सफलता बोहोत आसान हो सकती है। मेरे प्रिय मित्र, सफलता बहुत आसान है यदि आप जानते हैं कि सिस्टम को कैसे निष्पादित किया जाता है। इससे कोई फर्क नहीं पड़ता कि आप एक रियल एस्टेट डेवलपर, बिल्डर, मार्केटिंग एजेंसी के मालिक, निवेशक या सलाहकार हैं, आपको रियल एस्टेट में सबसे संभावित चीजों के बारे में पता होना चाहिए, भले ही आप सिर्फ एक टीम सदस्य या चैनल पार्टनर हों।

रियल एस्टेट के प्रत्येक महत्वपूर्ण पहलू को जाने बिना आप उद्योग में लोगों के साथ उचित बातचीत नहीं कर सकते। यदि आप इन-हाउस डिजिटल मार्केटिंग टीम की समीक्षा प्राप्त करना चाहते हैं, तो आपको डिजिटल मार्केटिंग की मूल बातें समझने की आवश्यकता है। यदि आप ऑपरेशन में आने वाली समस्याओं को समझना चाहते हैं, तो आपको व्यावसायिक कार्यों और प्रणालियों के पहलू को समझने की आवश्यकता है। यदि आप यह जांचना चाहते हैं कि लीड जनरेशन के प्रयास सही दिशा में चल रहे हैं या नहीं, तो आपको टारगेटिंग, पोजिशनिंग और कॉपी राइटिंग की मूल बातें समझने की जरूरत है। उचित लक्ष्यीकरण कार्यनीति के बिना, आपके प्रोजेक्ट की मार्केटिंग विफल हो जाएगी। सफलतापूर्वक बेचने के लिए, सबसे पहले आपको यह जानना होगा कि आप किसे बेच रहे हैं, और फिर प्रत्येक सेगमेंट के लिए सबसे अधिक प्रासंगिक रणनीतियों और तकनीकों को चुनें।

मैं नहीं चाहता की आप हर क्षेत्र में पारंगत बनो। मैं चाहता हूं कि आप रियल एस्टेट में इतनी सारी चीजों के विशेषज्ञ बनें कि यह आपको रियल एस्टेट गेम-चेंजर बना देगा। अब, धीरे-धीरे, हम हर उस पहलू को कवर करेंगे जो एक रियल एस्टेट गेम-चेंजर बनने के लिए आवश्यक है। तो, पहला और सबसे महत्वपूर्ण पहलू जिसके बारे में मैं आपको बताऊंगा वह है लीड जनरेशन।

रियल एस्टेट में लीड जनरेशन का महत्व:

आपको लीड जनरेशन बताने से पहले मैं आपको "लीड" शब्द का क्या अर्थ होता है यह बताऊंगा तभी आपको लीड जनरेशन अच्छे से समझ आयेंगा। कृपया इसे ध्यान से पढ़े अगर आप इसे ध्यान से नहीं पढ़ते है तो हो सकता है की आपको सही तरह से यह समझ में नहीं आएगा। "लीड" शब्द का हिंदी में अर्थ कोई "व्यक्ति" होता है जो किसी कंपनी के प्रोडक्ट्स या सर्विसेज में रूचि रखता है।

वैसे ही "लीड जनरेशन" का अर्थ कुछ अजनबी लोग जिनका अपने प्रोडक्ट्स या सर्विसेज में इंटरेस्ट हो सकता है, टेक्नोलॉजी या टूल्स का उपयोग करके उनतक पोहोचने की जानकारी निकलना होता है। लीड जनरेशन का वास्तवत्विक उद्देश्य पोटेंशियल कस्टमर की पहचान करना और उन्हें सेल्स फनेल के माध्यम से तबतक चलना जबतक वे पेइंग कस्टमर नहीं बन जाते।

जब आपके पास लीड जनरेशन टीम है तो आपको इसके बारे में चिंता करने की आवश्यकता क्यों है? अब, विचार को समझें। इससे कोई फर्क नहीं पड़ता कि आप किस उद्योग में हैं; लीड जनरेशन आपकी मार्केटिंग के हर पहलू के पीछे प्रेरक शक्ति है। विशेष रूप से रियल एस्टेट में, बिना लीड के, आपका रियल एस्टेट व्यवसाय जीवित नहीं रह पायेगा। बिना लीड के बिज़नेस के, आपके पास बेचने के लिए कोई ग्राहक नहीं होगा, मार्केट में बेचने के लिए कोई घर नहीं होगा, और जीवित रहने के लिए कोई कमीशन नहीं होगा।

आपको अधिक लीड उत्पन्न करने की आवश्यकता है, आपको उच्च गुणवत्ता वाली लीड उत्पन्न करने की आवश्यकता है, और आपको निश्चित रूप से नकली लीड उत्पन्न करने की आवश्यकता नहीं है। गलत लीड का परिणाम बेकार लीड प्राप्त करने के प्रयास में समय और धन की बर्बादी होती है।

गलत लीड आपके रियल एस्टेट कारोबार को कितना नुकसान पहुंचा सकते हैं?

गलत तरीके से (मिस टार्गेटिंग) लीड जनरेट करने के नुकसान:

ऑनलाइन प्रतिस्पर्धी बने रहने के लिए, आपको अपना विज्ञापन बजट कई माध्यमों में फैलाना होगा। लेकिन अगर इसे अच्छी तरह से लक्षित (टारगेट) नहीं किया गया तो यह आपके रियल एस्टेट ब्रांड को नुकसान पहुंचा सकता है।

यदि आपकी टीम आपके खरीदार व्यक्तित्व का निर्माण करने के लिए नकली लीड्स से झूठे डेटा का उपयोग कर रही है, तो आप जिन दर्शकों को लक्षित कर रहे हैं, उनका आपके वास्तविक टारगेट मार्केट से कोई संबंध नहीं होगा। आपके विज्ञापन उन लोगों को प्रभावित करेंगे जो वास्तविक सेल्स में परिवर्तित होने का कोई मौका नहीं देते हैं और आपकी कन्वर्शन रेट बेकार हो जाएगी।

समय, धन और संसाधनों की बर्बादी:

लीड्स से संपर्क करना महंगा और समय लेने वाला है, विशेष रूप से गलत लीड्स से संपर्क करते समय जो कोई रूपांतरण मूल्य (कन्वर्शन वैल्यू) प्रदान नहीं करते हैं। यह आपकी ऊर्जा को खत्म कर देता है। अनुत्तरदायीता से समय, ऊर्जा और धन की बर्बादी होती है। नकली लीड तक पहुँचने में लगने वाला समय निष्फल होने में व्यतीत होने वाला समय है।

अपने मार्केटिंग बजट को नुकसान पहुंचाता है:

जो मार्केटिंग टीम नकली लीड निकालने में काम करती है, वे मार्केटिंग बजट को नुकसान पोहोचाती है।

अपनी प्रतिष्ठा और ब्रांड को नुकसान पहुचाती है:

रियल एस्टेट में प्रतिष्ठा और ब्रांड ही सब कुछ है। ग्राहक जानना चाहते हैं कि वे एक प्रतिष्ठित रियल एस्टेट कंपनी के साथ काम कर रहे हैं जिस पर वे भरोसा कर सकते हैं। लॉन्ग टर्म विचारो के साथ, कोई भी कंपनी नकारात्मक प्रतिष्ठा के साथ सफल नहीं हो सकती। कई फर्जी लीड्स से संपर्क करने से निश्चित रूप से आपकी प्रतिष्ठा को नुकसान होगा।

आप लीड जनरेशन में पैसा लगाना चाहते हैं। तो आपको पता होना चाहिए कि टीम किस दिशा में काम कर रही है। ताकि आप लीड जनरेशन के रास्ते में आने वाली समस्याओं के बारे में अपडेट रह सकें। सही लीड उत्पन्न करना जटिल और चुनौतीपूर्ण हो सकता है। संग्रहित किये गए लीड्स से प्रभावशाली व्यावसायिक परिणाम प्राप्त करना अधिक चुनौतीपूर्ण है। इसलिए आपको लीड जनरेशन के पहलू को समझने और अपनी कंपनी के ऑपरेशन का विश्लेषण करते रहने की आवश्यकता है। लीड जनरेशन कॉन्सेप्ट को समझने से आप एक शक्तिशाली रियल एस्टेट प्लेयर बन जाएंगे।

आप अपने रियल एस्टेट व्यवसाय के लिए दो तरह से लीड उत्पन्न कर सकते हैं:

- ऑफलाइन तरीके से
- ऑनलाइन तरीके से

जबकि आधुनिक रियल एस्टेट बाजार में ऑनलाइन मार्केटिंग प्रभावी और महत्वपूर्ण है, हम कैटलॉग और फ़्लायर्स जैसे ऑफ़लाइन लीड जनरेशन के प्रभावी तरीकों की उपेक्षा नहीं कर सकते। ऑफ़लाइन मार्केटिंग करने के कुछ सर्वोत्तम तरीकों में रचनात्मक विज्ञापन और माउथ मार्केटिंग शामिल है। यहाँ कुछ अन्य अच्छी ऑफ़लाइन मार्केटिंग रणनीतियाँ हैं जो आपको रियल एस्टेट में बढ़ने में मदद कर सकती हैं।

नेटवर्किंग:

अपने व्यवसाय का विस्तार करने का सबसे अच्छा तरीका अपने नेटवर्क को जोड़ना और उसका विस्तार करना है। आपका नेटवर्क जितना बड़ा होगा, आपके लाभ की संभावना उतनी ही अधिक होगी। सक्रिय रियल एस्टेट लीडर की सफलता के लिए नेटवर्किंग विशेष रूप से महत्वपूर्ण है।

एक प्रोफेशनल रियल एस्टेट उद्योगी अन्य एजेंटों, चैनल भागीदारों, बिल्डरों, डेवलपर्स, मार्केटिंग एजेंसी के मालिकों और अन्य लोगों के साथ संबंधों का एक व्यापक नेटवर्क बनाता है, जो रियल एस्टेट बिज़नेस बढाने लिए मूल्यवान लीड उत्पन्न करने में मदद करते हैं। एक मजबूत नेटवर्क

आपको योग्य लीड उत्पन्न करने में मदद कर सकता है। जब कनेक्शन की बात आती है, तो आपके समय और धन के निवेश पर प्रतिफल प्रभावशाली हो सकता है।

आप अपना नेटवर्क बना सकते हैं:

- सामाजिक समारोहों का हिस्सा बनकर

- मेलों और प्रदर्शनियों जैसे सामाजिक आयोजनों में शामिल होकर

- अपने समुदाय के महत्वपूर्ण लोगों के साथ बैठकों में शामिल होकर और रियल एस्टेट के प्रोफेशनल और अनुभवी मेंटर्स से जुड़कर

- अपने राज्य या स्थानीय महत्वपूर्ण संस्थाओ से जुड़कर जैसे NAREDCO, CREDAI, आदि.

- अपने नेटवर्किंग कौशल में सुधार करने के लिए, मीट-अप समूहों और व्यापार संघों में शामिल हों, और स्थानीय संगठनों जैसे रोटरी क्लब, बीएनआई, जेसीआई, आदि के साथ स्वयंसेवक बनें।

लोगों को जानकारी देते रहो अर्थात शिक्षित करते रहो:

अपने ज्ञान और सर्विस के साथ लोगों को शिक्षित करने से आपको विश्वास बनाने और अपने स्थानीय बाजार में एक विशेषज्ञ के रूप में स्थापित करने में मदद मिल सकती है। होमबॉयर्स उस संपूर्ण संपत्ति को खरीदने के लिए अपनी रियल एस्टेट कंपनी का चयन करने से पहले शोध करते हुए सप्ताह, यहां तक कि महीने बिताते हैं। इसलिए यह आवश्यक है कि आप अपने ग्राहकों तक पहुंचकर और उनकी खरीदारी, सेल्स या निवेश यात्रा में मदद करने वाली मूल्यवान जानकारी देकर स्वयं को अलग करें।

लोगो को रियल एस्टेट के बारे में ज्ञान का खजाना मुफ्त में देने से कंपनी की ब्रांडिंग और जागरूकता अभियान बढ़ सकता है। अपने रियल एस्टेट व्यवसाय के लिए ऑफ़लाइन लीड जनरेशन में, आप अपने बजट के आधार पर अपने शहर में बैनर, होर्डिंग और पोस्टर के साथ अपने प्रोडक्ट्स और सर्विस के बारे में जागरूकता बना सकते हैं।

आपकी मार्केटिंग टीम विभिन्न स्थानों, बैंकों, कार्यालयों आदि का दौरा कर सकती है और अधिक लोगों से जुड़ने के तरीके खोज सकती है। आपकी मार्केटिंग टीम एक स्टाल और कॉन्फ्रेंस के साथ एक्सपो में भाग ले सकती है जहाँ आपकी टीम आपके प्रोडक्ट्स और सर्विस का प्रतिनिधित्व कर सकती है।

आप किसी सरकारी कंपनी से भी परमिशन ले सकते हैं और उनके परिसर में अपना स्टॉल लगा सकते हैं। इसलिए, लोग आ सकते हैं और उनकी समस्याओ से सम्बंधित प्रश्न पूछ सकते हैं। आप अपना स्टॉल उस मार्केटप्लेस में लगा सकते हैं जहां से ज्यादातर लोग आ रहे हैं ताकि वे आपके स्टॉल पर जाकर जानकारी ले सकें।

आप विभिन्न संगठनों के साथ विभिन्न जॉइंट वेंचर भी कर सकते हैं। आप विभिन्न कंपनियों में चैनल पार्टनर भी बना सकते हैं जो आपको ऑफलाइन लीड दे सकते हैं। आप गोल्डन सदस्य भी बना सकते हैं जिनके साथ आप एक मार्केटिंग एजेंसी के रूप में प्रॉफिट शेयर कर सकते हैं, और बिल्डरों और डेवलपर्स के लिए विभिन्न संगठनों में अपनी पहुंच बढ़ाने के लिए यह अच्छी सलाह है।

रियल एस्टेट में वर्ड ऑफ माउथ की भूमिका:

रियल एस्टेट गेम चेंजर्स सीरीज में, कई प्रेरक रियल एस्टेट कंपनियां माउथ मार्केटिंग को मार्केटिंग का सबसे मूल्यवान रूप मानती हैं क्योंकि यह आपको अपने प्रोडक्ट्स या सेवा के बारे में बड़े दर्शकों के लिए अच्छी समीक्षा फैलाने में सक्षम बनाती है, ब्रांड जागरूकता और वफादारी को बढ़ाती है। कई कंपनियों द्वारा माउथ मार्केटिंग का सफलतापूर्वक उपयोग किया गया है ताकि वे अपने ग्राहकों को अपने ब्रांड को बढ़ावा देने के लिए उन अनुभवों के बारे में बात कर सकें जिन्हें वे अपने दोस्तों और परिवारों के साथ साझा करना चाहते हैं।

संयुक्त उद्यमों और चैनल पार्टनर्स के माध्यम से लीड जनरेशन:

आप विभिन्न संगठनों के साथ विभिन्न जॉइंट वेंचर भी कर सकते हैं। आप विभिन्न कंपनियों में चैनल पार्टनर भी बना सकते हैं जो आपको ऑफलाइन

लीड दे सकते हैं। आप गोल्डन मेंबर भी बना सकते हैं जिनके साथ आप एक मार्केटिंग एजेंसी के रूप में प्रॉफिट शेयर कर सकते हैं, और बिल्डरों और डेवलपर्स के लिए विभिन्न संगठनों में अपनी पहुंच बढ़ाने के लिए यह अच्छी सलाह है।

इंटरनेट और रियल एस्टेट:

अब, इंटरनेट मार्केटिंग पर ध्यान देते हैं। ऑनलाइन मार्केटिंग आपके व्यवसाय के लिए मूल्यवान है क्योंकि यह आपको उन लीड्स से जुड़ने में मदद करता है जो आपके व्यवसाय में सबसे अधिक रुचि रखते हैं। एक रियल एस्टेट उद्यमी के रूप में, आप संभावित ग्राहकों तक पहुंचना चाहते हैं जहां वे रहते हैं, काम करते हैं, खरीदारी करते हैं, जानकारी प्राप्त करते हैं और मनोरंजन चाहते हैं। और यह सबकुछ दुनिया की एक ही जगह में होता है वह है इंटरनेट। आपको इंटरनेट और डिजिटल मार्केटिंग टूल का उपयोग करके अपने टारगेट मार्केट को लक्षित करने में अपनी टीम का मार्गदर्शन करना चाहिए।

ऑनलाइन मार्केटिंग इसलिए महत्वपूर्ण है क्योंकि आपके अधिक से अधिक ग्राहक ऑनलाइन हैं। लोग सभी प्रकार की जानकारी प्राप्त करने के लिए इंटरनेट का उपयोग करते हैं। Google द्वारा किए गए एक अध्ययन के अनुसार, भारत में आधे से अधिक रियल एस्टेट खरीदारी के निर्णय इंटरनेट से प्रभावित होते हैं। मूल रूप से, जैसे लोग अपने घर में आराम से ऑनलाइन एक जोड़ी जूते खरीदते हैं, वैसे ही अब लोग इंटरनेट का उपयोग करके संपत्ति खरीदना चाहते हैं। इंटरनेट आधे से अधिक घर खरीदारों के खरीद निर्णयों को प्रभावित करता है। आपके ग्राहक आपकी वेबसाइट, आपकी सामग्री, Google रिव्युव् की संख्या, सोशल मीडिया प्लेटफ़ॉर्म पर फ़ॉलोअर्स, पूर्ण की गई प्रोजेक्ट्सकी संख्या, संतुष्ट ग्राहकों की संख्या और सभी आवश्यक विवरणों की जाँच करते हैं जो उन्हें आप पर विश्वास करने और रियल एस्टेट में निवेश करने का निर्णय लेने के लिए प्रेरित करेंगे।

यह स्पष्ट है कि इंटरनेट आज किसी भी उच्च मूल्य की खरीद को अंतिम रूप देने से पहले शोध के लिए शीर्ष स्थान के रूप में उभर रहा है और वही चीज रियल एस्टेट के ग्राहकों के व्यवहार पर भी लागू होती है। अब मै आपको

ऑनलाइन लीड जनरेट करने के बारे में बताता हु। ऑनलाइन लीड जनरेट करने के अलग-अलग तरीके है ऑनलाइन मार्केटिंग को दो भागो में समझा जा सकता है:

- आर्गेनिक ऑनलाइन मार्केटिंग
- इन-आर्गेनिक ऑनलाइन मार्केटिंग

ऑर्गेनिकऑनलाइन मार्केटिंग जागरूकता उत्पन्न करने के लिए प्राकृतिक, प्रामाणिक और मूल्य-आधारित तकनीकों का उपयोग करता है। आपकी ऑर्गेनिक डिजिटल रणनीति में ऐसे तरीके शामिल हैं जो प्रायोजित पोस्ट या सशुल्क विज्ञापन का उपयोग करने के बजाय समय के साथ व्यवसाय उत्पन्न करते हैं।

इनऑर्गेनिक मार्केटिंग इस अर्थ में ऑर्गेनिक मार्केटिंग के विपरीत है कि यह फ्री नहीं है। इसमें उपयोगकर्ताओं को अपने विज्ञापन दिखाने के लिए डिजिटल प्लेटफ़ॉर्म पर विज्ञापनों के लिए पैसे का इन्वेस्ट करना शामिल है, जब वे उन संबंधित प्लेटफ़ॉर्म के माध्यम से ब्राउज़ कर रहे हों।

जबकि यह आपको अधिक दृश्यता और आपके व्यवसाय के लिए नई लीड प्राप्त करने की संभावना की गारंटी देता है, इसका दायरा केवल एक निश्चित अवधि तक ही सीमित है। एक बार जब आपका विज्ञापन बजट समाप्त हो जाता है, तो आपके प्रोडक्ट्स /सेवा की दृश्यता इसके साथ समाप्त हो जाती है। फेसबुक, इंस्टाग्राम, लिंक्डइन, यूट्यूब, ट्विटर आदि जैसे सोशल मीडिया चैनलों के भीतर, अपनी ऑर्गेनिक मार्केटिंग जागरूकता बढ़ाने के लिए आप कई तरीकों से टार्गेटिंग का उपयोग कर सकते हैं।

आप अपने प्रोजेक्ट और सर्विस के बारे में नियमित रूप से जानकारी पोस्ट करके आप बिज़नेस के बारे ने जागरुकता बना सकते हैं। चाहे वह आपकी कंपनी का ब्लॉग हो या सोशल मीडिया, आप ऐसी जानकारी के बारे में बताये जो लोगो को जीवन में हमेशा काम आएगी है।

आपका ऑर्गेनिक सोशल मीडिया स्ट्रेटेजी का केवल एक ही उद्देश्य होना चाहिए की आप लोगो को अधिक महत्वपूर्ण, मूल्यवान और उपयोगी जानकारी देना चाहते हो ताकि लोग रियल एस्टेट में इन्वेस्ट करते समय सही कदम उठाये।

यदि आप स्वयं को मूल्यवान जानकारी के एक अच्छे स्रोत के रूप में स्थापित करते हैं, तो आप ग्राहकों के साथ संबंध बनाते हैं। और, बदले में, आप अपना ब्रांड बनाते हैं। लेकिन इस प्रकार के मार्केटिंग के लिए समय और प्रयास की आवश्यकता होती है, और आपके रियल एस्टेट व्यवसाय को बढ़ाने के लिए एक अच्छे सिस्टम, प्रशिक्षित सोशल मीडिया मैनेजर और सही जानकारी संग्रहित कर सही रूप में लोगो को समझाने लायक बनाने वाले लोगो की टीम में आवश्यकता है। ऑर्गेनिक कंटेंट मार्केटिंग सिस्टम विकसित करने का मतलब है कंटेंट को सही जगहों पर दिखाने के लिए बनाया गया सिस्टम। आपकी स्ट्रेटेजी ही आपके सही दर्शको, मार्केटिंग करने के सही प्लेटफार्म, और आपके सफल होने के तरीको को बताती है।

सही जानकारी (कंटेंट) अधिक महत्वपूर्ण होता है। अगर आप ऑनलाइन दर्शको तक सही जानकारी पोहोचाना चाहते है तो आपको अपनी सोशल मीडिया प्लेटफार्म पर या वेबसाइट पर ऐसा कंटेंट पोस्ट करना पड़ेगा जिसके लिए बार-बार लोग आपके प्लेटफार्म पर जानकारी लेने के लिए आते रहे।

अच्छी तरह से लिखा गया, अच्छी तरह से शोध किया गया, समझने में आसान और लागू करने के लिए व्यावहारिक सामग्री लोगों को पपढ़ना अच्छा लगता है, क्योकि उन्हें ऐसी जानकारी उपयोगी लगती है, ऑर्गेनिक कंटेंट मार्केटिंग आपके व्यवसाय के लिए अंतिम सफलता की कुंजी है, क्योंकि इसमें वह सामग्री प्रदान करना शामिल है जिसकी ऑनलाइन उपयोगकर्ता तलाश कर रहे हैं। सबसे महत्वपूर्ण चीजों में से एक जो रियल एस्टेट व्यवसायों से संबंधित है, एक अच्छी वेबसाइट है, खासकर जब आप एक ऑनलाइन लीड उत्पन्न करना चाहते हैं। इसके लिए एक वेबसाइट ही सबसे महत्वपूर्ण है जो आपके बिज़नेस का नाम बनाने इंटरनेट पर बनाने में आपको मदद करती है। एक वेबसाइट सिर्फ बिज़नेस का नाम बनाने के लिए नहीं तो ऑनलाइन लीड जनरेशन में भी सहायक होती है। आपकी वेबसाइट, आपका फेसबुक पेज, आपका यूट्यूब चैनल, इंस्टाग्राम प्रोफाइल या पेज और लिंक्डइन पेज आपका शोरूम है। इसलिए, पहले के दिनों में जब लोग कोई व्यवसाय शुरू करते थे, तो वे एक दुकान खरीदते थे, दुकान का अच्छा दिखने लायक बनाते थे और फिर वे व्यवसाय शुरू करते थे। आज की दुनिया में, परिदृश्य बदल गया है।

लोग आपको गूगल पर ढूंढते हैं, लोग आपको यूट्यूब और अन्य सोशल मीडिया चैनलों पर ढूंढते हैं। आपके शोरूम की गुणवत्ता और इंटीरियर के आधार पर, ग्राहक तय करेंगे कि वे आपकी सर्विस को खरीदना चाहते हैं या नहीं। वैसेही आज की दुनिया में लोग आपकी वेबसाइट को देखेंगे, आपके सोशल मीडिया को चेक करेंगे और फिर तय करेंगे की आपसे व्यवहार करना चाहिए या नहीं।

आप अपनी वेबसाइटों और सोशल मीडिया पेजों पर उच्च-गुणवत्ता वाली फ़ोटोग्राफ़ी प्रदर्शित करके संभावित ग्राहकों को दिखा सकते हैं कि जब वे आपके साथ काम करेंगे तो उन्हें क्या मिलेगा। लोगों को यह समझने के लिए कि आपकी साइट पर जाने या अपने भौतिक स्थान में प्रवेश करने पर कैसा महसूस होता है, आप कुछ फोटो को डिज़ाइन टूल का इस्तेमाल करके वेबसाइट पर उपयोग कर सकते है।

एक और चीज़ जो आप कर सकते हैं वह यह सुनिश्चित करने के लिए कि आप सही ग्राहकों को आकर्षित कर रहे हैं, अपनी प्रॉपर्टीज और सर्विस के बारे में अपनी वेबसाइटों या सोशल मीडिया पेज पर महत्वपूर्ण जानकारी प्रकाशित करें। अपनी वेबसाइटों और सोशल मीडिया प्लेटफॉर्म पर अपनी सर्वोत्तम रिव्युव् और टेस्टीमोनियल को प्रमुखता से प्रदर्शित करना विश्वास बनाने का एक शानदार तरीका है।

एक वेबसाइट बनाने से आपको यह बताने का स्थान मिलता है कि आपका व्यवसाय किस बारे में है, मार्केट में आपका नाम और स्थान कैसा है, और आपके ग्राहक आपसे कैसे जुड़ सकते है।

रियल एस्टेट में ऑनलाइन और ऑफलाइन मार्केटिंग दोनों का मिश्रण:

हालांकि हाल के वर्षों में बाजार की स्थितियों में बदलाव आया है, फिर भी आप ऑफ़लाइन और ऑनलाइन मार्केटिंग तकनीकों के मिश्रण का उपयोग करके अपने रियल एस्टेट व्यवसाय में प्रदर्शन सुधार ला सकते है। ऑनलाइन और ऑफलाइन मार्केटिंग चैनलों को मिलाने से आप एक अद्भुत मार्केटिंग रणनीति बनाने में सक्षम होंगे जो आपको समय के साथ बेहतरीन परिणाम दे सकती है।

इस विचार को समझे मेरे दोस्त, ऐसी कई रणनीतियाँ हैं जिन्हें आप अपनी कंपनी में मार्केटिंग टीम की मदद से क्रियान्वित कर सकते हैं। एक बिल्डर, डेवलपर, मार्केटिंग एजेंसी के मालिक या रियाल्टर के रूप में आपको इन्हें अवश्य जानना चाहिए, ताकि आप अपनी टीम को सही दिशा में ले जा सकें। इसलिए हम कह रहे हैं कि इस किताब में हम आपको इतना गहरा ज्ञान दे रहे हैं। यह किताब रियल एस्टेट उद्योग में बाइबिल की तरह है। यदि कोई व्यक्ति इन पुस्तकों को दो या तीन बार पढ़ ले तो उसे रियल एस्टेट व्यवसाय में सफलता प्राप्त करने के अनेक उपाय मिल सकते हैं।

साइट विज़िट और क्लोजिंग की वैज्ञानिक तकनीकें:

अब मैं आपको रियल एस्टेट में साइट विजिट की वैज्ञानिक तकनीकों के बारे में बताता हूं। मुझे पता है कि अगर आपके पास एक टीम है, तो एक बिल्डर या डेवलपर या मार्केटिंग एजेंसी के मालिक के रूप में, आप साइट विजिट कराने के लिए नहीं जायेंगे। परन्तु आपको पता होना चाहिए कि साइट के दौरे के दौरान आपकी टीम को कौन से मिनट विवरण का पालन करना है। साइट दिखाने की सही प्रक्रियाएं क्या हैं? क्या कहना है और कैसे कहना है? कैसा बर्ताव करना चाहिए? प्रोजेक्ट्स को किस तरह से दिखाना चाहिए? ग्राहकों से कौन से प्रश्न पूछे जाने चाहिए? साइट विज़िट के दौरान आपकी टीम को किन महत्वपूर्ण बातों को समझने की आवश्यकता है?

आपकी टीम के सदस्यों में उनकी भूमिका स्पष्टीकरण के अनुसार सभी कौशल विकसित किए जाने चाहिए। सबसे महत्वपूर्ण बात यह है कि आपको यह जानना होगा कि उन्हें कैसे विकसित किया जाए। क्योंकि एक रियल एस्टेट लीडर के रूप में, यह आपकी जिम्मेदारी है कि आप टीम का उचित तरीके से नेतृत्व करें। एक प्रभावशाली रियल एस्टेट लीडर बनने के लिए, आपको यह कौशल सीखना होगा।

एक रियल एस्टेट लीडर के रूप में, आपको सेल्स, कम्युनिकेशन, नेगोशिएशन, क्लोजिंग आदि सीखना होगा। आपकी टीम को प्रशिक्षित करने के लिए और अपने रियल एस्टेट व्यवसाय को व्यवस्थित तरीके से बढ़ाने के

लिए, और अपने रियल एस्टेट बिज़नेस के लक्ष्य को प्राप्त करने के लिए यह कौशल आपके पास होना जरूरी है। यही कारण है कि आपको रियल एस्टेट गेम चेंजर्स सिस्टम की विचारो को समझने की जरूरत है।

साइट विज़िट के दौरान, आपके लिए यह आवश्यक है कि आप अपनी टीम को अपने उच्च मूल्यवान प्रोडक्ट्स के बारे में उचित जानकारी दें। ताकि आपकी टीम के सदस्य साइट विजिट के दौरान क्लाइंट्स के किसी भी सवाल का जवाब दे सकें।

साइट विज़िट के दौरान आपकी टीम के सदस्यों को आपके ग्राहक के साथ एक मजबूत बंधन बनाने में सक्षम होना चाहिए। आपकी टीम के सदस्यों के पास आपकी प्रोजेक्ट्सके बारे में सभी विवरण होने चाहिए। आपको उन्हें इस तरह से प्रशिक्षित करना चाहिए कि वे आपके ग्राहकों के सवालों का ठीक से जवाब दे सकें।

एक मजबूत सम्बन्ध बनाना, उचित प्रश्न पूछना, अपने ग्राहक के बजट का विश्लेषण करना, उन्हें अपने बजट के अनुकूल सर्वोत्तम प्रोजेक्ट दिखाना, सभी सवालों के जवाब देना, और उन्हें आपकी कंपनी में विश्वास दिलाना। रियल एस्टेट में क्लोजिंग करने के लिए यह सारे स्किल्स आवश्यक हैं।

इसलिए, एक रियल एस्टेट लीडर के रूप में, आपको साइट विज़िट की वैज्ञानिक प्रक्रिया को जानना चाहिए। सरल शब्दों में साइट विज़िट की वैज्ञानिक प्रक्रिया है - अपने ग्राहकों को और उनकी जरूरतों को सही तरह से जानना और उनके बजट के अनुसार उन्हें सही प्रोजेक्ट दिखाना।

यह एक व्यावहारिक ज्ञान है जिससे आप ग्राहकों से ऐसे सम्बन्ध बना लोगे की 50% क्लोजिंग साइट विज़िट पर ही हो जाएगी। हाँ! आपने सही सुना। अगर आप रियल एस्टेट के इन रहस्यों को जानते हो तो आप रियल एस्टेट के बिज़नेस को बोहोत उंचाईयों तक लेकर जा सकते हो।

एक शक्तिशाली रियल एस्टेट गेम चेंजर्स बनने के लिए, आपको क्लोजिंग और नेगोशिएशन की कला में महारत हासिल करनी पड़ेगी। एक रियल एस्टेट गेम चेंजर्स बनने के लिए, आपको क्लोजिंग और नेगोशिएशन की कला में महारत हासिल करनी पड़ेगी। यदि आपका ग्राहक आपकी प्रोजेक्ट से प्रभावित

है, तो वह आपके पास प्रश्नों का एक सेट लेकर आएगा और कीमत पर बातचीत करेगा। वह आपकी कंपनी के बेहतरीन प्रोडक्ट्स के लिए अपनी जेब से पैसे बचाने की हर संभव कोशिश करेगा। लेकिन आपको उन्हें अपने प्रोडक्ट्स के बारे में उचित बातचीत के कौशल से और ज्ञान की गहराई से विश्वास दिलाना होगा। यदि आप उसे उन मूल्यों के बारे में समझा सकते हैं जो आप पॉकेट फ्रेंडली बजट में दे रहे हैं, तो आप रियल एस्टेट में सौदों को पूरा करने में सक्षम हैं।

यह को जादू नहीं है की आप इस किताब को पढ़ेंगे और आपको रियल एस्टेट से फायदे मिलना शुरू हो जायेगा इस किताब का ज्ञान व्यावहारिक है। यह कुछ ऐसा है जिसे आपको अनुभव करने की आवश्यकता है। आपको इसे निरंतरता के साथ अभ्यास करने की आवश्यकता है। आपको अपनी टीम को सीखने और काम में लाने के लिए प्रोत्साहित करने की आवश्यकता है।

आप हर कौशल पर एक किताब प्राप्त कर सकते हैं। आपको क्लोजिंग सीख ने की किताब मिल जाएगी। आपको नेगोशिएशन सीखने की किताब मिल जाएगी। अपने ग्राहकों को सही प्रश्न कैसे पूछे उसकी किताब मिल जाएगी।

आप यह सारे कौशल सीखने के लिए मेरे युटूब चैनल को देख सकते है। आप इस कौशल सेट के साथ अपने रियल एस्टेट व्यवसाय के लिए एक शक्तिशाली टीम बनाने के लिए मेरे कोर्स खरीद सकते हैं। रियल एस्टेट कारोबार में अपनी समस्याओं का समाधान पाने के लिए आप वन-टू-वन कोचिंग के लिए मेरे कार्यालय में कॉल कर सकते हैं। बहुत से संसाधन केवल आपके लिए उपलब्ध हैं, आपको बस काम करने की आवश्यकता है।

ग्राहकों को सँभालने की कला:

अब, सबसे महत्वपूर्ण कौशल जो आपको सीखने की जरूरत है वह यह है कि ग्राहकों को कैसे संभालना है। रियल एस्टेट में आपकी सफर में, आपको विभिन्न प्रकार के ग्राहक मिलेंगे। उनमें से कुछ अच्छे स्वभाव के भी हो सकते है और कुछ बुरे स्वभाव के भी। जैसे हमारे हाथों की सारी उंगलियां एक जैसी नहीं होती, वैसे ही आपके ग्राहकों के साथ भी है। उनके अलग-अलग गुण हैं। कुछ बेहद रूखे होते हैं तो कुछ बेहद विनम्र। कुछ के साथ बातचीत करना बहुत

कठिन होता है और कुछ ग्राहकों को संभालना बहुत कठिन होता है। इसलिए, ग्राहकों की विभिन्न किस्में हैं।

अपने प्रत्येक ग्राहक को समझने और संभालने के लिए, आपको एक अलग कौशल सेट, दिशा और अनुभव की आवश्यकता होती है। ऐसा करने के लिए, आपको अपने ग्राहकों के साथ संबंध बनाने के तरीकों को जानना होगा। उसके साथ संवाद करने के बाद ही आप उसके साथ संबंध बना सकते हैं और वह आपके साथ सहज महसूस कर सकता है। जब वह आपके साथ सहज महसूस करे, तो आप उसे अपने प्रोजेक्ट दिखा सकते हैं।

रियल एस्टेट में क्लाइंट का विश्वास जीतना खेल जीतने जैसा है।

जिस क्षण आप अपने ग्राहकों के साथ प्रभावी तालमेल औरकम्युनिकेशन के साथ संबंध बनाते हैं, आप उन्हें समझने लगते हैं। वह आपसे प्रोजेक्ट के संबंध में कई सवाल पूछ सकता है और आपको उनसे निपटने के लिए तैयार रहना होगा।

वह आपके अनुभव और ज्ञान की जांच करना चाहता है ताकि वह आप पर भरोसा कर सके। आपको अपने उत्तरों के प्रति आत्मविश्वासी रहना होगा। यदि आपकी कंपनी, प्रोजेक्ट्स, प्रक्रिया और सर्विस के बारे में आपका ज्ञान अच्छा है, तो जाहिर है कि हकों को सारे उत्तर दे पाएंगे।

आपकी सवाल पूछने की क्षमता ही आपको दूसरों से अलग करती है। आइए इसे समझते हैं। एक शक्तिशाली रियल एस्टेट गेम चेंजर्स बनने के लिए, आपको अपने ग्राहकों के प्रश्नों को संभालना सीखना होगा। अन्य क्षेत्रों की तुलना में, रियल एस्टेट क्षेत्र बहुत विशाल है। रियल एस्टेट में, प्रोजेक्ट्स उच्च मूल्य के होते हैं और कीमत अधिक होता हैं। संपत्ति खरीदना आपके ग्राहकों के जीवन का सबसे बड़ा फैसला होता है। कीमत में प्रोडक्ट्स जितना बड़ा होगा, ग्राहक के मन में उतने ही बड़े सवाल होंगे। यह रियल एस्टेट और हर व्यवसाय में मुख्य अवधारणा है।

अब, मैं आपको एक ऐसे कौशल के बारे में बताने जा रहा हूं जो रियल एस्टेट में सफल कम्युनिकेशन के लिए बहुत महत्वपूर्ण है। बातचीत करते समय, हम सभी सवाल पूछते है और हम सभी से सवाल पूछे जाते है। पूछताछ

करने से हमें ग्राहक के बारे में और अधिक जानकारी प्राप्त करने में मदद मिलती है, यह तब उपयोगी हो सकता है जब आप अपने ग्राहक को बेहतर ढंग से समझने के लिए तालमेल बनाने का प्रयास कर रहे हों।

रियल एस्टेट की डील को क्लोज करने के लिए आपको ग्राहक के अंतिम निर्णय के बारे में जानना जरुरी है। ग्राहकों के निर्णय को समझने के लिए सही सवालों को पूछा जाता है। ग्राहकों को अपने प्रोजेक्ट्स के बारे में गहराई से सोचने पर प्रोत्साहित करने के लिए और उसे खरीदने का निर्णय लेने के लिए उपयोग किया जाता है। उचित, स्पष्ट और शक्तिशाली प्रश्न न पूछना या एक भी प्रश्न से चूकना आपके भविष्य के पूरे खेल को बदल सकता है।

यदि आपके पास किसी भी व्यवसाय में, किसी भी व्यवसाय में और रियल एस्टेट व्यवसाय में साझेदारी में, एक डेवलपर के रूप में, एक बाज़ारिया के रूप में, या एक विपणन एजेंसी के मालिक के रूप में एक शक्तिशाली प्रश्न पूछने की शक्ति है, तो आपको एक शक्तिशाली प्रश्न पूछना सीखना होगा। रियल एस्टेट मार्केट में सफलता पाने के लिए, आपको सही सवाल पूछने का कौशल सीखने की अवश्यकता है।

अगर आप इस कौशल पर महारत हासिल करते हो तो आप अधिक से अधिक सफलता प्राप्त कर सकते हो। मुझे 99 प्रतिशत यकीन है कि यदि आप इन शक्तिशाली कौशल के साथ अपनी टीम विकसित करते हैं तो आप रियल एस्टेट गेम चेंजर्स बन सकते हैं। इस अध्याय से गुजरने के लिए आपका बहुत-बहुत धन्यवाद। अगले अध्याय में, मैं रियल एस्टेट में अंतिम सफलता प्राप्त करने से संबंधित कुछ अलग विचारो और रियल एस्टेट में सफलता पाने के बिज़नेस मॉडल्स को पेश करूंगा।

अध्याय 7

"सी ओ सी" अर्थात कोड ऑफ़ कंडक्ट का रियल एस्टेट में महत्व

तो, अब आप अध्याय 7 पर पहुंच गए हैं। मैं वास्तव में प्रत्येक अध्याय के माध्यम से जाने और प्रत्येक अध्याय के अंत में पूछे गए प्रत्येक अभ्यास में भाग लेने के लिए आपके प्रयासों की सराहना करना चाहता हूं। मैं आपको अध्याय 7 के बारे में विस्तार से बताने में इतना खुश क्यों हूं, मैं आपको बताता हूं|

यह अध्याय रियल एस्टेट में डोमेन ज्ञान के बारे में नहीं है, यह अध्याय रियल एस्टेट में कार्यात्मक ज्ञान के बारे में नहीं है, यह अध्याय उन मूल्यों के बारे में है जिन पर आपको अपने जीवन में जो चाहते हैं वह बनने के लिए ध्यान केंद्रित करने की आवश्यकता है। यह अध्याय अनुशासन, नियमों और विनियमों के बारे में है जो आपको धन को आकर्षित करने में मदद कर सकते हैं। यह अध्याय आचार संहिता के बारे में है जो मैंने अपने गुरु ब्लेयर सिंगर से सीखा है |

पिछले सभी अध्यायों में, मैंने आपको कौशल के बारे में बताया है। मुझे पता है, आप इसे अच्छी तरह से करने जा रहे हैं। लेकिन सबसे महत्वपूर्ण चीज है जिस पर आपको ध्यान केंद्रित करना चाहिए, वह अनुशासन है। यदि आपके पास खेल जीतने के लिए सभी कौशल और प्रतिभाएं हैं, लेकिन अनुशासित नहीं हैं, तो आप निराशाओं को आकर्षित कर रहे हैं। आपको रियल एस्टेट के हर खेल में मास्टर बनने के लिए अनुशासन की आवश्यकता है। कार्रवाई करने का अनुशासन, आपके द्वारा सीखी गई किसी चीज को लागू करने का अनुशासन, अपने विचारों पर आत्म-नियंत्रण रखने का अनुशासन। ताकि आप सही दिशा में कार्रवाई करना शुरू कर सकें। चाहे वह आपका व्यक्तिगत जीवन हो या पेशेवर जीवन, अनुशासन बहुत महत्वपूर्ण भूमिका निभाता है। अनुशासन हर किसी के जीवन में सबसे महत्वपूर्ण व्यक्तित्व विशेषता है।

यह नियमों और विनियमों के एक सेट को संदर्भित करता है जिसका पालन किसी भी कार्य या गतिविधि को करते समय किया जाना चाहिए। अनुशासन हर किसी के जीवन में महत्वपूर्ण है क्योंकि यह क्रमबद्धता, दक्षता, समयबद्धता, कंपनी निर्धारित करता है, और हम जो करते हैं उस पर ध्यान केंद्रित करते हैं। अनुशासन के बिना जीवन बिना रडार के जहाज की तरह होता है। इसलिए, जीवन में अनुशासन के महत्व को नजरअंदाज नहीं किया जा सकता है। भारतीय सेना एक महान उदाहरण है जहां उच्च स्तर का अनुशासन देखा जा सकता है। अनुशासन, वास्तव में, सेना की रीढ़ है। सेना नियमित रूप से लगातार एक बहुत ही सख्त प्रोटोकॉल का पालन करती है। एक सैनिक में उच्च अनुशासन एक ऐसी चीज है जो उसे एक आम आदमी से अलग करती है। आप में उच्च अनुशासन आपको एक रियल एस्टेट गेम चेंजर बना देगा।

व्यापक रूप से, हम इसे "कोड ऑफ़ कंडक्ट" कहते हैं। अब कोड ऑफ़ कंडक्ट क्या है? जब आप अपनी दुनिया को गरिमा के साथ जोड़ते हैं, जब आप अपनी दुनिया को ज्ञान के साथ जोड़ते हैं, जब आप अपनी दुनिया को जुनून के साथ जोड़ते हैं, जब आप अपने काम को खुशी के साथ जोड़ते हैं, तब आप काम करते समय सच्ची खुशी महसूस करते हैं।

अब, दुनिया भर में जब दुनिया के सबसे सफल लोगों पर शोध किया जा रहा है, तो सबसे अच्छी बात यह है कि वे एक समग्र और खुशहाल जीवन जीते हैं। सबसे पहले, वे अपने स्वास्थ्य को महत्व देते हैं, वे अपने रिश्ते को महत्व देते हैं, वे अपने विचारों को महत्व देते हैं, वे अपने टाइम मैनेजमेंट को महत्व देते हैं, वे अपने करियर को महत्व देते हैं, वे अपने फाइनेंस को महत्व देते हैं, और वे अपने आध्यात्मिक जीवन और सामाजिक जीवन को महत्व देते हैं।

वे ऐसा करने में सक्षम हैं क्योंकि वे जीवन के सभी पहलुओं पर ध्यान केंद्रित कर रहे हैं और न केवल एक पहलू जिस पर ज्यादातर लोग ध्यान केंद्रित करते हैं, वह "धन" है। अब, यदि आप एक रियल एस्टेट गेम-चेंजर बनना चाहते हैं, तो आपको अपने जीवन के सभी पहलुओं पर ध्यान केंद्रित करना शुरू करना होगा। देखिए, यदि आपकी मानसिकता आपके पेशेवर लक्ष्य को प्राप्त करने के लिए पर्याप्त मजबूत नहीं है, तो आप एक भी कार्रवाई करने में सक्षम नहीं हैं।

यदि आप अपने कार्यों के साथ अनुशासित नहीं हैं तो आप अपने लक्ष्य का 10% भी प्राप्त नहीं कर पा रहे हैं। आपको इसे निर्धारित करने के बाद अपने लक्ष्य पर ध्यान केंद्रित करना शुरू करना होगा। यह आपकी ज़िम्मेदारी है कि आप दिन-रात होने वाली प्रत्येक गतिविधि पर ध्यान केंद्रित करें, और आपको एक मजबूत अवलोकन शुरू करना होगा।

आप प्रत्येक 15 मिनट या 30 मिनट में क्या कर रहे हैं, इसके बारे में एक अवलोकन। हर घंटे के बाद आपको इस बात पर ध्यान देना होगा कि क्या आप कोई ऐसी गतिविधि कर रहे हैं जो आपको अपने लक्ष्य की ओर ले जा रही है या जो आपको अपने लक्ष्य से दूर ले जा रही है।

जब आप अपने कार्यों को बारीकी से ट्रैक करना शुरू करते हैं, तो आप अपने आप को बेहतर बनाने पर ध्यान केंद्रित करना शुरू कर देंगे। जब आपके अवलोकन की तीव्रता बढ़ जाएगी, तो आपको भगवान से एक उपहार प्राप्त होगा - उपहार एक तेज लेजर फोकस होगा।

आपको याद होगा, हमारे बचपन के दौरान, हम कागज पर सूरज की किरणों को केंद्रित करने के लिए मैग्निफाइंग ग्लास या कांच के टुकड़ों का उपयोग करते थे। जब एक मैग्निफाइंग ग्लास को कागज के एक टुकड़े पर रखा जाता है, तो इसकी फोकल लंबाई के बराबर दूरी पर, लेंस पर पड़ने वाली सूर्य की किरणें एक बिंदु पर अभिसरण करती हैं जो कागज पर कहीं स्थित है।

इस प्रकार, लेंस की सतह क्षेत्र पर फैली सौर ऊर्जा एक बिंदु पर केंद्रित हो जाती है। इस बिंदु पर, पेपर अपने इग्निशन तापमान से अधिक तापमान तक गर्म हो जाता है जो 2330 सेल्सियस होता है। तभी कागज जलने लगता है। इस तरह आप ब्रह्मांड से प्राप्त उपहार के साथ चीजें करना शुरू कर देंगे। आप अपने भीतर से इस तेज लेजर फोकस को प्राप्त कर सकते हैं। अपने कार्यों में अनुशासन और लक्ष्यों को प्राप्त करने की इच्छा प्राप्त करना संभव है।

आपके लक्ष्य गहरे होने चाहिए, और आपकी इच्छा चरम होनी चाहिए। आप अपने परिवेश में जो कुछ भी देखते हैं वह आपके अवचेतन मन को प्रभावित करता है। आपका पर्यावरण आपके व्यवहार को प्रभावित करता है। यदि आप अपने व्यवहार को बदलना चाहते हैं, तो आपको अपने विचारों को

बदलने की आवश्यकता है। अपने विचारों को बदलने के लिए, आपको अपनी भाषा, शब्दों, परिस्थितियों, आप जो देखते हैं, आप क्या सुनते हैं, और हर छोटी आदत को बदलने की आवश्यकता है जो आप हर दिन करते हैं। हर छोटी आदत आपके दिमाग को प्रोग्राम करती है और आपके जीवन में मजबूत गति बनाती है।

तो प्रिय दोस्तों, हम इस किताब के अंत में आ रहे हैं। मैं अंत नहीं कहूंगा, यह नई शुरुआत है क्योंकि इस अध्याय के बाद आपको दुनिया भर में शीर्ष श्रेणी की रियल एस्टेट हस्तियों, दुनिया भर के शीर्ष 50+ सीईओ और उनके अनुभवों के साथ इंटरव्यूव् मिलेंगे, उन्होंने परिस्थितियों पर कैसे विजय प्राप्त की, और वे अपनी रियल एस्टेट यात्रा के माध्यम से चुनौतियों से कैसे निपटते हैं।

उन्होंने अपनी कंपनी को 5x, 10x, 50x, 100x और कभी-कभी 500x कैसे बढ़ाया है। वे रियल एस्टेट मार्केट में कैसे सफलता की उंचाईयों को छू रहे है और पिछले 5 साल, 10 साल, 20 साल, 30 साल, 40 साल और 50 साल तक अपने ग्राहकों की सेवा करते हैं। उनका सफर और अनुभव आपको आगे बढ़ने और रियल एस्टेट की सफलता की उचाइयो को छूने के लिए प्रेरित करेगा। लेकिन उससे पहले, मैं आपको बताना चाहता हूं कि सबसे महत्वपूर्ण बात जो आपको सीखनी है वह कोड ऑफ़ कंडक्ट है।

कंपनियों के पास विभिन्न प्रकार के कोड ऑफ़ कंडक्ट हैं। मैं आपको ईमानदारी के साथ काम करने, टीम के सदस्यों के बीच पारदर्शिता रखने, एक-दूसरे की मदद करने और कभी भी टीम के साथी को जरूरत में नहीं छोड़ने जैसा एक उदाहरण दूंगा। हमेशा हर किसी की मदद करें, शीर्ष सेवाएं देना प्राथमिकता है। कई प्रकार की कोड ऑफ़ कंडक्ट हैं जिन्हें आप अपनी कंपनी में लागू कर सकते हैं। केवल यह तय करके कि आपके कंपनी के लिए कौन सा सबसे अच्छा है और उन्हें अनुशासन के साथ निष्पादित करके, आप अपने कंपनी को अगले स्तर पर ले जाएंगे।

इस किताब और सिस्टम के माध्यम से हमारा उद्देश्य बहुत स्पष्ट है: हम परिणाम देना चाहते हैं। प्रत्येक अध्याय में, हमने मूल्य, मूल्य और मूल्य दिया है। इस किताब के माध्यम से हम जो कुछ भी चार्ज कर रहे हैं वह कुछ भी

नहीं है और आप सभी यह जानते हैं। अंतिम उद्देश्य आपको रियल एस्टेट गेम चेंजर बनने के लिए प्रत्येक व्यावहारिक कदम देना है और यही हमने पिछले अध्यायों में किया है।

हमने इस किताब में वह सब कुछ दिया है जिसे हम पहले अपनी कंपनियों में लागू करते हैं और हमारे पास अच्छे कई गुना परिणाम हैं। हम अपने उन्नत कोचिंग और ट्रेनिंग सेशन में एक ही सिस्टम सिखाते हैं। यदि आप वास्तव में हमारे साथ इनका अभ्यास करना चाहते हैं, तो आपको हमारे लाइव वेबिनार, सेमिनार, ट्रेनिंग सेशन और वर्कशॉप्स का हिस्सा बनना होगा।

इस अध्याय के अंत में एक ही बात में आपको बताना चाहूंगा - आज की दुनिया में जीतने का असली रहस्य कुछ नया सीखने के बाद महत्वपूर्ण कार्य करना है। आपने जो कुछ सीखा है, उस पर कार्रवाई किए बिना, आप अपनी ऊर्जा और समय बर्बाद करेंगे। इसलिए, लगातार कार्रवाई करना शुरू करना महत्वपूर्ण है।

एक व्यक्ति जो एक औसत दर्जे का जीवन जी रहा है और एक व्यक्ति जो एक सफल जीवन जी रहा है, उसके बीच एकमात्र अंतर कार्यान्वयन है। मैं इसे एक उदाहरण के साथ समझाता हूं, कल्पना कीजिए, एक कार्यशाला में, सेमिनार में 1000 लोग भाग ले रहे हैं। बाहर 1000 में से केवल 10-20 लोग ही सफल होंगे। बाकी लोग बहाने ढूंढना शुरू कर देंगे और शिकायत करना शुरू कर देंगे। 10-20 लोग सफलता प्राप्त करेंगे क्योंकि वे तुरंत और लगातार निर्णय और कार्य लेना शुरू कर देंगे। जीवन में सफलता प्राप्त करने के लिए और धन का निर्माण करने के लिए, आपको केवल एक मजबूत इच्छा और एक मजबूत कोड ऑफ़ कंडक्ट की आवश्यकता होती है।

इसलिए, अपने जीवन को अनुशासित करें ताकि आप लगातार जीत सकें। मैं यहां अध्याय 7 समाप्त करना चाहता हूं। मैं इस अध्याय को उद्धरण के साथ समाप्त करना चाहूंगा, "आपके काम आपको वह बना देंगे जो आप बनना चाहते हैं" बहुत-बहुत धन्यवाद!

रियल एस्टेट गेम चेंजर्स भाग - 2

1. धवलजी अजमेरा

अजमेरा रियल्टी एंड इंफ्रा इंडिया के डायरेक्टर, मुंबई, महाराष्ट्र

52 से अधिक वर्षों से स्थापित होने के बाद, अजमेरा ग्रुप को भारत की टॉप रियल एस्टेट कंपनियों में से एक माना जाता है। कंपनी की स्थापना 1968 में हुई थी जब स्वर्गीय श्री छोटेलाल एस अजमेरा ने इसे एक सिविल कॉन्ट्रैक्टिंग फर्म के रूप में शुरू किया था। पांच दशक बाद, यह अब एक एनएसई और बीएसई लिस्टेड रियल एस्टेट कंपनी है जो धीरे-धीरे विदेशों में भी अपनी उपस्थिति बना रही है। अजमेरा ग्रुप समय के साथ सौर ऊर्जा, खेल, सीमेंट, और सामाजिक कल्याण जैसे अन्य क्षेत्रों तक विस्तारित हुआ है। कंपनी ने अपनी जड़ें मुंबई, पुणे, अहमदाबाद, सूरत, राजकोट और बैंगलोर में स्थापित की हैं, जो लंदन में एक अंतरराष्ट्रीय प्रोजेक्ट तक फैली हुई है।

धवलजी अजमेरा दूसरी पीढ़ी के उद्यमी और अजमेरा ग्रुप के डायरेक्टर है और कार्डिफ विश्वविद्यालय से फाइनेंस में एमबीए हैं। इस रियल एस्टेट गेम चेंजर्स इंटरव्यूव् में उन्होंने बताया कि कैसे उनका पारिवारिक व्यवसाय पाँच दशकों में एक रियल एस्टेट दिग्गज बन गया। साथ ही रियल एस्टेट में आगे आने वाली चुनौतियों, रणनीतियों और अवसरों के बारे में बात की है।

तीन पीढ़ी पुराने रियल एस्टेट पारिवारिक व्यवसाय का विश्वास:

धवलजी कहते हैं, "जैसा कि हमारे परिवार की स्वामी नारायण संस्था में बहुत आस्था है, इसलिए हमारे गुरु, परम पूजनीय महंत स्वामी महाराज, हमारे परिवार का धार्मिक आधार और आशीर्वाद हैं। आज भी जब कोई दुविधा आती है, या हमें कोई नया निर्णय लेना होता है, तो हम अपने गुरु के आशीर्वाद और मार्गदर्शन से करते हैं। हमारे व्यक्तिगत मुद्दे हों या व्यावसायिक, हम अपने

गुरु के आशीर्वाद और निर्देश से ही आगे बढ़ते हैं। अगर मैं कहूं तो व्यावहारिक रूप से मेरे पिता (रजनीभाई अजमेरा) और मेरे चाचा (छोटूभाई अजमेरा) रियल एस्टेट कारोबार में मेरे गुरु रहे हैं। जब मैं व्यवसाय में आया, तो मेरे चाचाजी ने मुझे बताया कि मुझे क्या करना चाहिए। मैं उनके साथ अपना समय व्यतीत करता था जहाँ वे मुझे बताते थे कि जमीन कैसे देखनी है, जमींदार से कैसे बात करनी है, आर्किटेक्चर के साथ किस बारे में क्या चर्चा करनी है, आदि। मेरे पिता मेरा मार्गदर्शन करते रहे कि मैं अपना व्यवसाय कैसे चलाऊं और कैसे बढ़ाऊं। जैसे मैं सारी पीढ़ी का सबसे छोटा भाई हु; मेरे ऊपर आठ बड़े भाई है जिन्होंने हर कदम पर मेरा मार्गदर्शन किया। मेरे लिए संयुक्त परिवार का सबसे बड़ा फायदा यह था कि मेरे पास एक नहीं, बल्कि कई मेंटर्स थे, जिन्होंने हर समय मेरा मार्गदर्शन किया।"

धवलजी के रियल एस्टेट के अनुभव से सीख ने लायक कुछ महत्वपूर्ण बाते -

जानिए कैसे खरीदकर संभाली गयी जमीनों की संपत्ति आपके रियल एस्टेट भविष्य को सुरक्षित कर सकती है:

"जिस तरह एक कारखाने में लगातार उत्पादन होता रहता है, उसी तरह रियल एस्टेट में हमारे पास जमीन होना बहुत जरूरी है ताकि हम उस पर प्रोजेक्ट विकसित कर सकें। रियल एस्टेट में, खरीदकर संभाली गयी जमीनों की संपत्ति एक कच्चा माल है जो हमारे पास अगले 8-10 वर्षों के लिए होना चाहिए ताकि आपकी कंपनी लगातार विकास कर सके। जमीन के मालिक होने के नाते यह हमारा काम है कि हमारे पास मौजूद जमीन को सभी समस्याओ से मुक्त किया जाए। उदाहरण के लिए मानते है की 'xyz' समस्याओ के कारण एक जमीन की कीमत 100 आज रुपये है। अगर ये समस्याएँ नहीं होंगे तो इसकी कीमत 1000 रुपये होगी। एक डेवलपर के रूप में, हमारी विशेषज्ञता 100 रुपये की जमीन खरीदने और इसे समस्याओ से मुक्त कर प्रोजेक्ट बनाकर 1000 रुपये में बदलने की है। इसलिए, रणनीति यह सुनिश्चित करना है कि हम विकास के लिए एक समस्याओ से मुक्त सही जगह बनाये।" धवलजी बताते है।

आश्चर्यजनक सत्य - आपके बने हुए प्रोजेक्ट्स ही रियल एस्टेट में आपका सबसे प्रभावी मार्केटिंग शस्त्र है:

धवलजी कहते हैं, "मेरा व्यक्तिगत रूप से मानना है कि आपकी प्रोजेक्ट ही आपकी मार्केटिंग है। आपकी मार्केटिंग वह प्रोजेक्ट है जिसे आप बनाते हैं और रियल एस्टेट मार्केट में बेचते है।"

प्रोजेक्ट के आसपास के क्षेत्र को हाइलाइट करके अपनी रियल एस्टेट मार्केटिंग को सबसे प्रभावी बनाएं:

"यदि कोई प्रभावी मार्केटिंग हो सकती है, तो वह उस लोकेशन की जागरूकता फैलाना जहाँपर यह प्रोजेक्ट है। यदि आप उस क्षेत्र को ब्रांड हीरो बनाते हैं तो आपकी मार्केटिंग सही दिशा में होगी।" धवलजी बताते है।

कैसे अनुसंधान और विकास (रिसर्च एंड डेवलपमेंट) आपको अपने रियल एस्टेट प्रोजेक्ट्स में गेम-चेंजिंग इनोवेशन लाने में मदद कर सकते है:

धवलजी बताते है, "इसके साथ ही, आपको हर प्रोजेक्ट में कुछ अलग लाना होगा। बिल्डिंग तो सब बनाते हैं, उसमें फ्लैट भी रहते हैं और सुख-सुविधाएं भी लगभग एक जैसी ही रहती हैं, लेकिन अगर आप उसमें कुछ अलग ला सकते हैं, तो वही आपकी ताकत बन जाएगी। आप इसे केवल अच्छे रिसर्च एंड डेवलपमेंट के साथ ही कर सकते हैं। आज, भारत में रियल एस्टेट के हर क्षेत्र में एक अवसर है। हमारा सबसे बड़ा फायदा हमारी आबादी है और हर किसी को घर की जरूरत है। भारत के सभी बिल्डर्स भले ही 24*7 काम करें, लेकिन वे मार्केट की इस मांग को पूरा नहीं कर सकते। इसलिए, रियल एस्टेट मार्केट में बहुत सारे अवसर हैं।"

इस तरह धवलजी ने तीन पीढ़ी पुराने रियल एस्टेट पारिवारिक व्यवसाय के सफर को साझा किया और बताया कि उन्होंने इसमें कैसे प्रवेश किया। उन्होंने इस गेम चेंजिंग इंटरव्यूव् में प्रभावी मार्केटिंग रणनीतियों, रिसर्च एंड डेवलपमेंट के महत्व और रियल एस्टेट में लगातार बढ़ने का मंत्र बताया।

* * *

2. श्री गुम्मी राम रेड्डी

आर्क ग्रुप के सीएमडी हैदराबाद, तेलंगाना

मैं आपको हैदराबाद के एक बहुत ही व्यावहारिक रियल एस्टेट लीडर की कहानी बताता हूँ। जो "पारदर्शिता और विश्वास" दोनों के साथ नेतृत्व करने में विश्वास रखते है। यह श्री गुम्मी राम रेड्डी की कहानी है जो की आर्क ग्रुप के चैयरमेन और मैनेजिंग डायरेक्टर है।

तेलंगाना के नालगोंडा जिले के रहने वाले राम रेड्डी, पेशे से एक सिविल इंजीनियर, इन्होने 1989 में आर्क डेवलपर्स की स्थापना की और इसे रियल एस्टेट, बिल्डिंग्स बनाना, इंफ्रास्ट्रक्चर बनाना और कृषि फार्मों में उपस्थिति के साथ विविध ग्रुप में विकसित किया।

लोग सिर्फ आपके प्रोडक्ट्स नहीं खरीदते, वे आपसे खरीदते हैं:

- मन की शांति

- सुख और आनंद

- समस्याओं का समाधान

इसी विचार के साथ, अपने प्रोडक्ट्स के माध्यम से, अपने सभी ग्राहकों को मन की शांति, सुख और आनंद और समस्याओं का समाधान देना ही आर्क ग्रुप के डीएनए में है।

गुम्मी राम रेड्डी जी के रियल एस्टेट के अनुभव से सीख ने लायक कुछ महत्वपूर्ण बातेे:

क्यों उचित ट्रेनिंग आपके रियल एस्टेट व्यवसाय को अगले स्तर तक ले जाने की चाबी है:

गुम्मी राम रेड्डीजी के अनुसार सही कोचिंग आपके लिए बहुत महत्वपूर्ण है। सही ट्रेनिंग आपकी टीम और आपकी पूरी कंपनी के लिए बहुत महत्वपूर्ण है। इन दिनों बहुत सी चीजें बाजार में आ रही हैं और सिस्टम हर दिन अपग्रेड हो रहे हैं।

"मेरी कंपनी दो साल के लिए ट्रेनिंग से गुजरी है। यहां तक कि मैं भी मुंबई आता था और ट्रेनिंग लेता था। जब कोई ट्रेनर हमें कुछ बता रहा होता है तो हमारे मन में विनाशकारी विचार आते हैं जैसे, 'हमें यह पहले से ही पता है, इसमें नया क्या है?' लेकिन चीजों को जानने और चीजों को करने में बड़ा अंतर है। चीजों को जानने के बाद भी हम उन पर अमल नहीं करते। इसलिए, निरंतर ट्रेनिंग बहुत महत्वपूर्ण है," गुम्मी राम रेड्डीजी ने रियल एस्टेट में ट्रेनिंग और विकास की भूमिका पर अपना विचार व्यक्त किया।

उनके अनुसार परिवर्तन का लक्ष्य रखने वाली प्रत्येक कंपनी को ट्रेनिंग की आवश्यकता होती है। किसी भी कंपनी को विकसित होने के लिए एक उचित प्रशिक्षक के साथ उचित ट्रेनिंग प्राप्त करना चाहिए।

"रियल एस्टेट में, बहुत सारे ऑपरेशन हैं। एक छोटी सी टिप भी बड़ा बदलाव ला सकती है। जब ग्राहक आपके पास आते हैं, तो यह सबसे ज्यादा मायने रखता है कि आपकी टीम के सदस्य ग्राहकों से कैसे बात करते हैं और वे आपके प्रोडक्ट्स के बारे में कैसे समझा रहे हैं। यदि आप अपने प्रोडक्ट्स को सही तरीके से समझाते हैं, तो आपके ग्राहक आपसे प्रोडक्ट्स खरीदेंगे। तो, आप रियल एस्टेट में काम करने के उचित तरीके सीखने के लिए एक उचित ट्रेनर से उचित ट्रेनिंग की आवश्यकता है।"

जानिए कैसे भगवत गीता ने धारणा बदल दी:

"एक और एकमात्र किताब जिसे मैंने पूरे मन से पढ़ा है, वह श्री भगवत गीता है। क्योंकि मेरे करियर में भगवत गीता ने मेरी धारणा को पूरी तरह से बदल दिया है।"

उन्होंने कहा, "रियल एस्टेट में मेरी ३० साल के सफर में, मैं अपने किसी भी प्रोजेक्ट में कभी असफल भी नहीं हुआ। मैंने बहुत बड़ी धनराशि खो दी,और घाटे के साथ भी, किसी भी कीमत पर मैंने उन प्रोजेक्ट को पूरा किया।

2019 में, मैं एक बेहतरीन टीम और अच्छे ऑपरेशन के बाद भी एक प्रोजेक्ट में असफल रहा जब की यह इतना बड़ा प्रोजेक्ट नहीं था। यह एक साधारण 5 मंजिला इमारत थी। मैं समय पर प्रोजेक्ट पूरा नहीं कर सका और नुकसान ने मुझे बहुत कुछ सिखाया। मैंने असफलताओं के कारणों के बारे में गहराई से सोचना शुरू किया और मैं उन्हें श्री भगवद गीता में पा सका। मैंने सबक सीखा कि असफलता कभी भी किसी को भी आ सकती है और असफलता को टाला नहीं जा सकता।"

हर असफलता, हर नुकसान एक सीखने का अवसर होता है। हार मानना एक पाप है। जीवन एक बड़ा साहसिक कार्य है। इस तरह भगवत गीता ने उनकी पूरी धारणा बदल दी।

रियल एस्टेट को व्यवस्थित करने के लिए ईमानदारी से काम करें:

उन्होंने रियल एस्टेट उद्योग को संगठित करने के बारे में भी अपने विचार रखे। उन्होंने कहा, "आपको अपने ग्राहकों को अपने प्रोडक्ट्स के बारे में सही बातें बतानी चाहिए। रियल एस्टेट उद्योग में, मार्केटिंग एजेंसियां या रियल एस्टेट एडवाइजर प्रॉपर्टीज को बेचने के लिए बहुत कुछ गलत बताते हैं। वे कुछ ऐसा देने का वादा करते हैं जो बिल्डरों या डेवलपर्स द्वारा नहीं बताया गया है। इसलिए, मैं चाहता हूं कि हर कोई ईमानदार हो। मैंने अपने जीवन में देखा है कि भारत में हम बिल्डरों और डेवलपर्स को वह सम्मान नहीं मिल रहा है जिसके हम हकदार हैं। मैं इसके लिए किसी को दोष नहीं दे रहा हूं। लोग हमें उस तरह से महत्व क्यों नहीं दे रहे हैं जैसे वे डॉक्टरों या उद्योगपतियों को देते हैं? यहां तक कि कई फिल्मों में बिल्डरों को विलैन के रूप में चित्रित किया गया है। इसलिए, मैं चाहता हूं कि हमारे समाज में हमारे बारे में जो धारणा है, वह बदल जाए। यह तभी हो सकता है जब रियल एस्टेट में हर कोई ईमानदारी से काम करेगा। आप जो भी वादा कर रहे हैं, आपको उसे पूरा करना चाहिए बस।"

राम रेड्डीजी की रियल एस्टेट में युवा सिविल इंजीनियर से रियल एस्टेट लीडर तक की यात्रा न केवल प्रेरणादायक है बल्कि भारत की क्रांति की तरह कड़ी मेहनत और ईमानदारी पर आधारित है।

❋ ❋ ❋

3. श्री अमेय जैन

कुमार प्रॉपर्टीज के डायरेक्टर - पुणे, महाराष्ट्र

श्री के.एच. ओसवाल जी द्वारा 15 अगस्त, 1966 को स्थापित अच्छी तरह से विविधतापूर्ण, मूल्य-संचालित कंपनी है। 135 प्रोजेक्ट को पूरा करने के साथ 35,000 से अधिक संतुष्ट और खुश परिवार कंपनी के ब्रांड एंबेसडर हैं जो कंपनी की सच्ची ताकत प्रदर्शित करते हैं।

विभिन्न सामाजिक आर्थिक और सांस्कृतिक पृष्ठभूमि के 35,000 से अधिक खुश परिवार, साथ ही 1,000 से अधिक संतुष्ट बड़े, मध्यम और छोटे व्यवसाय, सभी पर्यावरण के अनुकूल, अच्छी तरह से डिज़ाइन किए गए, पूरी तरह से सुसज्जित रेसिडेंशियल परिसरों में रहने या सुसज्जित कमर्शियल परिसरों में काम करने की सुविधा और सुख का आनंद ले रहे हैं। कुमार प्रॉपर्टीज का सर्विस ऑफरिंग में सफलता पूर्वक सबसे आधुनिक सुविधाओं के साथ रहने, काम करने और व्यावसायिक वातावरण बनाने का ट्रैक रिकॉर्ड है।

यह एक ऐसा ब्रांड है जो अन्य रियल एस्टेट डेवलपर्स इन्हे भिन्न करता है क्योंकि यह रियल एस्टेट उद्योग में सबसे बड़े प्रतिभागियों में से एक है, जिसने 32 मिलियन वर्ग फुट से अधिक का निर्माण किया है। कुमार प्रॉपर्टीज भरोसे और अखंडता का प्रतीक है, जिसने उच्च गुणवत्ता वाले काम, शीघ्र प्रोजेक्ट पूर्णता और व्यक्तिगत सर्विस पर अपनी प्रतिष्ठा बनाई है। श्री अमेय जैन कुमार प्रॉपर्टीज के डायरेक्टर हैं। अमेयजी के पिता उनकी सबसे बड़ी प्रेरणा हैं। उनकी मेहनत से ही आज कंपनी सफलता के अलग ही स्तर पर हैं। वह हमेशा उनकी ओर देखकर सीखते गए।

अमेयजी के रियल एस्टेट के अनुभव से सीख ने लायक कुछ महत्वपूर्ण बाते:

रियल एस्टेट के लिए वास्तविक खतरा - कैसे लालच आपके व्यवसाय को बर्बाद कर सकता है:

"रियल एस्टेट में, प्रोजेक्ट्स विफल नहीं होते हैं। बल्कि आपका लालच प्रोजेक्ट्स को विफल कर देता है। इसलिए लालची मत बनो, कार्य में ध्यान लगाओ, और मैनेजमेंट में बेहतर बनो।

भावुक या अति-भावुक: रियल एस्टेट विकास में नाजुक रेखा:

"अत्यधिक लालच के कारण, हम अति भावुक हो जाते हैं. हमारे हाथ के प्रोजेक्ट्स पर ध्यान केंद्रित करने के बजाये, लालच के कारण हम और अधिक प्रोजेक्ट्स शुरू करने के बारे में सोचते है. हम भूल जाते हैं कि इस निर्णय के कारण हाथ के प्रोजेक्ट का ऑपरेशन प्रभावित हो सकता है। इसलिए, अमेयजी बिल्डरों को जुनूनी होने की सलाह देते हैं, लेकिन रियल एस्टेट में अति-जुनूनी नहीं। अपनी भावनाओ पर नियंत्रण होना आवश्यक है।

उन्होंने कहा, आप बोहोत सारे अपार्टमेंट बेचकर अच्छे डेवलपर नहीं बन जाते। आप अच्छे डेवलपर और बिल्डर तब बनते है जब आप अपने ग्राहकों को सही समय पर डिलीवरी देते है और आप किस तरह से अपने फाइनेंस को मैनेज करते है।

जानिए कैसे एक लोकतांत्रिक नेतृत्व शैली आपके रियल एस्टेट व्यवसाय को लाभ पहुंचा सकती है - कुमार प्रॉपर्टीज से सीख ने योग्य बात:

कुमार प्रॉपर्टीज में, लीडर्स टीम के सदस्यों को कुमार परिवार का हिस्सा मानकर उन्हें प्रोत्साहित और सशक्त करते हैं। उन्हीं विचारों के साथ, टीम का प्रत्येक सदस्य जिम्मेदारी लेता है। अमेया जी कहते है, "आपको एक तानाशाही लीडर होने की ज़रूरत नहीं है। आपको एक लोकतांत्रिक लीडर होना चाहिए। आपको अपनी टीम के प्रत्येक सदस्य के लिए अपने दरवाजे खुले रखने चाहिए और आपको हमेशा अपने लोगों के साथ वन-टू-वन संवाद करना चाहिए।

✳ ✳ ✳

4. श्री हस्सन ज़हेदपरी

जेनिथ ग्रुप ऑफ़ कम्पनीज के मैनेजिंग डायरेक्टर और सीईओ, दुबई

जेनिथ स्मार्ट कॉन्ट्रैक्टिंग एलएलसी की स्थापना 2010 में दुबई, संयुक्त अरब अमीरात में स्थित एक प्राइवेट कंपनी के रूप में की गई थी। कंपनी कंस्ट्रक्शन गतिविधियों और अन्य संबंधित सर्विसेज के लिए दुबई रियल एस्टेट मार्केट में जानी जाती है। कंपनी ने दुबई के आसपास कई प्रोजेक्ट्स पुरे किये हैं। हस्सनजी जेनिथ ग्रुप के एमडी और सीईओ हैं।

रियल एस्टेट में हस्सनजी का सफर:

हस्सनजी ने ईरान में इंडस्ट्रियल प्रबंधन विश्लेषण में ग्रेजुएशन किया। उनके पिता ने उन्हें डेढ़ साल के लिए चीनी भाषा में ग्रेजुएशन करने के लिए चीन भेजा। इसके बाद वह वापस दुबई आ गए। उनके पिता के पास कुछ संपत्ति थी। उनके पिता चाहते थे कि वे सेल्स के लिए अपनी संपत्तियों का प्रबंधन करें।

हस्सनजी ने इस चुनौती को स्वीकार किया और अपने स्वयं के निवेश के साथ रियल एस्टेट में अपना सफर शुरू किया। उन्होंने 2007 में रियल एस्टेट व्यवसाय में प्रवेश किया। फिर, उन्होंने टावर बनाने के लिए सभी प्लॉट्स को खरीदकर रियल एस्टेट में विकास किया। उन्होंने विभिन्न डिजाइनर कंसल्टेंसी और कांट्रेक्टर आदि के साथ शुरुआत की।

शुरुआती दिनों में संघर्ष:

जेनिथ ग्रुप रियल एस्टेट में सिर्फ एक डेवलपर थे, इसलिए वे ठेकेदारों, डिजाइनर कंसल्टेंसी आदि के साथ समझौते करते थे। कंपनी ठेकेदारों और डिजाइनरों जैसे कई शेयरधारकों पर निर्भर थी। कंपनी उन्हें भुगतान करने के

लिए धन प्राप्त कर रही थी, लेकिन वे अपनी आंतरिक समस्याओं के कारण निर्माण प्रगति के लिए कोई कार्य नहीं कर रहे थे।

इसलिए, हस्सनजी ने इन समस्याओं से छुटकारा पाने के लिए एक अलग रणनीति बनाने का फैसला किया। उन्होंने जेनिथ के नाम से अपनी खुद की कंपनी स्थापित की। आज, सभी गतिविधियां, कर्मचारी और उपकरण घरेलू हैं और जेनिथ दुबई रियल एस्टेट बाजार में एक प्रसिद्ध ब्रांड बन गया है।

पिता एक प्रेरणा के रूप में:

हस्सनजी के पिता शरुवात से ही उनके लिए प्रेरक है। उनके पिताजी ने उन्हें अपनी यात्रा जारी रखने के लिए शक्ति और उत्साह से प्रोस्ताहित किया।

हस्सनजी के रियल एस्टेट के अनुभव से सीख ने लायक कुछ महत्वपूर्ण बाते: प्रतिस्पर्धियों से विचलित न हों, सिर्फ अपने व्ययसाय पर ध्यान दो:

जब मैंने उनसे दुबई के प्रतिस्पर्धी रियल एस्टेट बाजार में व्यापार करने की रणनीति के बारे में पूछा तो मुझे उनका जवाब पसंद आया। वे कहते हैं, "निश्चित रूप से दुबई के रियल एस्टेट में कई दिग्गज और बड़ी प्रतियोगिताएं हैं। अंत में, वे सिर्फ उनके क्षमता और उनका अधिकार के अनुसार अपना मार्केट में अपना प्रभाव बना सकते है, इससे ज्यादा नहीं। यहां उन लोगों के लिए काफी जगह है जो काम करना और बढ़ना चाहते हैं। यदि आप अपने खुद के व्यवसाय पर ध्यान केंद्रित करते हैं और एक्शन लेने के लिए रणनीति बनाते हैं, तो आपको निश्चित रूप से सफलता मिलेगी।

अनुसंधान से सफलता तक: यह दुबई रियल एस्टेट लीडर कैसे रियल एस्टेट में इनोवेशन लाता है:

हस्सनजी अपना अधिकांश समय कंस्ट्रक्शन, प्रोजेक्ट मैनेजमेंट, सिस्टम्स, कार्य में सुधार, ऑटोमेशन और सॉफ्टवर्स का रियल एस्टेट में उपयोग के बारे में पढ़ने में लगाते हैं। वह हमें बताते हैं कि उनका ज्यादातर समय बार-बार की जाने वाली चीजों के लिए वर्क लोड करने के बजाय रिसर्च करने में लगाते है। दोहराने वाले काम पूर्ण होने के लिए टीम के पास चले जाते है। कार्यालय में

भी, वह या तो रिपोर्ट पढ़ते है या कंपनी को बेहतर बनाने के लिए शोध करते है और टीम को अगले कदम पर जाने के लिए प्रेरित करते है।

इन सभी शक्तिशाली व्यक्तिगत मंत्रों के साथ, हस्सनजी ने दुबई के रियल एस्टेट मार्केट में इतनी सफलता हासील की है। दुबई गगनचुंबी इमारतों, बंदरगाहों और समुद्र तटों का शहर है, जहां बड़ा कारोबार होता है। दुबई के रियल एस्टेट बाजार में, जेनिथ एक ब्रांड कंपनी है जो विला, मिड-राइज़ से लेकर हाई-राइज़ स्ट्रक्चर तक की निर्माण सेवाएँ प्रदान करती है। जेनिथ ग्रुप ने इस क्षेत्र में रेसीडेन्शिअल, कमर्शियल और रेसीडेन्शिअल-कमर्शियल मिक्स प्रोजेक्ट से लेकर कई कंस्ट्रक्शन प्रोजेक्ट्स को सफलतापूर्वक पूरा किया है।

5. श्री मानव सिंह

इंपीरियल रियल्टी एंड डेवलपमेंट के चेयरमैन - शिमला, हिमाचल प्रदेश

रियल एस्टेट गेम चेंजर्स - इस महान मिशन के लिए अपनी टीम की प्रगति, समन्वय और कठिनाई को देखकर मुझे बहुत खुशी हुई। हमारा लक्ष्य 50 रियल एस्टेट लीडर्स के इंटरव्यू कराना था। हम जल्द ही अपने लक्ष्य को प्राप्त करने वाले थे। फिर, मुझे अपनी टीम के सदस्यों से अच्छी खबर मिली कि उन्होंने पृथ्वी पर साक्षात् स्वर्ग और भारत का एक खूबसूरत राज्य हिमाचल प्रदेश के शिमला से एक प्रीमियम रियल एस्टेट ग्रुप से बात हो गयी है और उनके चैयरमॅन रियल एस्टेट बुक के इंटरव्यू के लिए तैयार हो गए है। शिमला एक खूबसूरत स्थान है जहां लोग अपने परिवार और दोस्तों के साथ घूमने-फिरने की योजना बनाते हैं। शिमला उत्तरी भारत के सबसे लोकप्रिय हिल स्टेशनों में से एक है। यह हिमाचल प्रदेश की राजधानी और सबसे बड़ा शहर है। यह शहर लोकप्रिय रूप से पहाड़ियों की रानी के रूप में जाना जाता है।

यह एक अद्भुत व्यक्तित्व की प्रेरक कहानी है, श्री मानव सिंह - 1000 करोड़ मूल्य के ग्रुप इंपीरियल होल्डिंग के संस्थापक और चेयरमैन जिनका व्यवसाय विमान वहन, एयर एम्बुलेंस, प्राइवेट एयर चार्टर और रियल एस्टेट में है। खुद एक जुनूनी यात्री होने के साथ साथ, उन्होंने विमानन के क्षेत्र में अपार पहचान अर्जित की। कैलिफोर्निया के मेनलो कॉलेज से बिज़नेस ग्रेजुएट, दिल से हिमाचली और शिमला के प्रतिष्ठित बिशप कॉटन स्कूल के पूर्व छात्र श्री मानव सिंह की विमान,बिल्डिंग्स, टेक्नोलॉजी और इंफ्रास्ट्रक्चर में हमेशा गहरी रुचि रही है।

एक बिजनेस टाइकून होने के अलावा, वह अपने सामाजिक दृष्टिकोण के लिए काफी सम्मानित हैं। उन्होंने औरामाह वैली के आसपास के क्षेत्र में शिक्षा के उत्थान के लिए एक स्कूल बनाया है और महिलाओं और बुजुर्गों के लिए

रोजगार भी बनाये है। उन्होंने नई कृषि तकनीकों के साथ अत्याधुनिक जल संचयन सिस्टम भी शुरू की है। वह नियमित रूप से आईटी और इंफ्रास्ट्रक्चर में इन्वेस्ट करते है। गोल्फ, घुड़सवारी, टेनिस, स्कूबा डाइविंग और स्कीइंग जैसे उनकी अन्य रुचिया भी है।

वह पहले व्यक्ति हैं जिन्होंने शिमला में हिमाचल की पहली लक्जरी टाउनशिप की अवधारणा दी और उसका विकास किया। इसलिए मैं कह सकता हूं कि यह इंटरव्यू आपके लिए बेहद खास है। मानवजी की कहानी आपको व्यावहारिक ज्ञान प्राप्त करने का एक अनोखा अनुभव प्रदान करेगी। जैसे ही उन्होंने रियल एस्टेट की दुनिया में प्रवेश किया, उन्होंने खुली जगहों और हरे-भरे जंगलों में अपने प्रेम को प्राप्त किया। 100 एकड़ के खूबसूरत परिदृश्य में फैली, औरामाह वैली प्रोजेक्ट उनके दिल के सबसे करीब है।

औरामाह वैली को हिमाचल प्रदेश राज्य में इंपीरियल रियल्टी एंड डेवलपमेंट्स द्वारा विकसित किया गया है, जो इम्पीरियल होल्डिंग ग्रुप की सहायक कंपनी है, जिसका नेतृत्व इसके अध्यक्ष मानवजी कर रहे हैं। यह हिमाचल का सबसे बड़ा लग्जरी रियल एस्टेट प्रोजेक्ट है।

औरामाह वैली 100 एकड़ के जंगल और घाटियों में फैले बर्फ से ढके पहाड़ों, तेज़ धाराओं और लुभावनी घास के मैदानों से घिरा हुआ 200 अपार्टमेंट, 50 डुप्लेक्स और 20 विला, एक क्लब हाउस, हेलीकाप्टर क्लब और आलीशान सुविधाओं के साथ एक लक्जरी पहाड़ी टाउनशिप है। 20 एकड़ में निर्माण के साथ, औरामाह वैली के निवासी घाटियों और पहाड़ों के जीवन भर के दृश्य के साथ 80 एकड़ जंगल का आनंद उठा सकेंगे।

शिमला से 22 किलोमीटर आगे स्थित, औरामाह वैली एकमात्र रेसीडेन्शिअल प्रोजेक्ट है। जिसमें एक समर्पित हेलीकाप्टर सेवा है, सिर्फ एक हेलीपैड नहीं। इस प्रकार, उत्तर भारत में कहीं से भी औरामाह वैली तक 24×7 पिकअप सेवा होगी। घाटी में एक 24×7 क्लिनिक है, और हर दिन निर्धारित डॉक्टर का दौरा होगा, साथ ही सभी दैनिक जरूरतों के लिए एक डिपार्टमेंटल स्टोर भी। एक सामंजस्यपूर्ण समुदाय सुनिश्चित करने के लिए, सभी खरीदारों को इन 'लिमिटेड एडिशन ' अपार्टमेंट खरीदने के

लिए स्क्रीनिंग कमेटी द्वारा पुनरीक्षित किया जाता है। एक सामंजस्यपूर्ण समुदाय सुनिश्चित करने के लिए, सभी खरीदारों को इन 'लिमिटेड एडिशन 'अपार्टमेंट खरीदने के लिए स्क्रीनिंग कमेटी द्वारा पुनरीक्षित किया जाता है। यह इंटरव्यू का एक बहुत ही रोचक हिस्सा था क्योंकि मैंने किसी भी रियल एस्टेट कंपनी में किसी भी प्रोडक्ट्स को बेचने से पहले खरीदारों की स्क्रीनिंग नहीं देखी।

मानवजी के रियल एस्टेट के अनुभव से सीख ने लायक कुछ महत्वपूर्ण बाते:

आपके पास सिर्फ एक एजेंडा होना चाहिए:

मानवजी के अनुसार, एक महान लीडर के पास सबसे स्पष्ट सिर्फ एक एजेंडा होना चाहिए। उनका कहना है कि सबसे स्पष्ट सिर्फ एक एजेंडा - फोकस, फोकस और फोकस के साथ आ सकता है। एक बार जब आप केंद्रित हो जाते हैं, तो सब कुछ ठीक हो जाता है। फोकस के साथ आपको परेशान करने वाली छोटी-छोटी बातों को अपने जीवन से बाहर कर देना चाहिए। वह सोचते हैं कि फिटनेस और ध्यान ऐसी चीजें हैं जो आपके दिमाग को पूरी तरह से व्यवस्थित कर देती है और आपको ध्यान केंद्रित करने में मदद करती हैं।

व्यवसाय में शांत मन और रचनात्मकता के बीच आश्चर्यजनक संबंध:

मानवजी ने कहा, "जब तक मेरे पास शांत मन नहीं है, तब तक मेरा दिमाग क्रिएटिव नहीं हो सकता।" वह हमें बोर होने का महत्व भी बताते है। टॉप लीडरशिप लेवल पर, बोर होना जरुरी है। क्योंकि बोर होना भी आपके जीवन में नए विचार लाएगी।

सफलता का रहस्य सही लोगो को कंपनी में लाने में है:

आपकी कंपनी में शांत रूप से ऑपरेशन के लिए आपकी हायरिंग प्रक्रिया सही होनी चाहिए। अगर आप अपनी कंपनी में सही लोगों को ला रहे हैं, तो आपको कम काम करने की जरूरत है। जब आप गलत लोगों को अपनी कंपनी में लाते हैं, तो आपके डिपार्टमेंट्स को और आपको अधिक काम करने की आवश्यकता

होती है। गलत लोग कंपनी में नकारात्मकता फैलाते हैं। गलत लोग कंपनी में कई मुश्किलें खड़ी कर सकते हैं।

उन्होंने कहा, "महत्वपूर्ण बात यह है कि आपके पास आपके लिए काम करने वाले बेहतरीन लोग होने चाहिए। मेरे पास कंपनी में एक मजबूत ह्यूमन रिसोर्स डिपार्टमेंट है। मैं किसी को भी अपनी कंपनी में प्रवेश करने की अनुमति नहीं देता। हमें यह सुनिश्चित करना होगा कि हमारे साथ बेहतरीन लोग हों।"

जानिए कैसे एक बेहतर वातावरण बनाना आपकी कंपनी की सफलता की कुंजी है:

"एक बार जब आप अपनी कंपनी में सही लोगों को पा लेते हैं, आपकी कंपनी में बेहतर माहौल बनाना आपकी ज़िम्मेदारी है। प्यार और स्नेह से बढ़कर कुछ नहीं है। इसलिए, समानता का माहौल बनाएं और प्रदर्शन का माहौल बनाएं। सबसे महत्वपूर्ण है सम्मान का माहौल बनाएं।"

"औरामाह वैली शिमला में लक्जरी रेसिडेंशियल घरों का" गोल्ड स्टैंडर्ड "है। इसका उद्देश्य पहाड़ियों की रानी शिमला के गौरवशाली अतीत को वापस लाना और उच्च जीवन और उच्च विचार वाले लोगों का एक समुदाय बनाना है," मानवजी बताते है।

* * *

6. डॉ. अनंता सिंह रघुवंशी

एक्सपेरियन डेवेलपर्स सीनियर एग्जीक्यूटिव डायरेक्टर - गुडगाँव, हरियाणा

रियल एस्टेट गेम चेंजर्स इंटरव्यू के लिए डॉ. अनंताजी को प्रस्ताव भेजने से पहले मैंने उनके बारे में बहुत सारे लेख पढ़े थे। उन्हें बिजनेस टुडे द्वारा "व्यापार और अर्थव्यवस्था 2018 में सबसे शक्तिशाली महिलाओं" के रूप में चित्रित किया गया है। उनकी स्टोरी और विचार इंडियन एक्सप्रेस, हिंदुस्तान टाइम्स, मेल टुडे, आउटलुक, सेवी, एटेलियर, खलीज टाइम्स, हिंदी हिंदुस्तान, ट्रिब्यून आदि द्वारा कवर किए गए हैं। इसके अलावा, हार्वर्ड बिजनेस स्कूल ने 'कैसे स्टार वीमेन सफल होती है' और 'मैनेजिंग योर ओन ह्यूमन कैपिटल' पर अपनी प्रोजेक्ट्समें भाग लिया।

मैं कई सीईओ और डायरेक्टर का इंटरव्यूव् ले रहा था, लेकिन मैं डॉ अनंता जी का इस मिशन में हमारे साथ शामिल होने का बेसब्री से इंतजार कर रहा था। क्योंकि बहुत कम भारतीय महिलाओं ने रियल एस्टेट इंडस्ट्री में बेहतरीन काम किया है। वह गोवर्धन पूजा का दिन था, व्यस्त स्केडुल के बाद भी, उन्होंने इस महत्वपूर्ण पल के लिए समय निकाला। यहां आप रियल एस्टेट के लिए उनकी सावधानीपूर्वक योजना, प्रतिबद्धता और जुनून की क्षमता देख सकते हैं।

डॉ. अनंताजी का पालन-पोषण एक फौजी परिवार में हुआ था। संस्कारों के साथ उनके जीवन का मूल आधार उनके घर से ही मजबूत हुआ। वह मिरांडा हाउस, दिल्ली विश्वविद्यालय से विज्ञान ग्रेजुएट हैं। उनके पास अंग्रेजी साहित्य में मास्टर डिग्री, बीएड, एमबीए, एमआरआईसीएस और मार्केटिंग मैनेजमेंट में पीएचडी भी है। वह 22 साल की उम्र में सेल्स अधिकारी के रूप में डीएलएफ में शामिल हुईं।

DLF में एग्जीक्यूटिव डायरेक्टर, Emaar MGF में चीफ एग्जीक्यूटिव, Damac में कंट्री हेड (भारत और नेपाल) सीनियर डायरेक्टर के रूप में अत्यंत चुनौतीपूर्ण राष्ट्रीय और अंतर्राष्ट्रीय कार्यों का नेतृत्व किया है। वर्तमान में, एक्सपेरिऑन डेवलपर्स में सीनियर एग्जीक्यूटिव डायरेक्टर के रूप में कार्यरत है, एस्टेट में अपने 31 साल के सफर में, यह उनकी चौथी नौकरी है।

डॉ. अनंताजी के रियल एस्टेट के अनुभव से सीख ने लायक कुछ महत्वपूर्ण बातें:

अपने आस-पास के लीडर्स से सीखते रहे और अपने कार्य में सुधार करते रहे:

डॉ. अनंताजी की 1991 में रियल एस्टेट में एंट्री हुईं। उस समय, कोई भी उनके लिए आदर्श नहीं था, ऐसा उन्होंने व्यक्त किया। लेकिन यात्रा के दौरान, वह अच्छे लीडर्स के गुणों को देखने लगी और उन्हें आत्मसात करने लगी।

मौन की शक्ति: जानिए कैसे कुछ नहीं कहना कार्यस्थल गपशप का सबसे अच्छा जवाब हो सकता है:

डॉ. अनंताजी की सलाह है कि कुछ न बोलकर, कुछ न करके और कुछ भी प्रतिक्रिया न देकर आपके बारे ने होने वाली आपकी गॉसिप से बचें। अगर आपके पीछे लोग बोल रहे हैं तो यह इस बात का संकेत हो सकता है कि आप तरक्की कर रहे हैं या कुछ अलग कर रहे हैं। कभी-कभी, गपशप को अनदेखा करना सबसे अच्छी प्रतिक्रिया है। अपनी ताकत पर ध्यान देना बेहतर है। सीखते रहो और सुधार करते रहो।

जानिए कैसे आपकी क्षमता और आपके कार्य आपको एक अच्छा लीडर बनाती है न की आपकी पोजीशन:

डॉ. अनंताजी के अनुसार लीडरशिप कोई पद नहीं है, यह एक मानसिकता है। आप पोजीशन से लीडर नहीं बनते, लेकिन आप अपने कार्यों से लीडर बनते हैं। आप एक लीडर बनते है आपकी सोच से न की आपकी पोजीशन से। लीडर सिर्फ एक बेहतर कहानी नहीं बताते हैं; लीडर अपने कार्यों से कहानी बनाते हैं।

यह डॉ. अनंताजी की प्रेरक कहानी है। मेरे लिए, डॉ. अनंताजी की कहानी एक महिला की शक्ति और हर संभव तरीके से महिलाओं को सशक्त बनाने की उनकी दृष्टि का प्रतिनिधित्व करती है। एक सही महिला लीडर ही अपने परिवार और टीम की देखभाल कर सकती है। एक सही महिला लीडर ही खुद कुछ बनाने और अपने समुदाय और अपने देश के लिए सकारात्मक प्रभाव बनाने की इच्छा रखती है। डॉ. अनंताजी की कहानी हर उस महिला के लिए प्रेरणादायी है जो रियल एस्टेट में अपना करियर बनाना चाहती है और देश के विकास में अपना महत्वपूर्ण योगदान देना चाहती है।

डॉ. अनंताजी की कहानी हमारे देश की हर महिला के लिए एक बड़ी सीख है। वह भारतीय संस्कृति को बढ़ावा देने के जुनून के साथ एक प्रतिभाशाली व्यक्तित्व हैं। वह इस देश के बच्चों की सुरक्षा और शिक्षा को लेकर गंभीर हैं। रियल एस्टेट में महिलाओं की मदद करने और उनका मार्गदर्शन करने के लिए हमेशा उत्सुक रहते हैं। वह रियल एस्टेट में एक वास्तविक रत्न हैं और रियल एस्टेट में करियर बनाने की इच्छुक महिलाओं के लिए रोल मॉडल हैं।

✳ ✳ ✳

7. श्री वचन सिंह

ओबेरॉय रियल्टी के चीफ ऑपरेशन्स ऑफिसर - मुंबई, महाराष्ट्र

एक रियल एस्टेट लीडर किसी भी रियल एस्टेट कंपनी की सफलता में महत्वपूर्ण भूमिका निभाता है। एक महान लीडर प्रोडक्टिविटी और अखंडता का वातावरण बनाकर अपने आसपास के लोगों की सेवा करता है। नेतृत्व का मार्ग चुनौतीपूर्ण है, जिसके लिए नैतिकता, प्रयास, शुद्ध इरादे, समर्पण और बलिदान की आवश्यकता होती है। ऐसे ही एक आदर्श लीडर श्री वचन सिंह का यह इंटरव्यू है जो वर्तमान में ओबेरॉय रियल्टी के सीओओ हैं। श्री वचन सिंह ने अंसल प्रॉपर्टीज एंड इंफ्रास्ट्रक्चर लिमिटेड, टाटा हाउसिंग डेवलपमेंट कंपनी लिमिटेड, महागुन ग्रुप, एल एंड टी रियल्टी जैसे प्रसिद्ध संगठनों के साथ काम किया है।

वचनजी के रियल एस्टेट के अनुभव से सीख ने लायक कुछ महत्वपूर्ण बाते:

नो-फॉलो-अप व्यक्ति बनें:

नो-फॉलो अप व्यक्ति की अवधरना समझाते हुए वचन सिंह बताते है, "नो-फॉलो अप व्यक्ति की अवधरना समझाते हुए वचन सिंह बताते है, "जीवन में जिस सबसे महत्वपूर्ण व्यक्तिगत गुण पर ध्यान देना चाहिए वह है - 'एक अनुगामी व्यक्ति होना' वास्तव में 'नो-फॉलो अप व्यक्ति' होने का अर्थ है यदि आपको आपकी टीम के लीडर द्वारा कोई कार्य सौंपा जाता है, तो उन्हें उस कार्य के लिए आपके साथ फॉलो अप करने की आवश्यकता नहीं होनी चाहिए। आपको या तो इसे लक्षित समय पर पूरा करना चाहिए या केवल बाहरी मुद्दों के मामले में जो नियंत्रण से बाहर हैं, उसे समय पर अपने बॉस को सक्रिय रूप से सूचित करना चाहिए। अपने टीम लीडर के साथ उस गुणवत्ता और विश्वास को विकसित करें कि एक बार जब आपको कोई कार्य सौंप दिया जाता है, तो

उसे विश्वास होना चाहिए कि उसे अपने कैलेंडर में फॉलो अप करने के लिए रिमाइंडर बनाने की आवश्यकता नहीं होगी।"

अपने बॉस से सीखने और उनके बेहतरीन गुणों को अपने काम में लगाने की कला में महारत हासिल करें:

वचनजी बताते है, "मैंने अपने सभी बॉस से कुछ न कुछ नया सीखा है और उनके गुणों से सीखने और आत्मसात करने के बाद अमल करना शुरू किया है। मेरे पहले बॉस एक कुशल योजनाकार थे - अर्थात उनका फॉलो अप और योजना बोहोत कुशल थी। मेरे दूसरे बॉस में नेटवर्किंग और संबंध बनाना उनके गुण थे। अगर आप उनके साथ 15-20 मिनट बैठेंगे तो आप उन्हें 100% से ज्यादा देने के लिए तैयार रहेंगे। वह आप पर एक अलग प्रभाव बनाएंगे। एक लीडर में वह गुण महत्वपूर्ण है क्योंकि हम एक लीडर में वह गुण महत्वपूर्ण है क्योंकि हम लोगों से काम करवाना चाहते हैं। जब आप वरिष्ठ स्तर पर बढ़ते हैं, तो आपको तकनीकी भूमिका निभाने के बजाय लोगों के प्रबंधन की भूमिका निभानी होती है।

हाल ही में, टाटा हाउसिंग में मेरे एक बॉस थे। उन्हें काम के अलावा और कुछ नजर नहीं आता था। वह कहते थे कि वर्क-लाइफ बैलेंस जैसा कुछ नहीं होता। आपको काम पर जीवन खोजना होगा। आपको अपने काम का आनंद लेना है और उसमें जीवन खोजना है।

अब, मेरे वर्तमान बॉस मिस्टर विकास ओबेरॉय हैं। वह पूरी तरह से ग्राहकों की जरूरतों पर केंद्रित है और समझते है कि ग्राहक क्या चाहते हैं। ग्राहकों की आवश्यकताओं बेहतर बनाने और देने का प्रयास करते है। निरंतरता से प्रोडक्ट्स में इनोवेशन करते रहते है वो मानते है की अगर समय के साथ जरूरते बदल रही है तो प्रोडक्ट्स में भी बदलाव लाना चाहिए।

वचनजी के इंटरव्यू को सुनने के बाद आपको पता चलता है कि प्रभावी लीडर्स द्वारा कैसे सफल कंपनी बनाए जाते हैं। प्रभावी लीडर्स के पास सकारात्मक विशेषताओं का एक ग्रुप होता है जो उनकी कंपनियों को परिभाषित करता है।

✳ ✳ ✳

8. श्री बी. सुब्बा रेड्डी

वामसीराम बिल्डर्स एंड डेवेलपर्स के चेयरमैन एंड मैनेजिंग डायरेक्टर - हैदराबाद, तेलंगाना

बी सुब्बा रेड्डी, जिन्हें "वामसीराम सुब्बा रेड्डी" के नाम से जाना जाता है, "वामसीराम ग्रुप" की प्रमुख निर्माण कंपनी के चेयरमैन एंड मैनेजिंग डायरेक्टर हैं, जो हैदराबाद में सर्वोच्च स्थानों पर अपनी उपस्थिति के साथ आंध्र प्रदेश में प्रसिद्ध है।

बी सुब्बा रेड्डी एक कृषि परिवार से हैं और पहली पीढ़ी के उद्यमी हैं। अपनी ग्रेजुएट की पढ़ाई के दौरान ही उनका झुकाव व्यवसाय की ओर अधिक हो गया, वे हैदराबाद चले गए और जल्दी ही निर्माण उद्योग में आ गए।

बीएसआर एक स्व-निर्मित व्यक्ति है और साइट सिलेक्शन, मास्टर प्लानिंग, बिल्डिंग प्लान, सामग्री सिलेक्शन, प्रोजेक्ट शेड्यूलिंग, बजट, विज्ञापनों और निर्णय लेने में उनकी भागीदारी अद्भुत है। संक्षेप में, वह आने वाले भविष्य के लीडर्स के लिए रोल मॉडल है।

25 से अधिक वर्षों की अपनी लंबी यात्रा में, उन्होंने निर्माण के प्रत्येक चरण में गुणवत्ता मानकों में सुधार करने और प्रतिभा का एक पूल तैयार करने में भारी योगदान दिया। बीएसआर को व्यापक रूप से भूमि चयन और प्रोजेक्ट नियोजन के एक अद्वितीय और अभिनव मॉडल की अवधारणा के लिए श्रेय दिया जाता है। वह निरंतर सीखने और ज्ञान हस्तांतरण में विश्वास करते है। बीएसआर NAREDCO, CREDAI, APREDA, TREDA जैसे रियल एस्टेट निकायों की गतिविधियों में बहुत सक्रिय रूप से शामिल है और HMDA, MA & UD dept, पंजीकरण डिपार्टमेंट, खनन डिपार्टमेंट, आदि के बीच तालमेल बनाने और उन्हें मुद्दों को समझने में समृद्ध योगदान दिया है। उद्योग से संबंधित और सरकार के कई उपयोगकर्ता-अनुकूल हस्तक्षेपों में भी

महत्वपूर्ण भूमिका निभाई है। कौशल वृद्धि और ज्ञान हस्तांतरण बीएसआर का एक अनूठा गुण है और इसने उन्हें न केवल उद्योग में कुलीन वर्ग के बीच, बल्कि कंस्ट्रक्शन वर्कर्स से लेकर अंतिम उपयोगकर्ताओं बीच समान रूप से या अधिक प्रसिद्ध बना दिया।

वामसीराम ग्रुप ने अब तक लगभग 10 मिलियन वर्ग फुट का निर्माण किया है जिसमें 80 रेसिडेंशियल, कमर्शियल और SEZ प्रोजेक्ट शामिल हैं और हैदराबाद और बैंगलोर में 10 चल रही प्रोजेक्टएं हैं। श्री बी सुब्बा रेड्डी के गतिशील और दूरदर्शी नेतृत्व में बेहतर क्वॉलिटी को बनाए रखते हुए कंस्ट्रक्शन उद्योग में बेहतर स्टैण्डर्ड का मतलब परिभाषित किया है कुछ ही समय में, "वामसीराम" कंस्ट्रक्शन बिज़नेस में एक जानामाना नाम बन गया।

9. श्री चंदूभाई कोरट और श्री जी. आर. असोदरीआ

रघुवीर डेवलपर्स एंड बिल्डर्स के डायरेक्टर्स - सूरत, गुजरात

रघुवीर डेवलपर्स के दो डायरेक्टर की कहानी जब आप पहली बार सुनते हैं तो रियल एस्टेट के जय-वीरू की तरह लगती है। रघुवीर डेवलपर्स के दो डायरेक्टर्स श्री चंदूभाई कोराट और श्री जी. आर. असोदरिया दो बिज़नेस पार्टनर्स जिनके पास अलग-अलग कौशल है और कंपनी के अलग-अलग विभागों को सँभालते है, परन्तु दोनों की रूचि रियल एस्टेट में है। चंदूभाई मार्केटिंग का प्रबंधन करते हैं और असोदरियाजी रघुवीर में फाइनेंस डिपार्टमेंट का प्रबंधन करते हैं।

दोनों की सफर एक साहसिक कार्य के रूप में शुरू हुआ और 3000 सदस्यीय टीम, 200 पूर्णकालिक कर्मचारियों, 90 लाख वर्ग फुट निर्माण, 40 से अधिक पूर्ण प्रोजेक्ट्स और 8 अंडर कंस्ट्रक्शन प्रोजेक्ट्स के साथ चल रहा है। रियल एस्टेट गेम चेंजर्स के एक लेखक के रूप में, मेरे लिए सबसे बड़ा इनाम इन दो दिग्गजों के साथ इंटरव्यू करने और उनकी कहानी सुनने का अवसर प्राप्त करना था और अपने दर्शको को बताना था।

सूरत का बंदरगाह शहर, जिसे भारत के डायमंड सिटी के रूप में जाना जाता है, देश के सबसे तेजी से विकसित होने वाले व्यापारिक शहरों में से एक है। इसे उद्योगों, विशेष रूप से हीरा और कपड़ा के लिए एक कमर्शियल केंद्र माना जाता है।

श्री चंदूभाई कोरट

श्री जी आर असोदरीआ

रियल एस्टेट में सफलता के लिए चंदूभाई कोराटजी और असोदरियाजी का टॉप सीक्रेट:

रियल एस्टेट में सफल रहने के लिए स्थित प्रज्ञ बनें:

रियल एस्टेट उद्योगियो को समझाते हुए चंदूभाई कहते है की, "तेजी में उछलना नहीं और मंदी में घबराना नहीं।" यह बात सुनते ही मुझे श्रीमद भगवद् गीता में श्रीकृष्ण द्वारा अर्जुन को समझाया गया स्थितप्रज्ञता की अवधारणा का विचार आया। स्थित प्रज्ञा का अर्थ स्थिर बुद्धि वाले व्यक्ति से है। स्थितप्रज्ञ होना मतलब बुद्धि का स्थिर होना। स्थितप्रज्ञता अर्थात किसी भी परिस्थिति में भावुक नहीं होना और अपनी भावनाओ पर नियंत्रण रखना।

रियल एस्टेट मार्केट अपनी चक्रीय और बदलते रहने वाली प्रकृति के लिए जाना जाता है। जैसे जीवन में सुख और दुख आते रहते है। वैसे ही रियल एस्टेट मार्केट विकास और गिरावट दोनों का अनुभव करता है। इसलिए रियल एस्टेट में काम करने वाले लोगो को अपने भावनाओ पर नियंत्रण होना आवश्यक है।

रियल एस्टेट में रिसर्च एंड डेवलपमेंट के ३ मूलभूत सिद्धांत:

1) सही व्यक्ति से गलत जमीन कभी न खरीदें।
2) गलत व्यक्ति से सही जमीन कभी न खरीदें।
3) उचित व्यक्ति से उचित भूमि खरीदें।

अल्टीमेट रियल एस्टेट रिसर्च एंड डेवलपमेंट फार्मूला में सफल रियल एस्टेट निवेश के लिए तीन मूलभूत सिद्धांत शामिल हैं। पहला सिद्धांत कहता है कि सही व्यक्ति से अनुचित भूमि कभी नहीं खरीदना महत्वपूर्ण है। अनुचित भूमि उस भूमि को संदर्भित कर सकती है जो विकास के लिए अनुपयुक्त है या जिसमे निर्माण के लिए आवश्यक बुनियादी ढांचे की कमी है। इसलिए, भूमि का पूरी तरह से शोध करना और यह सुनिश्चित करना आवश्यक है कि यह इच्छित उपयोग के लिए उपयुक्त है। इसके अलावा, एक प्रतिष्ठित और भरोसेमंद विक्रेता जैसे सही व्यक्ति से खरीदारी करने से संभावित कानूनी मुद्दों या जटिलताओं के जोखिम को कम करने में मदद मिल सकती है।

अल्टीमेट रियल एस्टेट रिसर्च एंड डेवलपमेंट फॉर्मूला का दूसरा सिद्धांत निवेशकों को सलाह देता है कि कभी भी गलत व्यक्ति से उचित जमीन न खरीदें। यह सिद्धांत भरोसेमंद और प्रतिष्ठित विक्रेताओं से खरीदारी के महत्व पर प्रकाश डालता है ताकि कम विश्वसनीय स्रोत से जमीन खरीदने से उत्पन्न होने वाले संभावित कानूनी या वित्तीय मुद्दों से बचा जा सके। उचित भूमि उस भूमि को संदर्भित कर सकती है जो इच्छित उपयोग के लिए उपयुक्त हो और जिसमें आवश्यक इंफ्रास्ट्रक्चर और विकास की क्षमता हो। हालांकि, यदि विक्रेता प्रतिष्ठित या भरोसेमंद नहीं है, तो छिपे हुए मुद्दे या समस्याएं हो सकती हैं जो लेन-देन होने के बाद ही सामने आ सकती हैं।

अल्टीमेट रियल एस्टेट रिसर्च एंड डेवलपमेंट फॉर्मूला का अंतिम सिद्धांत बताता है कि निवेशकों को केवल सही व्यक्ति से उचित जमीन खरीदनी चाहिए। यह सिद्धांत एक प्रतिष्ठित और भरोसेमंद विक्रेता को खोजने के महत्व पर जोर देता है जो इच्छित उपयोग के लिए उपयुक्त भूमि की पेशकश कर रहा है। सही व्यक्ति से उचित भूमि खरीदकर, निवेशक संभावित कानूनी या वित्तीय मुद्दों के जोखिम को कम कर सकते हैं और सफल निवेश परिणामों की संभावना बढ़ा सकते हैं। इसके अलावा, सही व्यक्ति से खरीदना यह सुनिश्चित करने में मदद कर सकता है कि भूमि इंफ्रास्ट्रक्चर और डेवलपमेंट, और निवेश के लिए एक प्रमुख स्थान पर है।

संक्षेप में, अल्टीमेट रियल एस्टेट रिसर्च एंड डेवलपमेंट फॉर्मूला में तीन महत्वपूर्ण सिद्धांत शामिल हैं, जिन पर निवेशकों को रियल एस्टेट में निवेश करते समय विचार करना चाहिए। इन सिद्धांतों का पालन करके, निवेशक संभावित कानूनी या वित्तीय मुद्दों के जोखिम को कम कर सकते हैं और सफल निवेश परिणामों की संभावना बढ़ा सकते हैं। यह सुनिश्चित करने के लिए भूमि और विक्रेता का पूरी तरह से शोध करना महत्वपूर्ण है कि भूमि इच्छित उपयोग के लिए उपयुक्त है और विक्रेता प्रतिष्ठित और भरोसेमंद है।

रियल एस्टेट मार्केट के बड़े ब्रांड्स से हमेशा प्रेरणा लेते रहे:

असोदरीआजी बताते, "हम रियल एस्टेट मार्केट में बड़े ब्रांड्स से प्रेरणा लेते हैं। हम उनकी प्रोजेक्ट्स को देखते हैं और हम अपनी प्रोजेक्ट्स में कुछ नया करने की कोशिश करते हैं।"

लोगो का विश्वास जितना ही सही मार्केटिंग है:

रियल एस्टेट में मार्केटिंग का महत्व समझते हुए चंदूभाई बताते है, "एक सफल रियल एस्टेट व्यवसाय के निर्माण के लिए ग्राहकों का विश्वास और वफादारी आवश्यक है। अपने ग्राहक का विश्वास जीतना सही अर्थों में मार्केटिंग है।"

सही निर्णय लेना सीखना ही मैनेजमेंट है:

रियल एस्टेट में मैनेजमेंट की अवधारणा को सही तरीके से समझाते हुए असोदरीआजी बताते है, "एक बार जब आप जमीन खरीद लेते हैं, तो आप पीछे मुड़कर नहीं देख सकते। जब आप सही निर्णय लेते हैं, तो आप अपनी वर्षों की कड़ी मेहनत को निवेश करते हैं। जब आप गलत निर्णय लेते हैं तो आप अपनी वर्षों की मेहनत को खराब कर देते हैं।"

रियल एस्टेट के दो दिग्गजों के इन शक्तिशाली रियल एस्टेट मंत्रों के साथ, आप अपने शहर में एक ब्रांड बना सकते हैं। आपको किसी भी स्थिति में स्थिर प्रज्ञा बनने की जरूरत है, सही स्थान का चयन करें, निर्माण के लिए सही सामग्री का चयन करें, अपने ग्राहकों का विश्वास जीतें और रघुवीर बिल्डर्स एंड डेवलपर्स जैसे एक महान रियल एस्टेट कंपनी का निर्माण करें।

✳ ✳ ✳

10. संजयजी लाभ

प्रेस्टीज ग्रुप के सीनियर एग्जीक्यूटिव वाईस प्रेसिडेंट - बैंगलोर, कर्नाटक

एक रियल एस्टेट लीडर होने का मतलब है किसी कंपनी में एक बड़ी भूमिका निभाना और दूसरों को सफलता की राह पर ले जाकर उनकी सेवा करना। हालांकि एक रियल एस्टेट लीडर का सफर आसान लग सकता है, परन्तु इसमें हमेशा बहुत सारी नैतिकता, प्रयास, शुद्ध इरादा, समर्पण और त्याग शामिल होता है।

कंपनी में बड़े स्तर पर जाना लाभदायक है, परन्तु उस स्तर तक पोहोचने के लिए परिश्रम करना भी जरुरी है। चलिए इस बात को समझते है प्रेस्टीज ग्रुप के सीनियर एग्जीक्यूटिव वाईस प्रेसीडेंट संजयजी लाभ के रियल एस्टेट गेम चेंजर्स इंटरव्यूव् से।

प्रेस्टीज ग्रुप ने खुद को भारत में रियल एस्टेट के अग्रणी और सबसे सफल डेवलपर्स में से एक के रूप में स्वयं को मजबूती से स्थापित किया है। 1986 में स्थापित, रियल एस्टेट की दुनिया में सफलता का एक कदम जो सीएमडी इरफान रजाक से प्रेरित है और उनके भाइयों रिजवान रजाक और नोमान रजाक द्वारा आगे बढ़ाया गया है।

संजयजी के रियल एस्टेट के अनुभव से सीख ने लायक कुछ महत्वपूर्ण बातें:

अपने बॉस से सीखना वास्तविक सफलता की चाबी है:

मैं उन सभी को बताना चाहता हूं जो रियल एस्टेट उद्योग या किसी भी उद्योग में काम करते हैं की प्रत्येक सफल पेशेवर अपने बॉस से सीखता है। यह आप पर निर्भर है कि आप अपने बॉस से कितना सीख सकते है। 1990 में जब से मैंने अपना सफर रियल एस्टेट में शुरू किया तबसे मैंने अपने जीवन में हर बॉस से कुछ न कुछ सीखा है और यही मेरी सफलता का सर्वोच्च मंत्र रहा है। इरफ़ानजी रज़ाक जो प्रेस्टीज ग्रुप के एक माननीय अध्यक्ष हैं, एक शानदार

रियल एस्टेट लीडर हैं। मैं जब भी उनसे मिलने जाता हूं तो लगता है कि मंदिर गया हूं और कुछ लेकर ही जाऊंगा। मेरी आज तक ऐसी कोई मुलाकात नहीं हुई, जहां मैं इरफानजी के पास गया था और कुछ सीखकर नहीं आया। मैं कभी खाली हाथ नहीं आया। इसलिए, मैं हमेशा यह जानने की कोशिश करता हूं कि उनसे कैसे मिलना है और उनसे कैसे कुछ सीखकर आना है। उसके बाद, डीएलएफ से राजीवजी सिंह, के. रहेजा कॉर्प से श्री नील रहेजा और ऐसे कई रियल एस्टेट लीडर्स जिनसे मैंने प्रेरणा ली है।

रियल एस्टेट उद्योग के बड़े लीडर्स के साथ काम करने के बाद, मैंने कई चीजें सीखीं जैसे की चुनौतियों का सामना कैसे करें, चुनौतियों से कैसे बाहर निकलें, चुनौती को कैसे स्वीकार करें और उद्योग में कुछ नया कैसे करें, ये वो महत्वपूर्ण बातें हैं जो मैंने रियल एस्टेट उद्योग के बड़े लीडर्स से सीखी हैं।

अपने टीम को स्वतंत्रता से कार्य करने दे:

प्रेस्टीज कंपनी की लीडरशिप बड़ी सरल और सीधी है। अपनी टीम के सदस्यों को जिम्मेदारी दे और उन्हें स्वतंत्रता से काम करने की अनुमति दे। जिससे वे अपने कामो को सम्पूर्ण तन और मन लगाकर ईमानदारी से कर सके।

उन्हें मन लगाकर काम करने दे और केवल गलतियां ढूंढने का काम न करे। वे जो कुछ भी कर रहे हैं, उन्हें आगे बढ़ने दें। उन्हें योजना बनाने और क्रियान्वित करने दें। यही एकमात्र लीडरशिप का तरीका है जिससे आप अपनी टीम को मजबूत बना सकते हो। प्रेस्टीज में, हर कोई दूसरों की प्रतिभा और बुद्धिमत्ता पर विश्वास करता है और उन्हें सम्मान देता है।

सीनियर एग्जीक्यूटिव वाईस प्रेजिडेंटजी के इन अविश्वसनीय मंत्रों के साथ, आप रियल एस्टेट उद्योग के बेहतर लीडर्स से सीख सकते हैं और उन्हें अपने कार्यस्थल पर क्रियान्वित कर सकते हैं। संजयजी के विचारों को बस पर्याप्त रूप से कहा जा सकता है: 'एक अच्छी रियल एस्टेट कंपनी टीम के सदस्यों को पूरी स्वतंत्रता और जिम्मेदारी देती है कि वे उस पर काम करें जो उनकी कंपनी के लिए सबसे अच्छा है।'

योग्य लोगों को यह बताने की आवश्यकता नहीं है कि अपना काम कैसे करना है, लेकिन विशेष रूप से जब आप उन्हें स्वतंत्रता और जिम्मेदारी देते हैं, तो उन्हें यह जानने की आवश्यकता होती है कि वे क्यों कर रहे हैं और क्या कर रहे हैं। ताकि वे इसे और भी बेहतर तरीके से कर सकें। अपनी टीम से सर्वश्रेष्ठ काम करने के लिए, उन्हें कंपनी का दृष्टिकोण के बारे में समझाइये और उन्हें स्वतंत्रता दें ताकि वे अपनी प्रतिभा का उपयोग भविष्य निर्माण में कर सके। रियल एस्टेट क्षेत्र में आश्चर्यजनक चीजें बनाने के लिए, उन्हें विचारो को कंपनी के विजन के साथ मिलाना महत्वपूर्ण है। ऐसे शक्तिशाली नेतृत्व मंत्रों के साथ, संजयजी ने प्रेस्टीज कंपनी में सीनियर एग्जीक्यूटिव वाईस प्रेसीडेंट के रूप में योगदान दिया है।

* * *

11. श्री ज्योति नारैन

शिखर ग्रुप से सीईओ - नैनीताल, उत्तराखंड

यह "देवताओं की भूमि - उत्तराखंड" से संबंधित एक रियल एस्टेट ग्रुप की कहानी है। "उत्तराखंड" नाम संस्कृत के शब्द उत्तर से लिया गया है जिसका अर्थ है उत्तर दिशा और खंड का अर्थ है भूमि, जिसका अर्थ है उत्तरी भूमि। उत्तराखंड हिमालय में अपनी प्राकृतिक सुंदरता के लिए जाना जाता है।

उत्तराखंड की लगभग सभी चीजों में सुंदरता निहित है - विशाल हिमालय, आध्यात्मिक रहस्य, आश्चर्यजनक परिदृश्य, प्रकृति का लगातार रंग-बिरंगा खेल, प्राचीन पत्थरों में उकेरा गया करामाती इतिहास, मंत्रमुग्ध कर देने वाले फूलों और जीवों की बहुतायत, लोगों में सरलता और विला और बंगलों की इस जगह पर मजबूत विरासत है।

इस धन्य भूमि में, शिखर ग्रुप ने अत्याधुनिक संसाधनों के माध्यम से उच्चतम स्तर की सेवा प्रदान करने में सबसे प्रतिष्ठित डेवलपर का ब्रांड बनाया है। शिखर ग्रुप की सफलता ने निवासियों और सशक्त इन्वेस्टर्स को उत्तराखंड में अद्वितीय पहाड़ी कस्बों, शानदार होटलों, भव्य रिसॉर्ट्स और सुंदर विला, भव्य कमर्शियल और रेसीडेन्शिअल परिसरों में निवेश करने के लिए प्रेरित किया है। यह श्री ज्योति नरैण का इंटरव्यूव् है जो कि शिखर ग्रुप के सीईओ हैं। वह रियल एस्टेट, मीडिया, कम्युनिकेशन्स, रणनीतिक व्यापार योजना, ऑपरेशन प्रबंधन, नेटवर्क मार्केटिंग आदि में 35 से अधिक वर्षों के अनुभव के साथ एक कुशल पेशेवर हैं। उन्होंने इलाहाबाद विश्वविद्यालय से कानून में ग्रेजुएट (एलएलबी) की डिग्री और दिल्ली विश्वविद्यालय से मास्टर ऑफ बिजनेस एडमिनिस्ट्रेशन के साथ अपनी शिक्षा पूरी की। कई वर्षों के परामर्श अनुभव के साथ, श्री ज्योति के पास व्यावसायिक उद्देश्यों को समझने और लोगों के जीवन को समृद्ध बनाने के साथ-साथ रणनीतिक संचार अभियानों के लिए एक मजबूत केंद्रित दृष्टिकोण लाने की अद्वितीय क्षमता है।

ज्योतिजी के रियल एस्टेट के अनुभव से सीख ने लायक कुछ महत्वपूर्ण बाते:

रियल एस्टेट सेक्टर के "शिखर" तक पहुंचना है तो साथ चलो:

व्यक्तिगत कौशल, डोमेन ज्ञान या व्यक्तिगत महत्वाकांक्षा की परवाह किए बिना हर कदम एक साथ उठाया जाना चाहिए। इस पथ पर एक जोखिम है लेकिन एक इनाम भी है। एक व्यक्तिगत प्रयास है लेकिन सामूहिक सफलता भी है। अगर एक व्यक्ति पूरी कोशिश नहीं कर रहा है तो पूरी टीम इसे महसूस करेगी और समझेगी। यदि टीम का एक व्यक्ति संघर्ष कर रहा है, तो पूरे विकास के गति को जोखिम में डाला जा सकता है। हालांकि, हर संघर्ष टीम को मजबूत करने और बंधने का अवसर बन जाता है। इस शक्तिशाली रणनीति के साथ, ग्रुप का प्रत्येक सदस्य अपनी क्षमता के अनुसार सर्वोत्तम योगदान देता है।

निरंतर चलते रहो:

चढ़ाई कठिन और चुनौतीपूर्ण हो सकती है, लेकिन शिखर से नज़ारा देखने लायक है। शीर्ष पर पहुंचने के लिए आपको बिना रुके रहना होगा और चलते रहना होगा। आपको अपनी प्राकृतिक प्रतिभाओं को सक्रिय करना सीखना होगा और जो कुछ भी आप चाहते हैं उसे प्राप्त करने के लिए आवश्यक कौशल विकसित करना होगा।

मजबूत बनने के लिए कोचिंग जरूरी है:

कोचिंग का महत्व बताते हुए श्री ज्योति ने कहा, 'मैं खुद एक लाइफ कोच हूं। इसलिए, मुझे लगता है कि आत्म-विकास के लिए कोचिंग आवश्यक है। यह ट्रेनिंग नहीं है। ट्रेनिंग वह है जो आप उन्हें सिखाने जा रहे हैं। लेकिन कोचिंग बहुत अलग है और मजबूत होने के लिए कोचिंग जरुरी है।

1992 में स्थापित, शिखर ग्रुप ने 52 लाख वर्ग फुट भूमि का निर्माण किया है। ग्रुप ने 3000 से अधिक खुशहाल परिवारों की सेवा की है और शिखर ग्रुप ने "प्रकृति के साथ निर्माण" के विचार के साथ 10,000 पौधे लगाए हैं।

*** * ***

12. श्री अनीश छाजेड़ और श्री राहुल बोंद्रे

महालक्ष्मी डेवलपर्स के डायरेक्टर्स, नागपुर, महाराष्ट्र

महालक्ष्मी डेवलपर्स नागपुर शहर में एक प्रसिद्ध ग्रुप है। रियल एस्टेट मार्केट में 14 से अधिक वर्षों की विशेषज्ञता के साथ, महालक्ष्मी डेवलपर्स ने गुणवत्ता, प्रतिबद्धता, ईमानदारी और सच्चाई को फिर से परिभाषित किया है और खुद को उद्योग के टॉप डेवलपर के रूप में स्थापित किया है। यह इंटरव्यूव् अनीश छाजेड़जी और राहुल बोंद्रेजी का है जो की कंपनी के दो डायरेक्टर है।

अनीशजी छाजेड़

दो प्रेरक बिज़नेस पार्टनर्स - श्री अनीश छाजेड़ और श्री राहुल बोंद्रे के रियल एस्टेट के अनुभव से सीख ने लायक कुछ महत्वपूर्ण बाते:

रियल एस्टेट में रियल काम करो:

अनीशजी कहते हैं, "रियल्टी क्षेत्र में महालक्ष्मी डेवलपर्स ग्रुप वास्तविक काम करता है। वे बहुत ही व्यावहारिक और आध्यात्मिक हैं। वे वही देते हैं जिसकी सभी ग्राहकों को तलाश होती है, वे होते हैं ईमानदार और स्पष्टता। प्रत्येक ग्राहक केवल स्पष्टता हुए ईमानदार की अपेक्षा करता है। वे ईमानदारी से कारोबार करने में विश्वास रखते हैं। व्यवसाय में ईमानदारी का अर्थ होता है व्यवसाय में नैतिक आचरण। परन्तु केवल दूरदर्श रियल एस्टेट डेवेलपर्स ही नैतिकता से व्यावहार करते है।

वास्तविकता में प्रवेश करें, नेतृत्व को स्वतः विकसित करें:

अनीशजी कहते हैं कि रियल्टी क्षेत्र में प्रवेश करने की उनकी कोई योजना नहीं थी। तो, उन्होंने कहा, आपको बस अपना पहला कदम उठाने की आवश्यकता है। एक बार जब आप उद्योग में प्रवेश करते हैं और समय के साथ-साथ कार्रवाई

करना शुरू करते हैं, तो नेतृत्व अपने आप विकसित हो जाता है। वास्तविकता में श्रेष्ठ बनने का मंत्र केवल यही है - अपने काम पर केंद्रित रहें और स्वयं में सुधार करते रहें।

अच्छे लोग अच्छे लोगों को ही आकर्षित करते हैं:

राहुलजी बोंद्रे

अनीशजी कहते हैं, अच्छे लोगों की संगति करने के लिए अच्छे लोग जुड़ते हैं, उन्हें खोजने की जरूरत नहीं है। अनीश जी कहते हैं, अच्छे लोगों की संगति करने के लिए अच्छा बनने आवश्यकता है, उन्हें खोजने की आवश्यकता नहीं है। दुनिया में आप जो ऊर्जा डालते हैं, वह सीधे आपको प्राप्त होती है। आपके व्यवसाय के साथ भी ऐसा ही है। अपना व्यवसाय अच्छी तरह से करें, अच्छे लोग आपसे जुड़ेंगे और आपके ग्राहक आपको खोजेंगे।

लोकेशन, रेट, और डॉक्यूमेंटेशन -

राहुलजी कहते हैं, 'यदि आपके पास तीन चीजें हैं - सर्वोत्तम स्थान, सर्वोत्तम दरें, और स्पष्ट दस्तावेज़ीकरण, तो बेचना आसान हो जाता है। लोकेशन, रेट, और डॉक्यूमेंटेशन - इन तीन चीजों पर ध्यान दें, आपकी संपत्ति अपने आप बिक जाएगी।'

अपने चैनल पार्टनर्स पर भरोसा करें - राहुलजी कहते हैं, महालक्ष्मी डेवलपर्स में कर्मचारी सेल्स में शामिल नहीं होते हैं। सेल्स केवल चैनल पार्टनर्स द्वारा किया जाता है। आपको बस अपने चैनल पार्टनर्स पर भरोसा करना है।

कंपनी का मुख्य उद्देश्य है कि वह अपने सभी ग्राहकों और निवेशकों को अच्छा मूल्य दें और निवेश पर रिटर्न दें; कंपनी का लक्ष्य है कि वह जीवन जीने के लिए खूबसूरत जगहें उपलब्ध कराकर लोगों के जीवन को बेहतर बनाए।

महालक्ष्मी डेवलपर्स ग्राहकों की अपेक्षाओं को पार करने के लिए रचनात्मकता, निरंतर सुधार, व्यावसायिकता, ईमानदारी और अखंडता के संयोजन से सर्वश्रेष्ठ रियल एस्टेट निवेश विकल्प देने के लिए समर्पित हैं। गतिशीलता, ईमानदारी, और ज्ञान की गहराई वाले दो नेताओं के नेतृत्व में कंपनी ने 6000+ खुश ग्राहकों को 41+ प्रोजेक्ट सफलतापूर्वक वितरित किए हैं।

13. श्री प्रशांत चोपड़ा

पी एस ग्रुप रिअल्टी के डायरेक्टर - कोलकाता, पश्चिम बंगाल

वर्ष 1985 में स्थापित, पीएस ग्रुप के पास तीन दशकों से अधिक का अनुभव है और इन्होने कोलकाता में सबसे प्रतिष्ठित और भरोसेमंद रियल एस्टेट डेवलपर्स के बीच अपना नाम बनाया है। कंपनी के पास 100 से अधिक जॉइंट वेंचर्स हैं, और इन्होने 130 से अधिक प्रोजेक्ट्स बनाये हैं। पीएस ग्रुप पूर्व भारत की टॉप कंपनियों में से एक है। 70 से अधिक पुरस्कारों और मान्यता के साथ ग्रुप की भारत के 4 से अधिक शहरों में उपस्थिति है। इसके अलावा, ग्रुप इंडियन ग्रीन बिल्डिंग काउंसिल का फॉउन्डिंग मेम्बर है। अभी कंपनी के 30 से अधिक प्रोजेक्ट्स चल रहे है।

पीएस ग्रुप स्थायी जीवन पर विशेष जोर देता है जिससे पर्यावरण को नुकसान कम हो। ग्रुप के पास 15 ग्रीन बिल्डिंग का कंस्ट्रक्शन हो रहा है और 100 से अधिक जॉइंट वेंचर्स पूरे हो चुके हैं। पीएस ग्रुप निश्चित रूप से कोलकाता की टॉप कंस्ट्रक्शन कंपनियों में से एक है।

जीवन और रियल एस्टेट में लीडरशिप के बारे में हमें प्रशांत जी 2 महत्वपूर्ण सीख देते है:

अच्छी किताब और अच्छी संगत का आपके जीवन पर प्रभाव:

जब मैं एक बच्चा था, मुझे हमेशा सिखाया जाता था कि किताबें आपके सच्चे दोस्त होती हैं। आज, मेरे घर में कम से कम 10,000 किताबें हैं। मैं हर महीने कम से कम 15-17 किताबें पढ़ने की कोशिश करता हूँ। चाहे मैं कुछ भी पढ़ रहा हूँ, या मेरे पिताजी पढ़ रहे हैं, हम सामान्य विचारों पर बात करते रहते हैं। मेरे पिताजी और मैं हमेशा विचारों को गहराई से छात्रित करते हैं, चाहे हम जिस

किताब को पढ़ रहे हैं, उसमें महत्वपूर्ण विचार होते हैं। आपकी प्रत्येक किताब में कुछ महत्वपूर्ण सिख होती है। अगर मैं वॉरेन बफेट से मिलना चाहता हूँ, तो यह मेरे लिए कठिन हो सकता है। लेकिन अगर मैं उनकी किताबें पढ़ता हूँ, तो मेरे पास उनके विचार आ जाते हैं, जो मैं अपने जीवन में उपयोग कर सकता हूँ। जब आप कुछ पढ़ते हैं, तो यह हमें प्रेरित करता है। मेरे मुख्य प्रेरणास्रोत मेरे पिता हैं क्योंकि वे एक उत्साही पाठक हैं और मुझे पता है कि उनकी प्रेरणा वही सारी किताबों से आती है जो वे पढ़ते हैं।

निश्चित रूप से मुझे भी प्रेरणा उसी तरह से आती है। आज, जो भी मैं हूँ, वह सिर्फ उन किताबों के कारण है जो मैंने पढ़े हैं और उन लोगों के कारण है जिनसे मैं मिला हूँ। क्या यह सभी विचार और कल्पनाएँ आपको जन्म से ही मिलती हैं? निश्चित रूप से नहीं। कहा जाता है कि वस्तुओं के समान पक्षियाँ एक साथ होती हैं। इसी तरह, हम वह बनते हैं जो हम पढ़ते हैं और जिन लोगों से मिलते हैं।" प्रशांतजी हमें बताते हैं।

अपने वचनो को निभाओ और रियल एस्टेट में विश्वास बनाओ:

"अगर आप अपने वचनो को निभाना सीख जाते हो तो आपको रियल एस्टेट में बढ़ने से कोई नही रोक सकता है। यही रियल एस्टेट में सफलता का मंत्र है। अगर हम जर्मीदारों से कहते है की हम आपको प्रॉफिट का इतना प्रतिशत हिस्सा देंगे, तो हम कभी पीछे नहीं हटते और हम अपने किये हुए वचनो को निभाते है। आज के समय में सबसे बड़ी समस्या यह है की रियल एस्टेट बिल्डर्स योजना बनाये बिना ही ग्राहकों को वादा कर देते है, लेकिन प्रोजेक्ट समय पर पूरे नहीं हो पाते हैं। इससे ग्राहकों को सबसे ज्यादा परेशानी का सामना करना पड़ता है, क्योंकि उन्होंने अपने धन को निवेश किया हुआ है। रियल एस्टेट में 90% बिल्डर्स के द्वारा प्रोजेक्ट में देरी होना ही RERA आने का कारण रहा है। अगर आप अधिक समय के लिए रियल एस्टेट में बने रहना चाहते हैं तो आपको अपने वचनो को निभाना पड़ेगा।" प्रशांतजी हमें बताते है।

ग्रुप का उद्देश्य न केवल रेसिडेंशियल प्रॉपर्टीज़ को बनाना है, बल्कि ग्राहकों के अपने आदर्श घर को उनके बजट के अनुसार साकार करना है। बिल्डर

निरंतर इनोवेशन के साथ-साथ डिज़ाइन और सर्विस में सुधार करके ग्राहकों की अपेक्षाओं को पूरा करने के लिए प्रतिबद्ध हैं। अध्यक्ष और प्रबंध निदेशक, प्रदीप कुमार चोपड़ा, प्रबंध निदेशक सुरेंद्र कुमार दुगर और एक मजबूत प्रबंधन टीम के दूरदर्शी नेतृत्व में, पीएस ग्रुप रियल्टी में मजबूत टीमें हैं जो कंपनी को और ऊंचाइयों तक ले जाने की दिशा में काम कर रही हैं।

14. श्री आनंद सिंघानिया

अविनाश ग्रुप के मैनेजिंग डायरेक्टर - रायपुर, छत्तीसगढ़

1996 में स्थापित, अविनाश ग्रुप रायपुर, छत्तीसगढ़ में सबसे प्रतिष्ठित रियल एस्टेट बिल्डरों में से एक है जिसने भारत में रियल एस्टेट की गतिशीलता को बदल दिया है। आनंद सिंघानिया जी अविनाश ग्रुप के डायरेक्टर है। उन्होंने पिछले दो दशकों में अविनाश ग्रुप को मध्य भारत की सबसे होनहार रियल एस्टेट कंपनी बनाया है। उन्होंने 1995 में रायपुर के एक प्रतिष्ठित सरकारी इंजीनियरिंग कॉलेज से बी.ई. में सिविल इंजीनियरिंग, जिससे वह पहली पीढ़ी के उद्यमी बन गए। अपने ग्राहकों के लिए सर्वोत्तम कंस्ट्रक्शन बनाने की उनकी क्षमता को निखारने में उनकी शिक्षा महत्वपूर्ण थी।

आनंद सिंघानिया जी से एक सर्वश्रेष्ठ उद्यमी बनने के लिए २ प्रभावशाली सीख:

रियल एस्टेट में सफलता पाने के लिए 2T फार्मूला:

इस इंटरव्यू में आनंद जी कहते हैं कि "अगर आपने रियल एस्टेट में ट्रस्ट, यानी विश्वास और ट्रांसपेरेंसी, यानी पारदर्शिता को समझ लिया है और कमा लिया है, तो आपके बिजनेस को कोई भी हर साल बढ़ने से नहीं रोक सकता। उसके बाद आपको सिर्फ एक व्यवस्थित तरीके से काम करना होगा, और फिर सफलता और धन आपके पास आ जाएगा। उसके साथ ही वे लोग भी आपके साथ रहेंगे, जिनके लिए आपने अच्छा काम किया है, उनका आशीर्वाद भी।

जानिए कैसे नैतिकता और प्रमाणिकता से व्यवसाय करने के तरीको ने अविनाश ग्रुप को फिर से अच्छे ग्राहकों की सेवा करने में मदद की?

उन्होंने इस इंटरव्यूव् में हमें एक कहानी बताई जो आपको सिखाएगी कि आपको रियल एस्टेट में नैतिकता और दूरदृष्टि के साथ क्यों काम करना चाहिए।

"मैं अपनी सफर की एक घटना बताना चाहता हूं जो हाल ही में हुई थी। हमारे पिछले ग्राहकों में से एक - तीन लोगो का परिवार - पति और पत्नी और लगभग 24 साल के एक बेटे के साथ मेरे कार्यालय में मुझसे मिलने आए। उन्होंने 1997 के आसपास हमसे एक घर खरीदा था। तो पति-पत्नी उस समय घर फाइनल करने आ गए थे और उस समय मेरी कंपनी में मैं अकेला ही मुख्य व्यक्ति था और मेरे साथ तीन लोग काम कर रहे थे।

मैंने अकेले साइट का दौरा किया, और मुझे भुगतान भी मिला। मैंने अकेले ने ही उन्हें साइट दिखाई और मै ही घर बेचने की शुरू से अंत तक की प्रक्रिया में उनके साथ था। उनकी तरफ से पेमेंट में थोड़ी देर हो गयी थी। परन्तु मैंने ही कोई बात नहीं कहते हुए अपनापन दिखा दिया था। फिर उसके बाद हम अपने काम में लगे रहे, नए प्रोकेक्ट्स शुरू करते गए, बनाते गए, बेचते गए और बढ़ते है।

अभी कुछ ही महीने पहले वो परिवार आया और बोला 'हमें आपके नए प्रोजेक्ट के बारे में पता चला इसलिए हम आपसे मिलना चाहते हैं। 24 साल पहले हमने आपसे एक घर खरीदा था और आपने हमारी मदद की थी और हम आज भी उस घर में खुशी-खुशी रह रहे हैं। मेरी पत्नी इस लड़के से गर्भवती थी जब हमने आपसे अपना पहला घर खरीदा था और आज हम अपने बेटे के नाम पर एक घर खरीदना चाहते हैं।'

जैसा कि मैंने कहा कि कोई भी परिवार जीवन में एक या दो बार ही घर खरीदता है। तो मैं बहुत खुश था कि दूसरी बार भी उन्होंने हमसे घर खरीदना चुना, वो भी उस बच्चे के लिए जो उस समय इस दुनिया में कभी आया ही नहीं था। तो मुझे इस घटना से बहुत संतोष मिला और समझ आया कि अगर हम किसी के लिए कुछ अच्छा करते हैं तो कहीं न कहीं हमें किसी न किसी रूप में आशीर्वाद जरूर मिलता है। इस तरह आनंद सिंघानियाजी

ने अविनाश ग्रुप की नींव को मजबूत किया और कई परिवारों को उनके सपनों का घर दिलाने में मदद की।

अविनाश ग्रुप ने आज लैंडमार्क प्रोजेक्ट्स बनाकर छत्तीसगढ़ के रियल एस्टेट परिदृश्य को फिर से परिभाषित किया है, जो कि अभिनव और उत्कृष्ट कृति निर्माण को लगातार देने के अपने स्वयं के बेंचमार्क को चुनौती देने के जुनून के साथ विकसित किया गया है।

2 दशकों से अधिक की विशेषज्ञता के साथ, 52 से अधिक प्रोजेक्ट्सका एक पोर्टफोलियो, 10,000 खुश और संतुष्ट परिवारों के बढ़ते पूल का विश्वास, और 20 मिलियन वर्ग फुट के विकास ने कंपनी को "छत्तीसगढ़ का सबसे भरोसेमंद रियल एस्टेट डेवलपर" होने की मान्यता दी है।

15. श्री उद्धव् पोद्दार

भूमिका ग्रुप के सीईओ - दिल्ली

यह इंटरव्यूव् एक युवा रियल एस्टेट सीईओ श्री उद्धव पोद्दार का है जो भूमिका ग्रुप के मैनेजिंग डायरेक्टर है। भूमिका ग्रुप ही उदयपुर के सबसे बड़े मॉल के डेवलपर है। उद्धवजी खेल में भी अधिक रुचि रखते है और उन्हें क्रिकेट देखना पसंद है। वह दिल्ली क्रिकेट संघ के लिए खेलने वाले क्रिकेट खिलाड़ी भी रहे हैं।

उद्धव को फोर्ब्स ने अपने अक्टूबर 2020 संस्करण में कवर किया है और रियल्टी प्लस पत्रिका ने उन्हें रियल एस्टेट के शीर्ष 100 प्रभावशाली लोगों पर अपनी कॉफी टेबल बुक में शामिल किया है। दैनिक भास्कर, एक प्रसिद्ध प्रकाशन ने उन्हें "उदयपुर में 100 चेंज मेकर्स" के रूप में चित्रित किया है।

उद्धवजी के पिताजी ही उनकी प्रेरणा रहे है:

उनके आदर्श उनके पिता हैं जो एक महान उद्यमी रहे हैं। उद्धव कहते हैं कि उनके पिता में हिम्मत और दम था और उन्होंने एक बड़ा बिजनेस खड़ा कर लिया। उनके पिताजी की उपलब्धियां उनके लिए प्रेरणा का काम करती हैं। वह प्रशंसा करते है कि कैसे संघर्ष के समय उनके पिताजी सफलता और निराशा दोनों का मैनेज करते।

भूमिका ग्रुप के बारे में:

उद्धवजी के पिता पोद्दार ग्रुप के चेयरमैन है। भूमिका ग्रुप की स्थापना 1961 में हुई थी। तब से यह कंस्ट्रक्शन, वेयरहाउसिंग, लोजिस्टिक्स, माइनिंग, टेक्सटाइल्स और मैन्युफैक्चरिंग क्षेत्र में रुचि रखने वाले विविध व्यवसाय में विकसित हो गया है। भूमिका ग्रुप की दिल्ली, राजस्थान, तमिलनाडु, बिहार

और केरल में कार्यालयों के साथ पैन इंडिया उपस्थिति है। ग्रुप अभी अपने सबसे बेहतरीन प्रोजेक्ट अर्बन स्क्वेअर से सफलता की उचाईयों तक जा रहा है। अर्बन स्क्वेअर राजस्थान में सबसे बड़ा मॉल जो की 1.8 मिलियन वर्ग फीट में फैला हुआ है।

रियल एस्टेट क्षेत्र में उद्धवजी की शुरुवात:

पारिवारिक व्यवसाय में शामिल होने से पहले, उद्धवजी ने डालमिया सीमेंट (भारत) लिमिटेड के साथ इंटर्नशिप की। उन्होंने कंस्ट्रक्शन, सेल्स, मार्केटिंग, फाइनेंस और एडमिनिस्ट्रेशन जैसे मैनेजमेंट के सभी क्षेत्रों में ट्रेनिंग प्राप्त किया। इसके बाद, वह नई दिल्ली स्थित एक एनबीएफसी फर्स्ट कैपिटल इंडिया लिमिटेड में सीईओ थे। फिर वह एक पीई फंड कंपनी में एक इंटर्न के रूप में शामिल हो गए, जहां उन्होंने एक व्यवसाय को एक अलग नजरिए से देखना सीखा। चूंकि पीई कंपनी के पास रियल एस्टेट में बड़ा निवेश था, इसलिए उन्हें भी रियल एस्टेट में रूचि आना शुरू हो गयी।

उद्धवजी जैक वेल्श से प्रेरित है:

उद्धव कहते हैं कि उनकी प्रबंधन शैली जैक वेल्च से प्रभावित है जो एक अमेरिकी व्यवसाय कार्यकारी, रासायनिक इंजीनियर और लेखक थे। वह 1981 और 2001 के बीच जनरल इलेक्ट्रिक (जीई) के अध्यक्ष और सीईओ थे। उनका कहना है कि वे एक बड़े व्यावसायिक उद्यम के अपने परिवार में पैदा होने के कारण आमतौर पर एक लीडर रहे हैं। 21 साल की उम्र में वे अपनी फैक्ट्री में 500 से ज्यादा कर्मचारियों के साथ काम कर रहे थे। वह अपने स्कूल क्रिकेट ग्रुप के कप्तान भी थे। वास्तव में, अपने कॉलेज के समय में, वह क्रिकेट के प्रति काफी उत्सुक थे और यहां तक कि दिल्ली की अंडर-16 और अंडर-19 टीमों में भी खेलते थे।

राजस्थान का सबसे बड़ा मॉल:

उद्धवजी के ग्रुप ने 2017 में अर्बन स्क्वेअर मॉल का लॉन्च किया। यह राजस्थान में सबसे ज्यादा बिकने वाला प्रोजेक्ट है। अर्बन स्क्वेअर का विकास

1.8 मिलियन वर्ग फुट में है जो दो चरणों में किया जा रहा है। इस प्रोजेक्ट ने ईटी नाउ, डीएनए, इमेजेज, रियल्टी प्लस आदि जैसे शीर्ष ब्रांडों द्वारा प्रदत्त नौ राष्ट्रीय पुरस्कार जीते हैं।

उद्धवजी कहते हैं कि उन्होंने व्यापक शोध के बाद पाया कि अच्छी प्रोजेक्ट्स का एक बड़ा अभाव था, खासकर उत्तर भारत में। उन्होंने इस तरह की और प्रोजेक्ट्स के लिए अर्बन स्क्वेअर को लॉन्च पैड के रूप में इस्तेमाल करने का फैसला किया। वे पहले ही अलवर में एक और मॉल लॉन्च कर चुके हैं।

16. श्री राजदीपसिंह चुडासमा
7 ओक डेवलपर्स के सीईओ - अहमदाबाद, गुजरात

7 ओक डेवलपर्स भारत के पहले स्मार्ट सिटी धोलेरा, गुजरात में अग्रणी डेवलपर्स में से एक है, जिसे पीएमओ श्री नरेंद्र मोदी के ड्रीम प्रोजेक्ट के रूप में जाना जाता है। 7 ओक डेवलपर्स पूरे धोलेरा Special Investment Region (SIR) में प्रोजेक्ट्स के साथ अपनी उपस्थिति और छाप दिखाने में विश्वास करते हैं।

श्री राजदीपसिंह चुडासमा 7 ओक डेवलपर्स के संस्थापक और श्री धर्मदीपसिंह चुडासमा सह-संस्थापक हैं। कंपनी का दृष्टिकोण गुणवत्ता, ग्राहक संतुष्टि और समय पर डिलीवरी पर ध्यान केंद्रित कर ग्राहकों के लिए बेहतर जीवन बनाना है।

कंपनी एक बेहतरीन क्वालिटी और डिज़ाइन का रियल एस्टेट मार्केट में निशान बनना चाहती है। 5000 से अधिक ग्राहकों के बढ़ते ग्राहक आधार के साथ। कंपनी पूरे धोलेरा में एक मार्केट लीडर है और कंपनी का उद्येश केवल अधिकतर ग्राहकों को संतुष्ट करना है।

धोलेरा भारत का सबसे बड़ा प्रोजेक्ट है जो भारत के 6 शहरों से कनेक्ट है। यह सरकार द्वारा अनुमोदित भारत का पहला स्मार्ट शहर होने जा रहा है। यह परिभाषित करने के लिए कि भविष्य में आधुनिक भारत कैसा दिखेगा, गुजरात के प्रगतिशील राज्य में एक शहर धोलेरा SIR को भारत के पहले स्मार्ट शहर के रूप में देखा गया है। इस प्रोजेक्ट के लिए केंद्र सरकार और गुजरात सरकार दोनों को बहुत उम्मीदें और महत्वाकांक्षाएं हैं। धोलेरा को स्मार्ट सिटी बनने के लिए महत्वपूर्ण विकास पर ध्यान केंद्रित करने की आवश्यकता है जैसे कि एक नए अंतरराष्ट्रीय हवाई अड्डे का विकास, एक मेट्रो लाइन, डीएमआईसी, पावर हब प्रोजेक्ट्स, आदि। यह हर तरह से एक बहुत ही योजनाबद्ध शहर बनने जा रहा है।

मास्टर प्लानर्स द्वारा यह सुनिश्चित करने के लिए विश्व स्तरीय कनेक्टिविटी स्थापित की गई है कि धोलेरा SIR इन्वेस्टमेंट का उचित हिस्सा प्राप्त करे। शहर को एक अंतरराष्ट्रीय हवाई अड्डे, हाई स्पीड मेट्रो, 6 लेन एक्सप्रेसवे, राष्ट्रीय राजमार्ग, रेलवे और बंदरगाह सहित कई तरीकों से जोड़ा जाएगा।

यदि आप एक सफल रियल एस्टेट व्यवसाय बनाना चाहते हैं, तो राजदीपसिंहजी द्वारा दी गई इन 3 सलाहों का का अपने रियल एस्टेट बिज़नेस में अमल करें:

स्मार्ट-हार्ड वर्क करें:

राजदीपसिंहजी के अनुसार मेहनत बोहोत जरूरी है। लेकिन आधुनिक रियल एस्टेट मार्केट में बढ़ने के लिए आपको स्मार्ट हार्ड वर्क करने की जरूरत है।

व्यवस्थित प्रक्रिया बनाये और उनका अपने रियल एस्टेट बिज़नेस में अमल करे:

7 ओक डेवलपर्स ग्रुप में, टीम दिन का पहला भाग बनाई गयी प्लानिंग/ प्रक्रिया को करने में के अभ्यास में और दिन का दूसरा भाग प्रदर्शन को बेहतर बनाने के लिए नई प्रक्रियाओं के निर्माण में निवेश करती है।

स्ट्रांग फीडबैक लेने का सिस्टम:

बेहतर ग्राहक अनुभव प्रदान करने के लिए, कंपनियों के पास ग्राहक प्रतिक्रिया सिस्टम होनी चाहिए। अपने ग्राहकों से प्रतिक्रिया प्राप्त करना शुरू करें, उन्हें अपनी प्रक्रिया में शामिल करें और कंपनी के प्रदर्शन में सुधार करना शुरू करें।

रियल एस्टेट में इन शक्तिशाली गेम चेंजर रणनीतियों के साथ, आप अपने रियल एस्टेट व्यवसाय को उसी तरह बढ़ा सकते हैं जैसे श्री राजदीपसिंह ने अपने व्यवसाय में किया था।

आज, 7 ओक 1, 2, और 3 बीएचके रेडी-टू-मूव- विला, प्लॉट और रेसिडेंशियल, कमर्शियल और इंडस्ट्रियल भूमि पार्सल में माहिर हैं। टीम निवेशकों के साथ विश्वसनीयता बनाए रखने के लिए अपनी मौजूदा प्रोजेक्ट्स और आने वाली नई प्रोजेक्ट्स के त्वरित और निर्बाध विकास में विश्वास करती है!

*** * ***

17. श्री नितिन बगड़िया

प्राइड ग्रुप के सीईओ - औरंगाबाद, महाराष्ट्र

जीवन उतार-चढ़ाव से भरा है। हर किसी को अपनी-अपनी तरह की चुनौतियों का सामना करना पड़ता है। यदि आप चुनौतियों से पार पाना चाहते हैं, तो विश्वास ही एकमात्र कवच है। वे ही हैं जो परिस्थितियों से उत्पन्न भय को पराजित करके विश्वास के साथ डटे रहते हैं जो साझा करने योग्य कहानी बन जाती है।

श्री नितिन बगड़िया की कहानी वर्षों की चुनौतियों और संघर्षों को पार करने के बाद रियल एस्टेट में असाधारण सफलता हासिल करने की एक ऐसी ही दिलकश यात्रा है। नितिनजी महाराष्ट्र के सांगली नामक एक छोटे से शहर में पले-बढ़े। उनके माता-पिता दोनों, डॉक्टर होने के नाते, मूल्य और व्यावसायिकता उनके जीवन का भाग है। वे आपस में सहमत थे कि वे अपने बच्चे को प्रोत्साहित करेंगे और उसे वह बनने में मदद करेंगे जो वह चाहता है।

नितिनजी बचपन से ही एक वास्तुकार बनना चाहते थे। वह सुंदर डिजाइनों और इमारतों की अद्भुत संरचनाओं की कल्पना करते थे। वह अपने मामा और मा के रिश्तेदारों से प्रेरित थे जो रियल एस्टेट क्षेत्र में काम कर रहे थे। वह आगे बढ़ना चाहते थे और कुछ ऐसा बनाना चाहते थे जिससे लोगों के जीवन में खुशियां आएं। उसके माता-पिता को पूरा विश्वास था कि वह अपने जीवन में कुछ अद्भुत रचेगा।

उनके माता-पिता से प्रोत्साहन और समर्थन ने उनके भीतर की भावना को मजबूत किया कि स्पष्ट चुनौती देना सही है, बड़े सपने देखना सही है, कुछ अलग करना सही है और सफलता के लिए संघर्ष करना, चुनौतियों का सामना करना और लक्ष्य को हासिल करना।

नितिनजी ने आर्किटेक्चर में प्रवेश लिया है। ताकि वह बड़ी इमारतों को डिजाइन करने के अपने सपने को पूरा कर सके। लेकिन उनकी जिंदगी एक और मोड़ लेने वाली थी। वह अपने सपनों को आगे बढ़ाने के लिए केंद्रित और समर्पित था। वह लगन से आर्किटेक्चर का अध्ययन कर रहा था। एक बार आर्किटेक्चर के अपने अंतिम वर्ष में, अचानक, उनके बड़े पिताजी का निधन हो गया। उनके अंतिम संस्कार के दौरान उनके पिता को दिल का दौरा पड़ा और दूसरे दिन उन्होंने भी अंतिम सांस ली। तीसरे दिन उसकी माँ को लकवा मार गया और इस तरह हादसों की श्रृंखला ने परिवार और नितिन को भी पूरी तरह से हिला दिया।

पहली घटना के 7वें दिन, नितिनजी की आर्किटेक्चर में अंतिम वर्ष की परीक्षा शुरू होने वाली थी। नितिनजी अपने साथ हुई घटनाओ से निराश थे। वह बहुत तनाव में थे लेकिन उन्होंने अभी तक अपना विश्वास नहीं खोया था। पूरा परिवार उसे इस साल परीक्षा में शामिल न होने और एक साल के लिए ड्रॉप आउट करने की सलाह दे रहा था। लेकिन उनकी माँ ने उन्हें इस कठिन समय में प्रोत्साहित किया जैसा कि वह बचपन से करती रही हैं।

उन्होंने कहा, "नितिन निश्चित रूप से इस परीक्षा में शामिल होंगे"। इसलिए नितिनजी ने एक केंद्रित मानसिकता और खुद पर विश्वास के साथ परीक्षा देने का फैसला किया। वह अपनी परीक्षा के लिए हिंगोली से लेकर औरंगाबाद तक आना जाना करता था। इस तरह उन्होंने अपने अध्ययन में संघर्ष किया और प्रथम श्रेणी के साथ अपनी वास्तुकला को उत्तीर्ण किया।

इस तरह उन्होंने अपने अध्ययन में संघर्ष किया और प्रथम भेद के साथ अपनी वास्तुकला को उत्तीर्ण किया। "मैं कभी नहीं भूल सकता कि कैसे मैंने अपनी पढ़ाई के लिए संघर्ष किया और जो मैं चाहता था उसे हासिल किया। अपने जीवन के सबसे कठिन दिनों में भी मैंने अपनी आशा और विश्वास नहीं खोया। ऐसे दिनों में भी, मेरी मां ने कभी मेरा साथ नहीं छोड़ा और मुझे आगे बढ़ते रहने के लिए प्रोत्साहित किया।" उन्होंने व्यक्त किया।

सिटी ऑफ़ गेट्स औरंगाबाद से एक प्राइड ग्रुप की कहानी:

औरंगाबाद भारत के महाराष्ट्र शहर का एक ऐतिहासिक शहर है। औरंगाबाद को द्वारों का शहर कहा जाता है। शहर एक पर्यटन केंद्र है, जो कई ऐतिहासिक स्मारकों से घिरा हुआ है, जिनमें अजंता की गुफाएँ और एलोरा की गुफाएँ शामिल हैं, जो यूनेस्को की विश्व धरोहर स्थल हैं।

प्राइड पार्क नाम के प्रोजेक्ट के साथ 2002 में प्राइड ग्रुप की स्थापना की गई थी। प्राइड ग्रुप की स्थापना प्राइड श्री नवीन बगड़िया, श्री नितिन बगड़िया, श्री बिपिन बगड़िया और श्री मनीष अग्रवाल - प्राइड वेंचर्स के चार स्तम्भों द्वारा की गयी। चार पार्टनर्स ने मिलकर प्राइड ग्रुप की स्थापना की और रियल एस्टेट बाजार में श्री गणेश किया।

प्राइड वेंचर्स में के टॉप लीडर्स से रियल एस्टेट के अनुभव से प्राप्त हुई सीख:

QSST फॉर्मूला के साथ प्राइड वेंचर्स के 4 स्तंभ:

प्राइड वेंचर्स में, प्राइड ग्रुप के 4 स्तंभ ग्राहकों को परम संतुष्टि के साथ सेवा देने में विश्वास करते हैं। श्री नितिन बगड़िया कहते हैं, QSST फॉर्मूला पर प्राइड ग्रुप के लीडर काम करते हैं:

Q - Quality

S - Service

S - Speed

T - Trust

रियल एस्टेट लोकतंत्र की तरह है:

रियल एस्टेट एक देश के लोकतंत्र की तरह है। रियल एस्टेट सेक्टर 'लोगों का, लोगों के लिए और लोगों द्वारा' है। रियल एस्टेट व्यापार को सक्षम बनाता है, व्यवसायों को शक्ति देता है, श्रमिकों को उनकी नौकरियों से जोड़ता है, संघर्षरत समुदायों के लिए अवसर पैदा करता है और राष्ट्र को सशक्त बनाता है।

बिना मैनेजमेंट के आप व्यवसाय की कल्पना नहीं कर सकते:

प्राइड ग्रुप के एमडी श्री नवीन बगड़िया के अनुसार, मैनेजमेंट रियल एस्टेट उद्योग की रीढ़ है। रियल एस्टेट में प्रबंधन में प्रोजेक्ट्सकी योजना बनाना, निर्णय लेना, भूमि का चयन, कच्चे माल का चयन, ग्राहकों के साथ प्रतिबद्धता, प्रोजेक्ट का निर्माण आदि शामिल हैं।

प्राइड ग्रुप ने मराठी में एक टैगलाइन "अभिमानने रहावे, गर्वाने सांगावे, ठिकन तुमचा निवासाचे" के साथ अपनी यात्रा शुरू की। इसका अर्थ है "शान से जियो, गर्व से बताओ - वह स्थान जहाँ तुम रहते हो!"

आज, प्राइड ग्रुप ने 1500+ फ्लैट, 1200+ प्लॉट, 300+ दुकानें और शोरूम वितरित किए हैं। ग्रुप ने 3000+ खुश ग्राहकों की सेवा की है और 20+ पुरस्कार प्राप्त किए हैं। यह "लाइव लाइफ, किंग साइज" के विचार को शुरू करने वाला पहला ग्रुप है।

18. श्री अभिजीत मगदुम

भीमा बिल्डर्स एंड डेवलपर्स के मैनेजिंग डायरेक्टर - कोल्हापुर, महाराष्ट्र

यह एक रियल एस्टेट कंपनी की कहानी है जो उस शहर से संबंधित है जो कला, शिक्षा, उद्योग और खेल, विशेष रूप से कुश्ती का एक प्रसिद्ध केंद्र है। "देवी श्री महालक्ष्मी" के प्राचीन मंदिर के कारण कोल्हापुर पुरातात्विक रूप से भारत का एक महत्वपूर्ण स्थान है। "ज्योतिबा" का स्थान शहर के उत्तर की ओर लगभग 15 किलोमीटर की दूरी पर है। प्रसिद्ध हिल स्टेशन "पन्हाला" शहर के उत्तर पश्चिम की ओर लगभग 18 किलोमीटर दूर है। ये दोनों स्थान हर साल बड़ी संख्या में पर्यटकों और तीर्थयात्रियों को आकर्षित करते हैं।

इसके सांस्कृतिक और ऐतिहासिक पहलू के अलावा, कोल्हापुर काफी हद तक औद्योगीकृत है। शिवाजी विश्वविद्यालय की स्थापना के कारण, शहर में शैक्षिक गतिविधियों का क्षेत्र अत्यधिक विस्तारित हुआ है। शहर की सड़कें मानव शरीर की नसों की तरह हैं। कोल्हापुर को क्षेत्र के एक महत्वपूर्ण धार्मिक और व्यापारिक केंद्र के रूप में मान्यता दी गई है।

कोल्हापुर शहर में भीमा बिल्डर्स एंड डेवलपर्स एक जाना-पहचाना नाम है। यह अभिजीत मगदूम जी की उद्यमशीलता का उत्साह रहा है जो भीमा बिल्डर्स और डेवलपर्स की प्रेरक शक्ति है। डेढ़ दशकों में, भीमा बिल्डर्स और डेवलपर्स ने कोल्हापुर में रेशिडेंशियल और कमर्शियल निर्माणों को फिर से परिभाषित किया है।

अभिजीतजी के रियल एस्टेट के अनुभव से सीख ने लायक कुछ महत्वपूर्ण बातेंः

दृष्टिकोण बदल कर खेल को बदलना सीखेः

सबसे महत्वपूर्ण बात जो आप अभिजीतजी से सीख सकते हैं वह है अतीत को जाने देना। बेहतर कल बनाने के लिए वर्तमान पर ध्यान दें।

कृतज्ञ रहना सीखे क्योंकि कृतज्ञता पूरी तरह से दृष्टिकोण में सुधार करती है:

आपके पास जो कुछ भी है उसके लिए आभारी रहें और जब आप यह देखना शुरू करेंगे कि आपका जीवन वास्तव में बहुत अच्छा है, तो आपकी खुद की धारणा में सुधार होगा।

अपमान को इनपुट के रूप में उपयोग करने की युक्ति सीखे:

अभिजीतजी ने कहा कि 'अपमान' शब्द का उनके जीवन पर गहरा प्रभाव पड़ा है। चीजों को देखने के लिए अपनी सकारात्मक धारणा के साथ, वह हर बुरे अनुभव और अपमान को अपनी सफलता के लिए कच्चे माल के रूप में उपयोग करते है।

स्थानीय बाजार को समझकर भरोसा कायम करना सीखे:

टियर 4 शहरों में, आपको स्थानीय रीयल एस्टेट बाज़ार को समझना होगा। आपको सीधे लोगों से मिलना होगा और अपने ग्राहकों के साथ एक मजबूत बंधन बनाना होगा।

कर्म ही पूजा है और साइट ही पवित्र स्थान है:

अभिजीतजी के लिए, एक साइट एक पवित्र स्थान है, इसलिए कार्यस्थल को हमेशा साफ रखना चाहिए। उन्होंने केवल साइट और कार्यस्थल पर स्वच्छता बनाए रखने के लिए एक एजेंसी की भर्ती और ट्रेनिंग दिया है।

अभिजीतजी की यात्रा हर रियल एस्टेट उद्यमी के लिए प्रेरणादायक है, जो टियर 4 शहर से ताल्लुक रखता है और रियल एस्टेट बाजार में एक ब्रांड बनाना चाहता है।

✳ ✳ ✳

19. अवनीशजी हसीजा

कमर्शियल हबीबगंज रेलवे स्टेशन पुनर्विकास प्रोजेक्ट के सीईओ
बंसल ग्रुप - भोपाल, मध्यप्रदेश

बंसल ग्रुप ने श्री अनिल बंसल के दूरदर्शी नेतृत्व में वर्ष 1999 में अपने अस्तित्व को चिह्नित किया। इन वर्षों में, यह अब मध्य भारत के सबसे बड़े कॉर्पोरेट में से एक में बदल गया है। दो दशकों से अधिक की अपनी यात्रा में, ग्रुप ने सफलतापूर्वक शिक्षा, निर्माण, एफएमसीजी, टीएमटी सरिया, स्वास्थ्य सेवा क्षेत्र, क्षेत्रीय और स्थानीय समाचार और डिजिटल डोमेन के क्षेत्र में 5000 से अधिक लोगों को रोजगार देने और हर घर के जीवन को प्रभावित करने के लिए सफलतापूर्वक उद्यम किया है। समय के साथ, मध्य प्रदेश के युवाओं को उज्ज्वल करियर और जीवन के साथ सशक्त बनाने के लिए बंसल ग्रुप ने देश भर में बहुत प्रशंसा अर्जित की है।

प्रमुख राजमार्गों, पुलों और भवनों का निर्माण करके देश की रीढ़ को मजबूत करने के उद्देश्य से, बंसल ग्रुप ने 1992 में अपना पहला उद्यम, बंसल कंस्ट्रक्शन वर्क स्थापित किया। प्रमुख राजमार्गों, पुलों और सड़कों का निर्माण देश की रीढ़ को मजबूत करने के उद्देश्य से, बंसल ग्रुप ने 1992 में अपना पहला उद्यम, बसल निर्माण कार्य स्थापित किया। कंपनी लोक निर्माण डिपार्टमेंट भोपाल एवं म.प्र. हाउसिंग बोर्ड भोपाल में श्रेणी ए श्रेणी में रजिस्टर है। कंपनी मुख्य रूप से भवन निर्माण, राजमार्ग निर्माण, विनिर्माण और इंजीनियरिंग प्रभाग में शामिल है।

अवनीशजी हसीजा कमर्शियल हबीबगंज रेलवे स्टेशन पुनर्विकास प्रोजेक्ट के सीईओ हैं। वह उपयुक्त ज़ोनिंग और लीजिंग के माध्यम से स्टेशन के प्रोजेक्ट को जीवित रूप में लाने के लिए के लिए जिम्मेदार व्यक्ति है। अवनीशजी एक अनुभवी उद्यमी हैं जिनके पास बिज़नेस डेवलपमेंट, रियल एस्टेट विकास और

परिसंपत्ति प्रबंधन में 35 से अधिक वर्षों का अनुभव है। कड़ी मेहनत, सीखने और नेटवर्किंग के जरिए उन्होंने एक सराहनीय विरासत बनाई है।

पीपीपी मॉडल के तहत रानी कमलापति स्टेशन की पुनर्विकास प्रोजेक्ट ने अन्य रेलवे स्टेशनों के लिए बेंचमार्क और लर्निंग मॉडल स्थापित किए हैं। जर्मनी के हीडलबर्ग रेलवे स्टेशन की तर्ज पर बना रानी कमलापति रेलवे स्टेशन भारत का पहला विश्वस्तरीय स्टेशन है।

स्टेशन को बड़े पार्किंग क्षेत्र, 24X7 पावर बैकअप, पीने के पानी, वातानुकूलित लॉबी, कार्यालयों, दुकानों, हाई-स्पीड एस्केलेटर, लिफ्ट, एंकर स्टोर, ऑटोमोबाइल शोरूम, कन्वेंशन सेंटर जैसी अति-आधुनिक सुविधाओं के साथ डिजाइन और निर्मित किया गया है। होटल, एक सुपर स्पेशियलिटी अस्पताल आदि यात्रियों को एक ही समय में हवाई अड्डे जैसा अनुभव और आराम प्रदान करने के लिए।

पुनर्विकसित रेलवे स्टेशन को ग्रीन, टिकाऊ डिजाइन और पर्यावरण के अनुकूल प्रोजेक्ट्स के लिए ASSOCHAM द्वारा GEM सस्टेनेबिलिटी सर्टिफिकेशन में GEM 5-स्टार रेटिंग प्राप्त हुई है। जीईएम सस्टेनेबिलिटी सर्टिफिकेशन का उद्देश्य पर्यावरण के अनुकूल ग्रीन बिल्डिंग डिजाइन और विकास को बढ़ावा देना है। रानी कमलापति रेलवे स्टेशन पहला ग्रीन स्टेशन है जिसने जीरो डिस्चार्ज तकनीक के साथ पानी के व्यापक पुन: उपयोग की योजना बनाई है जिसे सीवेज सिस्टम के लिए रखा गया है।

अवनीशजी के रियल एस्टेट के अनुभव से सीख ने लायक कुछ महत्वपूर्ण बातें:

काम में दिल लगाओ:

अवनीशजी कहते हैं कि काम में अनुशासन जरूरी है। आपके पास जो कार्य है उसे समझना महत्वपूर्ण है, कार्य की सीमाओं को समझना महत्वपूर्ण है, और यह ध्यान रखना महत्वपूर्ण है कि यह कब बनाया जाएगा। इससे कोई फर्क नहीं पड़ता कि आप इसे कैसे कर रहे हैं और आप इसे कब कर रहे हैं। आपके काम की गुणवत्ता सबसे ज्यादा मायने रखती है। आपके काम की गुणवत्ता का परीक्षण इस बात से होगा कि आप अपने प्रोडक्ट्स को कितना सही तरीके से बनाकर देते है। आदमी जब दिल से काम करता है तो काम करने में गलती वैसे भी कम हो जाती है।

मेरी टीम मेरे साथ काम करती है मेरे लिए नहीं:

अवनीशजी बताते है, "मैं बहुत खुला इंसान हूँ, मैं कहता हूँ, नहीं समझे तो काम करने से पहले 10 बार पूछो, हर आदमी सब कुछ नहीं समझता। मुझे खुशी है कि मेरे पास एक टीम है जो मुझे समझती है और वे मेरे साथ काम करते हैं, मेरे लिए नहीं।"

अपने ग्राहकों को सिखाओ मत, उनसे सीखते रहो:

अवनीशजी हमें कहानी बताते है, "मैं मिस्टर बियानी के साथ था और मेरे बॉस वहां थे। यह कांदिवली स्टोर की एक कहानी है। जब स्टोर खुला था तब बियानी जी तलाश कर रहे थे और वह देख रहे थे कि ग्राहक कैसा व्यवहार कर रहा है। उन्होंने देखा तो 99 रुपये की चप्पल पड़ी थी। चप्पलें रैक पर अच्छी तरह लगी हुई थीं, लेकिन कोई खरीद नहीं रहा था। दो घंटे में भी 99 रु. की चप्पल कोई रुपये मांगने नहीं आया। फिर उन्होंने एक व्यक्ति को बुलाया और कहा कि रैक को पलट दो और चप्पल नीचे गिरा दो। जैसे ही चप्पल नीचे गिरी। आपको विश्वास नहीं होगा कि अगले 20 मिनट में लोग इसे उठाने लगे। तो जब हमने उनसे इस बारे में पूछा तो उन्होंने कहा कि एक बात हमेशा याद रखना- भारतीय ग्राहक खरीदारी के अनुभव को दिल से शुरू करके बड़े हुए हैं। उसके लिए सबसे सस्ता वह है जो फर्श पर है - यदि आप उसी चीज को रैक पर रखते हैं, तो सस्ता होने के बाद भी कोई व्यक्ति उसकी ओर नहीं जाएगा। तो इसने हमें एक बात सिखाई की आपको अपने प्रोडक्ट्स के बारे में अच्छे से पता होना चाहिए। आज रियल एस्टेट में कितना जोखिम है, यदि बाजार की आपकी समझ गलत है, तो आप उस स्थान के अनुरूप प्रोडक्ट्स नहीं बना पाएंगे, तो आपका सारा समय और प्रयास बर्बाद होने वाला है।

उन्होंने इस प्रभावी इंटरव्यू में वास्तव में एक प्रेरक कहानी साझा की है जो एक व्यवसायी के रूप में आपके जीवन में स्पष्टता लाने में आपकी मदद करेगी। यह कहानी आपको बताएगी कि अपने उपभोक्ताओं की मानसिकता को समझना और उसके साथ व्यवसाय खड़ा करना क्यों महत्वपूर्ण है।

✳ ✳ ✳

20. श्री राहुल तोड़ी

श्राची रियल्टी के मैनेजिंग डायरेक्टर - कोलकाता, पश्चिम बंगाल

श्राचि रियल्टी, जो 10 अरब रुपए के श्राचि ग्रुप का हिस्सा है, शानदार और संपूर्ण जीवन अनुभव प्रदान करने में अग्रणी रहा है और इसने कई रेसिडेंशियल और कमर्शियल स्थान बनाए हैं जिन्होंने पूर्वी भारत के क्षितिज को फिर से परिभाषित किया है।

श्री राहुल टोडी, बंगाल के सबसे प्रमुख युवा उद्यमियों में से एक और एक प्रसिद्ध उद्योगपति श्री श्रवण कुमार टोडी के पुत्र हैं। वह रियल एस्टेट, कृषि और इंजीनियरिंग में रुचि रखने वाले पश्चिम बंगाल परिवार के स्वामित्व वाले एक प्रसिद्ध व्यवसाय, श्राची ग्रुप के पीछे ड्राइविंग फ़ोर्स में से एक है। उनकी सत्यनिष्ठा और अच्छा काम करने की इच्छा वे ताकतें हैं जिन्होंने श्राची ग्रुप की सफलता में योगदान दिया है।

पिता रोल मॉडल के रूप में:

राहुल जी बताते है, उनके आदर्श और गुरु उनके पिता श्री श्रवण कुमार टोडी हैं जो एक प्रभावी उद्यमी और श्राची ग्रुप के संस्थापक रहे हैं। राहुलजी कहते हैं कि उनके पिता में हिम्मत और दम था और उन्होंने एक बड़ा बिजनेस खड़ा कर लिया। वह अपने पिता की उपलब्धियों से प्रेरित होते है। वे उन्हें देखते देखते ही बड़े हुए और उनसे ही बोहोत कुछ सीखा है। उनके पिता व्यक्तित्वों का एक असामान्य मिश्रण थे। एक सफल उद्योगपति, एक सामाजिक रूप से संवेदनशील कार्यकर्ता, और एक ऐसा व्यक्ति जो जमीन से जुड़ा हुआ थे।

कैसे सफल रियल एस्टेट उद्यमी सपने देखने वाले और काम करने वाले बनते हैं, इस पर श्री राहुल टोडी से कुछ सीख ने लायक बाते:

ग्राहकों के साथ विश्वास और वफादारी बनाएँ:

ग्राहक वफादारी और प्रतिधारण आपके द्वारा प्रदान की जाने वाली सेवा से काफी प्रभावित होते हैं। इसका तात्पर्य है कि आपको समर्पित सहायक कर्मचारियों को नियुक्त करने और सेवा की गति और गुणवत्ता के लिए उच्च मानदंड निर्धारित करने की आवश्यकता होगी। ग्राहक का विश्वास आपको न केवल अपने मौजूदा ग्राहकों को बनाए रखने में मदद कर सकता है, बल्कि कम्युनिकेशन के माध्यम से नई लीड भी उत्पन्न कर सकता है।

एक शाश्वत आशावादी:

राहुलजी सकारात्मक सोच की शक्ति में विश्वास रखते हैं। उनका मानना है कि रियल एस्टेट स्पेस की मौजूदा मांग मंदी से पहले की तुलना में कहीं अधिक है।

सपनो की उड़ान भरने वाला बनाने के साथ साथ कर्म करने वाला व्यक्ति भी बनो:

राहुलजी ने एक सच्चे लीडर के रूप में दो बहुत ही बुनियादी लेकिन प्रभावी नियम साझा किए। पहला अपने लोगों को सशक्त बनाना है ताकि वे आपकी कंपनी को अगले स्तर पर ले जाएं और दूसरा आपके कर्मचारियों, कर्मचारियों और भागीदारों के साथ आपके काम के हर क्षेत्र में पारदर्शिता बनाए रखें।

यह एक अविश्वसनीय इंटरव्यूव् है; उन्होंने अपने अविश्वसनीय रूप से प्रेरक अनुभव का खुलासा किया है, जिससे हम सीख सकते हैं कि कैसे एक व्यक्ति रियल एस्टेट की दुनिया में अपने जुनून की खोज करता है और अपने सफर शुरू करता है।

राहुलजी ने रियल एस्टेट की रणनीतियों और उनके द्वारा क्रियान्वित की जाने वाली सोच तकनीक पर चर्चा की। अगर आप आगे बढ़ना चाहते हैं तो आपको उनके जैसे टॉप परफॉर्मर्स की मानसिकता को समझना होगा।

✳ ✳ ✳

21. श्री मनोज मनवानी

प्रिंसेस बिल्डटेक एंड इंफ्रास्ट्रक्चर डेवलपर्स प्राइवेट लिमिटेड के मैनेजिंग डायरेक्टर - इंदौर, मध्य प्रदेश

प्रिंसेस बिल्डटेक एंड इंफ्रास्ट्रक्चर प्रा. लिमिटेड लगभग तीन लंबे दशकों से एक जाना-पहचाना नाम रहा है। एक विनम्र शुरुआत करने के बाद, ग्रुप की केंद्रित दृष्टि ने इसे असामान्य वृद्धि और सफलता का गवाह बनाया।

श्री मनोज मनवानी रियल एस्टेट क्षेत्र में एक अग्रणी व्यक्ति रहे हैं और उन्हें प्रिंसेस बिल्डटेक एंड इंफ्रास्ट्रक्चर प्राइवेट लिमिटेड के पीछे एक प्रेरक शक्ति के रूप में देखा गया है। प्रिंसेस बिल्डटेक एंड इंफ्रास्ट्रक्चर प्रा. लिमिटेड, मनवानीजी की अध्यक्षता में, 1982 में शहर में आया था। कंपनी की दृष्टि शहर के क्षितिज को बदलने और इसे सर्वश्रेष्ठ रेसिडेंशियल और व्यावसायिक स्थान देने की है।

मनोजजी कई पुरस्कारों को प्राप्त कर चुके हैं जैसे की:

1) बेस्ट डेवलपर कमर्शियल (एमपी)
2) मोस्ट एंटरप्रेन्योरिंग सीईओ ऑफ द ईयर (एमपी)
3) बेस्ट सेकेंड होम रेजिडेंशियल प्रोजेक्ट (गोवा) रियल एस्टेट कंपनी ऑफ द ईयर (गोवा)

मनोज मनवानीजी से सीख ने लायक कुछ महत्वपूर्ण बातेः

हर एक नया प्रोजेक्ट एक नयी कहानी है जो नए चुनौतियां लेकर आता है:

मनोजजी के अनुसार "हर नया प्रोजेक्ट रियल एस्टेट में एक अलग कहानी है। कोई दोहराव नहीं है। यह कभी स्थिर नहीं रहा। हम सीखने की प्रक्रिया में हैं।

हमें हर दिन सीखना, अध्ययन करना और समझना है। हर प्रोजेक्ट एक नई शुरुआत है।"

जानिए कैसे रियल एस्टेट में सफल होने के लिए नियोजन आवश्यक है:

मनोजजी ने साझा किया, "मेरी पहली प्राथमिकता संपत्ति का स्थान है। मैं हमेशा उस प्रोजेक्ट में शामिल होने की कोशिश करता हूं जहां मुझे लगता है कि लोकेशन सबसे अच्छी है। मैं अधिक भुगतान करूंगा और सर्वश्रेष्ठ के लिए जाऊंगा। दूसरा, एक बार जब आप सही स्थान की पहचान कर लेते हैं। फिर आपको बाजार की मांग का अध्ययन करना होगा। अब मौजूदा रणनीति के मुताबिक मेरे पास निर्माण लागत का 50 प्रतिशत होना चाहिए। इसके बाद टिकट साइज पर आपने फोकस करना चाहिए।"

"टोटल क्वालिटी मैनेजमेंट" ग्रुप के कार्य का हिस्सा है:

TQM - टोटल क्वालिटी मैनेजमेंट एक प्रक्रिया है जिसका उपयोग कंपनियां अपने द्वारा प्रदान की जाने वाली प्रोजेक्ट की गुणवत्ता सुनिश्चित करने के लिए करती हैं। यह उन्हें त्रुटियों को पहचानने और समाप्त करने और उनके ग्राहक अनुभव को बेहतर बनाने में मदद करता है, साथ ही साथ कर्मचारियों को ट्रेनिंग के साथ अद्यतन रखता है।"

प्रिंसेस बिल्डटेक एंड इंफ्रास्ट्रक्चर प्रा. लिमिटेड के पास आज 100 से अधिक पूर्ण प्रोजेक्ट्स हैं और अपनी स्थापना के बाद से गुणवत्तापूर्ण रेसिडेंशियल, कमर्शियल और प्लॉटिंग प्रोजेक्ट्सके लिए प्रतिष्ठा बनाए रखी है। ग्रुप ने 3500 से अधिक संतुष्ट ग्राहकों का विश्वास भी अर्जित किया है, जिनमें खुशहाल परिवार, पेशेवर और निवेशक समान रूप से शामिल हैं।

* * *

22. सौरवजी पंसारी

रॉयल डेवलपर्स द्वारा बनाया गया रॉयल आवास प्रोजेक्ट के सीईओ - गुवाहाटी, असम

2001 में स्थापित, रॉयल एस्टेट डेवलपर्स असम के रियल एस्टेट उद्योग में अग्रणी नाम रहा है। उत्कृष्टता के लिए एक मजबूत प्रतिबद्धता के साथ एक योग्य टीम द्वारा समर्थित, रॉयल एस्टेट डेवलपर्स ने पूरे राज्य में विश्व स्तरीय रेसिडेंशियल समुदायों, कमर्शियल परिसरों और कार्यालय भवनों के निर्माण के लिए एक मजबूत प्रतिष्ठा अर्जित की है।

असम में रॉयल आवास तेजपुर ने 2019 में प्रधान मंत्री आवास योजना (PMAY) के तहत लोअर इनकम ग्रुप (LIG) श्रेणी में सर्वश्रेष्ठ प्रोजेक्ट पुरस्कार जीता। पुरस्कार को असम के रॉयल ग्रुप के प्रति सौरवजी पंसारी के नाम पर प्रस्तुत किया गया। पुरस्कार को आवास और शहरी कार्य मंत्री के स्वतंत्र प्राधिकृत मंत्री हरदीप सिंह पुरी ने प्रदान किया। पुरस्कार समारोह 05 मार्च 2019 को दिल्ली में पीएमएवाई-एम्पावरिंग इंडिया अवाईस 2019 में आयोजित किया गया था। रॉयल आवास तेजपुर को इंडियन ग्रीन बिल्डिंग काउंसिल (आईजीबीसी) से गोल्ड रेटिंग भी मिली है।

मेरे अंकल मेरे लिए एक प्रेरणा है:

सौरवजी के अंकल डॉ. ए.के. पंसारी उनकी सबसे बड़ी प्रेरणा हैं। वह रॉयल ग्लोबल स्कूल के अध्यक्ष हैं। उन्हें 2018-19 में भारत के महानतम नेताओं में से एक होने के लिए सम्मानित किया गया है। RGS को 2018-19 में भारत के सबसे प्रभावी ब्रांडों में से एक होने के लिए भी सम्मानित किया गया। शिक्षा के क्षेत्र में उत्कृष्टता के लिए यूनाइटेड रिसर्च सर्विसेज द्वारा किए गए शोध के आधार पर पुरस्कार दिए गए। वह रॉयल ग्लोबल यूनिवर्सिटी के चांसलर भी

हैं - आधिकारिक तौर पर असम रॉयल ग्लोबल यूनिवर्सिटी के रूप में स्थापित, असम में पांचवां निजी विश्वविद्यालय है।

सौरवजी पंसारी से अपने रियल एस्टेट व्यवसाय को बढ़ाने के लिए अद्भुत सफलता के पाठ:

एक्शन लेकर दुसरो के लिए उदहारण बने:

सौरवजी बताते है, "मूल रूप से, मेरी व्यक्तिगत पसंद कार्रवाई करके उदाहरण स्थापित करना है। मैं अपनी टीम के सबसे निचले स्तर से और अपनी टीम के शीर्ष स्थान से जुड़ा रहता हूं। मैं अपनी मैनेजमेंट के सबसे निचले लेवल से लेकर तो टॉप लेवल तक सभी लोगो से जुड़ा रहता हूं। वे भी देखते हैं कि जब मैं काम करता हूं तो उसमें कितनी मेहनत करता हूं। उसी तरह यही बात उन्हें मोटिवेट करती है कि अगर मैं अपने काम में इतना ही शामिल हूं तो टीम के सभी मेंबर्स को भी अपना बेस्ट देने की कोशिश करनी चाहिए।"

बदलाव लाने के लिये हमेशा तैयार रहे:

उन्होंने कहा, "हमारे यहां ऐसा कुछ नहीं है कि जूनियर स्तर की टीम के सदस्य हमारे कार्यालय नहीं आ सकें। हमने अधिक सुधार करने के लिए सभी को विचारों और अवधारणाओं के साथ हमसे संपर्क करने की अनुमति दी है। मैं सुझावों के लिए हमेशा खुला रहता हूं और मैं हमेशा उनका जवाब देता हूं। वे भी मुझसे सीखते हैं और मैं भी उनसे सीखता हूं।"

अपने टीम पर भरोसा करना सीखे:

सौरवजी बताते है,"जब मैं काम करता हूं तो मैं बहुत मेहनत करता हूं। मैं जितना समय दे सकता हूं देता हूं। ऐसा नहीं है कि मुझे ट्रेवल करना या अपनी निजी जिंदगी का आनंद लेना पसंद नहीं है। जब भी मैं ट्रेवल करता हूं, मैं अपना मोबाइल बंद कर देता हूं। मुझे अपनी टीम पर इतना भरोसा है कि मेरी गैरमौजूदगी में भी वे चीजों को मैनेज कर लेंगी। मैं अपनी जीवन शैली का भी प्रबंधन कर रहा हूं और काम पर ध्यान केंद्रित कर रहा हूं और अच्छे नतीजे पा रहा हूं। प्रोजेक्ट के लॉन्च से पहले, मैं अपना 100% देता हूं। मैं प्रोजेक्ट

के लॉन्च से पहले सभी चरणों में शामिल रहता हूं। मैं अपना सर्वश्रेष्ठ देता हूं और मेरे ग्राहकों से अच्छी प्रतिक्रिया मुझे दौड़ाती रहती है।"

2020 में, रॉयल ग्रुप ने कोरोना महामारी के खिलाफ लड़ाई में उदार रूप से 1,00,00,000 रुपए दान करने का निर्णय लिया। इस राशि का बड़ा हिस्सा रॉयल ग्रुप के प्रबंधन से आया था, और यह असम से कोरोना के खतरनाक अस्तित्व के खिलाफ पहला महत्वपूर्ण व्यापारिक संकल्प था।

* * *

23. श्री नीरव मांडलिक

निर्माण प्रोजेक्ट्स के संस्थापक और मैनेजिंग डायरेक्टर - अहमदाबाद, गुजरात

निर्माण प्रोजेक्ट्स फॅमिली ऐसे इंजीनियरों से बना है जो विभिन्न क्षेत्रों में विशेषज्ञ हैं। कंपनी तेल और गैस, ऑटोमोबाइल, रेस्टॉरेंट, अस्पताल और अन्य विशेष निर्माण कार्य जैसे विभिन्न बाजार क्षेत्रों में प्रोजेक्ट्सपर काम करती है। त्वरित सीखने, नवाचार और बेहतर निष्पादन के माध्यम से, कंपनी सभी प्रकार के निर्माण कार्यों के लिए व्यापक समाधान प्रदान करती है।

श्री नीरव मांडलिक निर्माण प्रोजेक्ट्स के मैनेजिंग डायरेक्टर हैं। उनके पास सिविल इंजीनियरिंग में ग्रेजुएशन की डिग्री और रियल एस्टेट में प्रबंधन की डिग्री है। 20 से अधिक वर्षों के लिए, उन्होंने रिलायंस इंडस्ट्रीज लिमिटेड, एस्सार ऑयल लिमिटेड, सिंक्लेयर नाइट मर्ज़ एंड जैकब्स जैसे प्रसिद्ध संगठनों में काम किया है। उन्होंने 2009 में एक संस्थापक के रूप में निर्माण प्रोजेक्ट्स की शुरुआत की और फर्म के विकास में उनकी विशेषज्ञता एक महत्वपूर्ण कारक रही है।

नीरवजी के रियल एस्टेट के अनुभव से सीख ने लायक कुछ महत्वपूर्ण बातें:

निर्माण फॅमिली के विचार:

नीरव जी बताते है, "टीम को प्रेरित करने के विभिन्न तरीके हैं। कुछ टीमों को बोनस से बढ़ावा मिलता है और कुछ मानव प्रवृत्ति वेतन पर ध्यान केंद्रित नहीं करती है, वे पदोन्नति और पदनाम पर ध्यान केंद्रित करती हैं। इसलिए अपने पार्टनर्स और टीम मेंबर्स को समझना जरूरी है क्योंकि मेरी कंपनी की 100% ग्रोथ उन्हीं पर निर्भर करती है। इसी विचार को लेकर हमने हमारे कंपनी में टीम मेंबर्स को लाभ देने के लिए एक रणनीति बनायीं। जैसे की आज के ज़माने में

आपका घर और परिवार आपके लिए एक आश्रय हैं, आपके जीवन का केंद्र हैं, वो स्थान हैं जहां से आपके दैनिक अनुभव सभी बढ़ते हैं। बच्चों और वयस्कों के रूप में, हमारा घर और परिवार हमें दुनिया के सबसे आरामदायक महसूस करने वाले स्थान होते हैं। वे यह निर्धारित करते हैं कि आप अपने जीवन के निर्णय कैसे लेते हैं; वे आपके दृष्टिकोण, जागरूकता, और आत्म-मूल्य को आकार देते हैं। इसीलिए हम अपनी कंपनी में प्रत्येक टीम मेंबर्स को अपना खुद का घर बनाने में मदद करते है ताकि वे अपनी जीवन के प्रगति का पथ खोज पाए। मेरी यह रणनीति सबसे अधिक प्रभावी रही है। यहां तक कि निर्माण में हमारे मजदूर परिवार के सदस्यों को भी, हम उन्हें चिकित्सा बीमा के साथ मदद करते हैं, उन्हें चेक भेजते हैं, उनके लिए भोजन की व्यवस्था करते हैं, और उन्हें परेशानियों से छुटकारा दिलाने में मदद करते हैं, ताकि वे शांति से रह सकें। 10 साल से मेरे साथ जो श्रम शक्ति जुड़ी है, वे भी मेरे परिवार के सदस्य हैं। निर्माण में, हम टीम के प्रत्येक सदस्य और उनकी ज़रूरतों को समझते हैं। उनकी ज़रूरतों के आधार पर हम उन्हें पूरा करने और उन्हें प्रेरित करने का प्रयास करते हैं।"

अपने सबकॉन्सशियस माइंड को आदेश दें:

नीरवजी बताते है, "मैं एक आध्यात्मिक व्यक्ति हूं और मैं सबकॉन्सशियस में विश्वास करता हूं। मैं अपने सबकॉन्सशियस माइंड को आदेश देता हूं कि मैं अगले 5 वर्षों में कहां पोहोचना चाहता हूं। मैं भगवान शिव की पूजा करता हूं, मैं अपने सबकॉन्सशियस माइंड को आदेश देता हूं और अपनी अंतकरण का पालन करता हूं।"

रियल एस्टेट या जीवन में ह्यूमन टच अर्थात मानवीय स्पर्श का महत्व:

नीरवजी से आप जो सबसे अच्छी सीख ले सकते है, वह है ह्यूमन टच अर्थात मानवीय स्पर्श के बारें में उनके विचार। उनका मानना है की व्यापार जगत में मानव स्पर्श का महत्व अत्यधिक है। यह संबंधों को मजबूत और स्थायी बनाता है और व्यवसायों के विकास में महत्वपूर्ण भूमिका निभाता है। मानव स्पर्श के माध्यम से, व्यापारिक संबंधों में विश्वास और साझेदारी बढ़ती है। लोग उन्हें विश्वास करते हैं और उनके साथ काम करने को तैयार होते हैं। ग्राहक सेवा

में मानव स्पर्श का महत्वपूर्ण भूमिका है। यह ग्राहकों को आत्म-महसूस करने में मदद करता है और उनकी जरूरतों को समझने में सहायक होता है। मानव स्पर्श व्यापारी संबंध और नेटवर्किंग के लिए महत्वपूर्ण होता है। यह आपको नए ग्राहकों को प्राप्त करने और व्यापारी संबंधों को बढ़ावा देने में मदद करता है। मानव स्पर्श के माध्यम से कार्यकर्ताओं की कल्याण सुनिश्चित किया जा सकता है। एक साथी और समर्पित कार्यकर्ता की भावना करने से वे काम में मोटिवेट रहते हैं और उत्कृष्ट प्रदर्शन करते हैं। आपकी सफलता मानव स्पर्श के बिना एक मिथक है, मानव स्पर्श से आपका जीवन आनंदित हो जाता है।

24. श्री पार्थ मेहता

पैराडाइम रियल्टी के चेयरमैन और मैनेजिंग डायरेक्टर - मुंबई, महाराष्ट्र

श्री पार्थ मेहता जो की पैराडाइम रियल्टी के चेयरमैन एंड मैनेजिंग डायरेक्टर है। उन्होंने मुंबई के रियल एस्टेट बाजार में सबसे प्रसिद्ध नामों में से एक, वाधवा ग्रुप की कंपनियों में व्यवसाय विकास प्रबंधक के रूप में अपनी यात्रा शुरू की। वर्षों से उनकी विशेषज्ञता, ज्ञान की गहराई, रणनीतिक निर्णय लेने और प्रोजेक्ट निष्पादन की लागू पद्धतियों के साथ उन्हें परिणी रियल्टी में सीईओ के पद से सम्मानित किया गया था। 2015 में, उन्होंने पैराडाइम रियल्टी नाम से अपना बिज़नेस शुरू किया और किफायती लक्ज़री हाउसिंग सेगमेंट में सर्वश्रेष्ठ पेशकश करने के मकसद से ऑपरेशन शुरू किया। उनके नेतृत्व में पैराडाइम रियल्टी सामर्थ्य और गुणवत्ता की मशाल के साथ आगे बढ़ रही है।

पार्थजी ने हमें यह बताकर प्रेरित किया कि कैसे उन्होंने लोगों के एक बहुत छोटे ग्रुप के साथ शुरुआत की और अपने सपनों को हासिल करने के लिए बहुत ईमानदारी से काम किया। मुझे लगता है कि हमें अपने सपनों को हकीकत में बदलने के लिए वास्तव में उसी का पालन करना चाहिए।

पार्थजी के रियल एस्टेट के अनुभव से सीख ने लायक कुछ महत्वपूर्ण बाते:

सीखने पर तेजी से ध्यान दें और खुद को एक डेटाबेस की तरह बनाएं:

पार्थजी हमें बताते है, "मैं हमेशा सभी को सलाह देता हूं कि हमेशा एक छोटी कंपनी के साथ जुड़ें। ऐसी कंपनी से जुड़कर आपको हर कार्य में आपके हाथ डालने का अवसर प्राप्त होगा। आप कंपनी की हर गतिविधि में शामिल हो सकते हैं। जबकि यदि आप किसी छोटे/मध्यम उद्यमी के साथ जुड़ते हैं, जिसमें आपके पास कौशल है और "मैं आपके लिए यह कर सकता हूं" की मानसिकता है, तो आपको

उन सभी चीजों को करने और सीखने की आजादी दी जाएगी कि आप क्या करना चाहते हैं। इसलिए सभी युवाओं को मेरा एक ही संदेश है कि पहले सीखने पर ध्यान दें और बाद में कमाई पर। यदि हम केवल वेतन की गणना करते हैं तो हम अच्छी तरह से नहीं सीख सकते हैं। अगर आप खुद को एक डेटाबेस की तरह बना लेंगे तो ये आपकी कई तरह से मदद कर सकता है। यह मेरी यात्रा रही है जहां मैंने एमबीए पूरा करने के बाद काम करना शुरू किया, मैं वाधवा ग्रुप में शामिल हो गया, मैंने वहां चार साल बिताए, मैं कह सकता हूं कि यह मेरे जीवन का पीएचडी/एमबीए है, जहां मुझे व्यावहारिक ज्ञान सीखने को मिला।"

अच्छे अनुयायी एक अच्छी कंपनी बनाते हैं:

पार्थजी हमें बताते है, "छह साल में 1600+ फ्लैट डिलीवर किए गए और 250+ लोग टीम में हैं। हमें इस बात पर बहुत गर्व है कि हमने एक टीम के रूप में अच्छी तंत्र मशीनरी बनाई है जो व्यवसाय में हर चुनौती को संभालती है। हमारे पास डिजाइन, अनुमति, बैंकफण्ड, मार्केटिंग आदि के लिए सर्वश्रेष्ठ व्यक्ति हैं। इसलिए मुझे इस बात पर बहुत गर्व है कि हमारी टीम में जुनूनी और प्रेरित लोग हैं। मैं देखता हूं कि जो लोग भी हमसे जुड़े हैं वे दूरदर्शी हैं। हमारी टीम समझती है कि अगले 10 सालों में हमारी कंपनी एक बड़ी कंपनी बन सकती है, इसके लिए हम दिन-रात अपनी जान दे रहे हैं। अच्छी कंपनियां अच्छे लीडर्स से नहीं बनतीं, अच्छी कंपनियां अच्छे फॉलोअर्स से बनती हैं।"

पार्थजी हमें बताते है, "अगर आपकी टीम में ऐसे लोग हैं जो आपके दृष्टिकोण को समझते हैं, तो केवल ईमानदारी और कड़ी मेहनत ही सभी लक्ष्यों को प्राप्त कर सकती है। क्योंकि मुंबई के रियल एस्टेट बाजार में पैसे की कोई कमी नहीं है, अगर अच्छे प्रोडक्ट्स हैं, अच्छी अवधारणाएं हैं, और अच्छी क्षमता है, तो मुझे लगता है कि कार्यान्वयन कोई बड़ी बात है।

ये कुछ प्रमुख बातें हैं जो वह बताते हैं जो मुझे अपने जीवन में भी बहुत प्रेरक लगे कि हमें सबसे पहले सीखने पर ध्यान देना चाहिए क्योंकि सीखने से हमें यह समझने का आत्मविश्वास मिल सकता है कि हम क्या कर रहे हैं। व्यक्तिगत रूप से, मेरे लिए, यह एक प्रेरणादायक इंटरव्यू था।

✳ ✳ ✳

25. तुषार जीतू मोहनदास

मोहन ग्रुप के एग्जीक्यूटिव डायरेक्टर - कल्याण, महाराष्ट्र

1987 में स्थापित, मोहन ग्रुप की मुंबई, पुणे और गोवा के केंद्रीय उपनगरों में 1 करोड़ वर्ग फुट से अधिक विकसित क्षेत्र और 17,000 से अधिक खुशहाल परिवारों के संतुष्ट ग्राहक आधार के साथ एक मजबूत उपस्थिति है। कंपनी के पास अतिरिक्त 40 लाख वर्ग फुट जमीन है जहा कमर्शियल और रेसीडेन्शिअल प्रोजेक्ट्स का प्लानिंग चल रहा है।

तुषारजी मोहन ग्रुप के एग्जीक्यूटिव डायरेक्टर हैं। दुनिया के 3 महाद्वीपों में मुख्य रूप से वित्त के क्षेत्र में अपनी शिक्षा पूरी करने के बाद कॉमर्स में ग्रेजुएट तुषारजी वर्ष 2016 में मोहन ग्रुप के साथ जुड़ गए। वह मीडिया, एकाउंट्स, फाइनेंस, कानूनी और सेल्स विभागों में एक प्रमुख भूमिका निभाते हैं और अभी भी व्यावहारिक अनुभवों के माध्यम से अपने सीखने के कौशल का सम्मान करके कंपनी की सफलता में शामिल होना चाहते हैं।

वह रणनीतिक योजना समारोह के लिए विज़न और मिशन स्थापित करते है और यह सुनिश्चित करते है कि कर्मचारी इसके बारे में जानते हैं और इस दृष्टि का समर्थन करते हैं और यह कि प्रोजेक्ट्स व्यावसायिक उद्देश्यों के साथ संरेखित हैं।

तुषारजी व्यावसायिक उद्देश्यों को पूरा करने के लिए ग्राहकों/हितधारकों के साथ समझौतों पर बातचीत करते हैं, वे निर्णय लेने में सहायता करने और व्यावसायिक अपेक्षाओं को पूरा करने के लिए उपलब्ध विकल्पों के लाभों की पहचान और विश्लेषण करने पर भी ध्यान देते हैं। वह ग्राहक या स्टेकहोल्डर्स की जरूरतों को समझने और उनकी जरूरतों को पूरा करने के लिए शिल्प संचार के लिए बाजार के रुझान को समझने और अनुमान लगाने के लिए अपने ज्ञान और अनुभव का उपयोग करते है।

एक प्रतिभाशाली व्यक्ति तुषारजी, कंपनी की सफलता के लिए एक समय सीमा के भीतर संचालित लघु, मध्य और दीर्घकालिक उद्देश्यों का समर्थन करने वाली प्रभावी प्रक्रियाओं और प्रक्रियाओं का निर्देशन, संचार और कार्यान्वयन करते हैं।

तुषारजी के रियल एस्टेट के अनुभव से सीख ने लायक कुछ महत्वपूर्ण बातें:

रियल एस्टेट में प्रवेश के लिए बाधाओं के अनपेक्षित लाभ - एक RERA केस स्टडी:

RERA द्वारा पेश किए गए सख्त कानूनों ने RERA अनुमोदित बिल्डरों के प्रदर्शन को व्यवस्थित करने में मदद की। रियल एस्टेट क्षेत्र में प्रवेश के लिए इन बाधाओं ने सुनिश्चित किया कि एक स्वस्थ प्रतिस्पर्धा है, जो बदले में गुणवत्ता वाली संपत्ति प्रोजेक्ट्सके विकास की ओर ले जाती है क्योंकि RERA अनुमोदन के बिना कोई प्रोजेक्ट शुरू नहीं की जा सकती है", तुषारजी जी बताते है।

सोशल मीडिया कंटेंट बनाने के लिए करंट ट्रेंड्स और न्यूज़ का उपयोग करें:

डिजिटल दुनिया में, हम समाचार आधारित संस्कृति में रहते हैं। हर एक घंटे में हमें एक नए ट्रेंड के बारे में पता चलता है, यह किसी फिल्म का संवाद हो सकता है, कोई वास्तविक घटना या कोई वायरल मीम हो सकता है। सोशल मीडिया कंटेंट बनाने के लिए वर्तमान ट्रेंड का उपयोग करना आपके ब्रांड को पॉपुलर बनाएगा। इसी रणनीति के साथ, मोहन ग्रुप ने सोशल मीडिया पर संगठित रूप से ब्रांड जागरूकता निर्माण की है।

मोहन ग्रुप अपनी स्थापना के समय से ही रियल एस्टेट में वैल्यू-फॉर-मनी समाधान प्रदान कर रहा है। मोहन ग्रुप आज रेसिडेंशियल और कमर्शियल स्थानों के निर्माण से लेकर **प्रोजेक्ट** निष्पादन और विपणन में व्यावसायिक परामर्श सर्विस तक की सर्विसेज के साथ एक बहुउद्देशीय कंपनी है।

✳ ✳ ✳

26. श्री हेमंत सूद

रितेश प्रॉपर्टीज एंड इंडस्ट्रीज लिमिटेड द्वारा बनाया गया हैम्पटन होम्स के एमडी - लुधियाना, पंजाब

एक पब्लिक लिमिटेड कंपनी, रितेश प्रॉपर्टीज एंड इंडस्ट्रीज लिमिटेड (RPIL) 18 फर्मों का एक ग्रुप है, जिसके कार्यालय पूरे भारत में हैं। यह रियल एस्टेट और फैशन उद्योग में व्यावसायिक हितों वाली एक अग्रणी कंपनी है। कंपनी का पहले का नाम रितेश इंडस्ट्रीज लिमिटेड था। कंपनी की शुरुआत स्वर्गीय श्री प्रण अरोड़ा द्वारा परिधान और निटवेअर इकाई के रूप में की गई थी। बाद में उनके पुत्र श्री संजीव अरोड़ा ने इसे संभाला और इसका विस्तार किया।

वर्तमान में, श्री संजीव अरोड़ा रितेश प्रॉपर्टीज एंड इंडस्ट्रीज लिमिटेड के अध्यक्ष और एमडी हैं। कपड़ों के निर्माण और निर्यात के अलावा, आज फर्म रियल एस्टेट, हाउसिंग, इंडस्ट्रियल और कमर्शियल क्षेत्रों में शामिल है और हैम्पटन बिजनेस पार्क विकसित किया है। फिनडॉक् ग्रुप ने रितेश प्रॉपर्टीज एंड इंडस्ट्रीज लिमिटेड के साथ मिलकर अब लुधियाना के चंडीगढ़ रोड पर - हैम्पटन होम्स के साथ रियल एस्टेट की दुनिया में कदम रखा है।

हैम्पटन होम्स लुधियाना में फ्यूचरिस्टिक अफोर्डेबल लिविंग का स्थान है, जो NH-95, लुधियाना-चंडीगढ़ हाईवे पर स्थित है। यह प्रोजेक्ट 40 एकड़ के विकसित टाउनशिप का हिस्सा है जिसमें 11 टावर और लगभग 1900 अपार्टमेंट हैं, जो कई लोगों के अपने घर के सपने को पूरा करेगा। हैम्पटन होम्स के पास स्थान, सुविधाओं और विलासिता से लेकर बहुत कुछ है।

हर किसी को अपना खुद का घर प्रदान करने की दृष्टि से, हैम्पटन होम्स की कीमत एक ऐसी श्रेणी में रखी गई है जो भारत के निरंतर विकसित और आकांक्षी लोगों के लिए सस्ती है। प्रोजेक्ट को इंटरनेशनल फाइनेंस कारपोरेशन ऑफ द वर्ल्ड बैंक ग्रुप द्वारा इको फ्रेंडली के रूप में प्रमाणित किया गया है। श्री हेमंत सूद हैम्पटन होम्स के एमडी हैं और श्री अमित बजाज हैम्पटन होम्स के सीईओ हैं।

तीन बेहतर रियल एस्टेट लीडर्स से अमूल्य नेतृत्व के पाठ:

अंडर प्रॉमिसिंग और ओवर डिलीवरिंग:

श्री हेमंत सूद हमें अंडर प्रॉमिसिंग और ओवर डिलीवरी की अवधारणा समझाते हैं। इसका मतलब है कि डील के समय बताए गए से थोड़ा अधिक करना और ग्राहकों को संतुष्ट करने के लिए अतिरिक्त प्रयास करना। यह पैसे के लिए मूल्य प्रदान कर रहा है, जो कि सभी ग्राहक चाहते हैं। अंडर प्रॉमिसिंग और ओवर डिलीवरी, यह मंत्र ओवर प्रॉमिसिंग और अंडर डिलीवरी के विपरीत है।

मार्केटिंग का सही अर्थ सही लोगों को सही जानकारी दें:

श्री अमित बजाज ने मार्केटिंग का वास्तविक अर्थ समझाया। उनका कहना है, सही ग्राहक को सही जानकारी देना ही रियल एस्टेट में असली मार्केटिंग है। यह रियल एस्टेट में परिभाषित करने और सफलता प्राप्त करने में आपकी सहायता करेगा।

जितना अधिक आप सीखते हैं, उतना बेहतर आप बनते हैं:

श्री संजीव अरोड़ा हमें रियल एस्टेट में ट्रेनिंग के महत्व के बारे में बताते हैं। वह कहते हैं, उद्योग के विकास के लिए ट्रेनिंग और विकास बहुत महत्वपूर्ण है। यह प्राथमिक शिक्षा जितना ही महत्वपूर्ण है। जितना अधिक आप अध्ययन करेंगे, उतना ही बेहतर होगा।

ऐसी शक्तिशाली रणनीतियों के साथ आप रियल एस्टेट में रितेश प्रॉपर्टीज एंड इंडस्ट्रीज लिमिटेड जैसे ब्रांड का निर्माण भी कर सकते हैं। तीन दूरदर्शी नेताओं का पूरा इंटरव्यू आप हमारे यूट्यूब चैनल पर देख सकते हैं। आप इन लीडर्स से अधिक व्यावहारिक ज्ञान सीख सकते हैं जो आपकी कंपनी को रियल एस्टेट बाजार में एक ब्रांड बनाने में मदद कर सकता है।

✳ ✳ ✳

27. श्री उत्सव मित्तल

पी आर एम् बेगराज के एग्जीक्यूटिव डायरेक्टर - सिलीगुड़ी, पश्चिम बंगाल

पीआरएम बेगराज उत्तर पूर्व भारत की सबसे प्रमुख रियल एस्टेट कंपनियों में से एक है। कंपनी का मुख्यालय सिलीगुड़ी, पश्चिम बंगाल में है। बड़ी सफलता के साथ, ग्रुप पूरे सिलीगुड़ी और उसके सहयोगी शहरों में अद्वितीय रियल एस्टेट संपत्तियों का विकास करके शहर के क्षितिज को नया रूप दे रहा है।

कंपनी उत्तर पूर्व भारत के सबसे बड़े रियल एस्टेट दिग्गजों में से एक है। जिसका मुख्यालय सिलीगुड़ी में है, ग्रुप ने कई प्रमुख रेसिडेंशियल परियोजनाओं, कमर्शियल परिसरों, मॉल और कार्यालय भवनों का निर्माण किया है। कंपनी सिलीगुड़ी में वेगा मॉल और कॉसमॉस मॉल के निर्माता है, साथ ही उत्तर पूर्व में "पीआरएम मार्केटसिटी" नामक मॉल की एक श्रृंखला भी है।

श्री उत्सव मित्तल कंपनी के एग्जीक्यूटिव डायरेक्टर में से एक हैं। उन्होंने किरोड़ीमल कॉलेज, दिल्ली विश्वविद्यालय से बीकॉम (ऑनर्स) किया है और कैस बिजनेस स्कूल, लंदन से प्रबंधन में एमएससी किया है। एक युवा और गतिशील व्यक्तित्व, वह ग्रुप के रेसिडेंशियल विंग के प्रभारी हैं। वह राउंड टेबल इंडिया और लायंस क्लब जैसे संगठनों के माध्यम से सक्रिय रूप से समाज के विकास का समर्थन करता है, जिसके वह सदस्य हैं। वह एक फिटनेस उत्साही हैं और सभी खेलों को खेलने में सहभागी होना पसंद करते हैं।

उत्सवजी के रियल एस्टेट के अनुभव से सीख ने लायक कुछ महत्वपूर्ण बाते:
समय और परिस्थिति के साथ अनुकूल बनना सीखे:

उत्सवजी कहते हैं कि जीवित रहने का एकमात्र तरीका अनुकूलन करना है। यदि आपमें अनुकूलन की क्षमता है तो ही आप चुनौतियों से पार पाने में सक्षम होंगे।

स्वयं को ऊर्जावान बनाये रखे:

उत्सवजी हमें ऊर्जा बनाए रखने का महत्व बताते हैं। फिटनेस के प्रति उत्साही होने से उन्हें अनुशासित रहने में मदद मिलती है। वह जल्दी सो जाते है और जल्दी उठते है। वह सही डाइट प्लान फॉलो करते हैं। वह आध्यात्मिक गुरु श्री श्री रविशंकर का भी अनुसरण करते हैं और ध्यान करने में विश्वास करते हैं।

कार्य करने के नियमो को समझे और हमेशा नियमो का पालन करे:

उत्सवजी बताते हैं कि रियल एस्टेट में सफलता पाने के लिए कुछ नियमों का ठीक से पालन करना जरूरी है। जिनमें से पहला नियम यह है कि आपको धैर्य रखने की आवश्यकता है। दूसरा यह है कि आपको पूरी प्रक्रिया को सही और व्यवस्थित तरीके से करना होगा। अगर आप ऐसा करते हैं तो चीजें अपने आप सही तरीके से व्यवस्थित होने लगती हैं। इस सरल और स्पष्ट नियमों के साथ, आपको रियल एस्टेट में सफलता मिलेगी।

1990 में स्थापित, PRM बेगराज ग्रुप के पास 2 मिलियन वर्ग फुट से अधिक के सफल रियल एस्टेट प्रोजेक्ट्सको विकसित करने का 20+ वर्ष का ट्रैक रिकॉर्ड है और सिलीगुड़ी और उसके आसपास 4 मिलियन वर्ग फुट के विकास की दिशा में तेजी से काम कर रहा है।

* * *

28. भावेशजी कुचनवार

संस्कृति डेवलपर्स के सीईओ और मैनेजिंग डायरेक्टर - नागपुर, महाराष्ट्र

संस्कृति डेवलपर्स नागपुर शहर की एक प्रमुख रियल एस्टेट फर्म है जो उच्चतम गुणवत्ता की आवश्यकताओं को पूरा करने वाली प्रोजेक्ट्सको वितरित करने पर ध्यान केंद्रित करती है। कंपनी बड़ी संख्या में प्रतिष्ठित ग्राहकों के सपनों को साकार करने में लगातार महत्वपूर्ण प्रगति करने की आकांक्षा रखता है।

भावेशजी कुचनवार संस्कृति डेवलपर्स के सीईओ और एमडी हैं। वह एक राष्ट्रीय बास्केटबॉल खिलाड़ी और नागपुर बास्केटबॉल एसोसिएशन के सदस्य हैं। भावेशजी एक शहर के प्रीमियम प्रोजेक्ट एक्सपर्ट हैं और उनके पास रियल्टी क्षेत्र में 15+ वर्ष का अनुभव है।

भावेशजी के रियल एस्टेट के अनुभव से सीख ने लायक कुछ महत्वपूर्ण बाते:

व्यापार खेल की तरह है:

भावेशजी के अनुसार रियल एस्टेट व्यवसाय एक खेल की तरह है। रियल एस्टेट के इस खेल को जीतने के लिए टीम वर्क जरूरी है। इसलिए, एक बेहतर टीम बनाएं और अपनी नेतृत्व क्षमता विकसित करें।

खेलों से नेतृत्व का विकास करें:

भावेशजी एक जुनूनी बास्केटबॉल खिलाड़ी हैं। वह बताते हैं कि, खेल के जुनूनी खिलाड़ी होने के कारण उनमें नेतृत्व की गुणवत्ता विकसित करने में मदद मिली है। यही नेतृत्व गुण रियल्टी क्षेत्र में उनकी सफलता का राज है।

यह इंटरव्यूव् दर्शाता है कि हमें अपना काम शुरू करने से पहले उसके प्रति कितना प्रतिबद्ध और विश्वासयोग्य होना चाहिए। आम तौर पर, हम सभी

को इस बारे में संदेह होता है कि क्या एक मेहनती या एक स्मार्ट कार्यकर्ता होना चाहिए; लेकिन भावेशजी संदेह को स्पष्ट करते हैं और सुझाव देते हैं कि आपकी कार्यशैली में स्मार्ट वर्क और कड़ी मेहनत को संयोजित करने के लिए आदर्श दृष्टिकोण लक्ष्यों को प्राप्त करने के लिए एक उत्कृष्ट मिश्रण है।

29. श्री संदीप गोयल

संदीपजी रियल एस्टेट के मैनेजिंग डायरेक्टर - सिलीगुड़ी, वेस्ट बंगाल

संदीप जी रियल एस्टेट लिमिटेड (प्यूर एन्क्लेव प्राइवेट लिमिटेड) एक प्रसिद्ध रियल एस्टेट फर्म है जिसे 2004 में स्थापित किया गया था। एक दशक के दौरान, कंपनी ने कई महत्वपूर्ण और प्रतिष्ठित रेसिडेंशियल और कमर्शियल प्रोजेक्ट्स को डिजाइन, विकसित और कार्यान्वित किया है। यह वर्तमान में उत्तर बंगाल के रियल एस्टेट मार्केट में एक जाना-पहचाना नाम है।

श्री संदीप गोयल संदीप जी रियल एस्टेट, सिलीगुड़ी, पश्चिम बंगाल के संस्थापक और सीएमडी हैं। वह एक युवा प्रतिभाशाली व्यवसायी हैं। वह रियल एस्टेट के नियामक और कारोबारी माहौल से पूरी तरह परिचित है। श्री हर्षवर्धन नियोटीया उनके आदर्श हैं जो अंबुजा नियोटिया ग्रुप के अध्यक्ष हैं।

श्री संदीप गोयल एक उत्साही और प्रैक्टिकल पेशेवर हैं। उनके पास एक टीम के रूप में काम करने, कई कार्यों को संभालने और किसी भी उद्यम के वातावरण के लिए प्रभावी अनुकूलन क्षमता के रूप में नेतृत्व करने की क्षमता है। बहुत कम समय में उन्होंने रियल एस्टेट में बड़े पैमाने पर योगदान दिया है और इसके बढ़ते विकास परिप्रेक्ष्य के साथ वे उत्तर बंगाल में रियल एस्टेट में सबसे अग्रणी और सक्षम व्यक्तियों में से एक बन गए हैं।

संदीपजी के रियल एस्टेट के अनुभव से सीख ने लायक कुछ महत्वपूर्ण बातें:

रियल एस्टेट में पहली बार अच्छा प्रभाव डालने की कला:

संदीप जी बताते है, "यदि रियल एस्टेट में सर्वश्रेष्ठ निर्माण करना महत्वपूर्ण है, तो इसका सर्वोत्तम तरीके से प्रतिनिधित्व करना भी महत्वपूर्ण है। यदि

आप अपने ग्राहक को विश्वास दिलाते हैं कि आप सबसे अच्छा निर्माण करेंगे और जब आप सर्वश्रेष्ठ बनाकर देंगे तो आप अधिक सेल्स कर पाएंगे। जब कोई ग्राहक आपके पास आता है, तो वह साइट विज़िट करना चाहता है। अगर आपका ऑफिस साफ-सुथरा है तो यह आपकी कंपनी के बारे में उस पर पहली छाप छोड़ेगा। आपकी बातचीत और व्यवहार से ग्राहक को विश्वास होना चाहिए कि आप अपना वादा जरूर पूरा करेंगे। रियल एस्टेट मार्केटिंग में एक बात मान लेनी चाहिए कि अगर लोग आपके बारे में सकारात्मक प्रतिक्रिया नहीं देते हैं, तो मार्केटिंग में लाखों खर्च करें, कुछ भी काम नहीं करेगा। ग्राहक पर आपकी पहली छाप और बाज़ार में आपकी प्रतिष्ठा रियल एस्टेट में सबसे बड़ी भूमिका निभाती है।"

हर चुनौती एक अवसर है:

इस इंटरव्यूव् में संदीपजी ने एक कहानी साझा की, "हमने 2008-09 में एक प्रोजेक्ट की और हमें पार्किंग की समस्या थी। पार्किंग क्षेत्र की कीमत सभी के लिए समान थी। पार्किंग क्षेत्र की कीमत सभी के लिए समान थी। जब फ्लैट सौंपने का समय आया तो हर ग्राहक अपनी-अपनी मांग रख रहा था। जब हमने सबकी सुनी तो सब सही लगे, ये हमारे लिए बहुत बड़ी चुनौती थी और मुझे समझ नहीं आ रहा था कि इसका हल कैसे निकाला जाए। इस परीस्थति से हमें बोहोत कुछ सिखने को मिला। उसके बाद हम जो भी प्रोजेक्ट बनाएंगे, हमने शुरू से ही साफ कर दिया है कि हम पार्किंग की जगह अंत में बटवारा नहीं करेंगे और हम पार्किंग की जगह बेचेंगे। जो आज तक भारत में किसी भी डेवलपर ने नहीं किया होगा। यह बातचीत बेहद उत्साहजनक और एक तरह की है क्योंकि आप सीखेंगे कि रियल एस्टेट की सफलता के लिए शिक्षा कोई बाधा नहीं है। संदीपजी ने इस इंटरव्यूव् में अपनी कहानी सुनाई कि कैसे उन्होंने केवल 10वीं कक्षा के माध्यम से अपनी शिक्षा पूरी करने के बावजूद उत्तर बंगाल में एक प्रसिद्ध एस्टेट कंपनी विकसित करने में सक्षम बने।

✳ ✳ ✳

30. श्री गौरव शर्मा

पुष्पांजलि कंस्ट्रक्शन के सीईओ - आगरा, उत्तर प्रदेश

यह एक प्रेरक रियल एस्टेट लीडर - श्री गौरव शर्मा की कहानी है। वह प्रमुख समूहों में से एक पुष्पांजलि कंस्ट्रक्शन के सीईओ हैं। ग्रुप के पास रियल एस्टेट में 32 साल का अनुभव है। उन्होंने आगरा, मथुरा, वृंदावन में 150 से ज्यादा सफल प्रोजेक्ट डिलीवर किए हैं। मीडिया, हेल्थकेयर, शिक्षा और रियल एस्टेट में कंपनी के अलग-अलग वर्टिकल हैं।

अपने स्कूल के दिनों में वह चिकित्सा क्षेत्र में देश का समर्थन करने की दृष्टि से एक डॉक्टर बनने की सोच रहे थे। लेकिन नियति ने उसके लिए कुछ और ही तय किया था। उन्होंने बीकॉम और एमबीए की पढ़ाई पूरी की। अपने MBA के दौरान उन्हें रिक्रूट किया गया और उन्होंने अपनी शिक्षा जारी रखी। फिर उन्होंने सिम्बायोसिस पुणे से एमसीएम की परीक्षा पास की और एचसीएल में नौकरी पा ली।

एक बार उनकी मुलाकात अपने एक पुराने मित्र श्री पुनीत अग्रवाल - एक सिविल इंजीनियर और मैनेजमेंट ग्रेजुएट से हुई। वह पुष्पांजलि ग्रुप के डायरेक्टर में से एक हैं। दोनों ने मिलकर कुछ अलग करने का फैसला किया। गौरवजी का नेटवर्क शुरू से ही बड़ा था। एक इंटरसर्वर मेल की मदद से इन्होने एक प्रोजेक्ट के लिए 5-6 बुकिंग करके अच्छा पैसा कमाए। इस घटना ने उन्हें रियल एस्टेट में प्रवेश करने के लिए उत्साहित किया। अंत में 2002 में, उन्होंने पुष्पांजलि ग्रुप के साथ नोएडा में परिचालन शुरू किया।

गौरवजी के रियल एस्टेट के अनुभव से सीख ने लायक कुछ महत्वपूर्ण बाते:

टीम के प्रत्येक खिलाड़ी को महत्व दें:

जब आप एक प्रोजेक्ट का नेतृत्व कर रहे हों, तो सुनिश्चित करें कि आप टॉप लेवल से लेकर तो बॉटम लेवल तक के सारे लोगो के साथ घुल मिल जाये। किसी को सिर्फ इसलिए खारिज न करें कि उसकी 'भूमिका' छोटी नजर आती है।

चैनल पार्टनर्स के साथ वर्किंग हैंड्स जैसा व्यवहार करें:

चैनल पार्टनर को अपनी सेल्स टीम के विस्तार के रूप में सोचें। वे आपके प्रोडक्ट को बेचते हैं, प्रबंधित करते हैं, वितरित करते हैं, जिससे आपको बाज़ार में तेज़ी से जाने में मदद मिलती है। अपने चैनल पार्टनर के साथ वर्किंग हैंड्स की तरह व्यवहार करें।

कंपनी एक परिवार की तरह है:

पुष्पांजलि कंस्ट्रक्शन में, गौरवजी कहते हैं, नेतृत्व की रणनीति बहुत सरल और स्पष्ट है। यदि आप अपनी कंपनी को बढ़ाना चाहते हैं, तो आपको एक स्वस्थ वातावरण बनाने की आवश्यकता है। आपको अपनी टीम के सदस्यों को भावनात्मक और फाइनेंशीएल दोनों पहलुओं में समझने की आवश्यकता है।

कंपनी में अपने लोगों की देखभाल करना एक प्रभावी प्रतिधारण रणनीति हो सकती है। यही वजह है कि पुष्पांजलि कंस्ट्रक्शन में 20-25 साल से लोग लगन से काम कर रहे हैं। गौरवजी की कहानी से आप कई मूल्यवान सीख ले सकते हैं। हमने अपने यूट्यूब चैनल पर उनका इंटरव्यूव् प्रकाशित किया है। आशा है कि आप उनके इंटरव्यूव् से सीखना चाहेंगे और पुष्पांजलि कंस्ट्रक्शन की तरह अपनी कंपनी को आगे बढ़ाना चाहेंगे।

❋ ❋ ❋

31. महेशजी साधवानी

नानिक ग्रुप के चेयरमैन - नागपुर, महाराष्ट्र

नानिक ग्रुप 30 से अधिक वर्षों के अनुभव के साथ मध्य भारतीय क्षेत्र की प्रीमियम रियल एस्टेट कंपनियों में से एक है। नानिक ग्रुप में, शरुवात से ही रियल एस्टेट लीडर्स ने इट-कॉन्क्रीट से बनाए हुए निर्जीव घरों को मानवीय स्पर्श प्रदान करके परिवारों को बसाकर एक घर को सजीव बनाने का प्रयास किया है। श्री महेश साधवानी पहली पीढ़ी के रियल एस्टेट उद्यमी और शिक्षा उद्यमी हैं। वह नानिक ग्रुप और झूलेलाल ग्रुप ऑफ़ इंस्टिट्यूशन्स के संस्थानों के अध्यक्ष हैं। महेशजी एक प्रभावी आशावादी हैं जो शिक्षा की मदद से एक ऐसा पारिस्थितिकी तंत्र बनाने के मिशन पर हैं जो राष्ट्रीय परिवर्तन में योगदान देते है।

महेशजी पारंपरिक सिंधी परिवार से ताल्लुक रखते हैं। उनकी ऊर्जा अद्भुत है, उनके लक्ष्य बड़े हैं और उनका दृष्टिकोण बेजोड़ है। महेशजी ने व्यावसायिकता और पूर्ण पारदर्शिता के साथ अपने सभी हितधारकों को गुणवत्ता और संतुष्टि प्रदान करने के उद्देश्य से नानिक ग्रुप की स्थापना की।

महेशजी के रियल एस्टेट के अनुभव से सीख ने लायक कुछ महत्वपूर्ण बाते:

ग्राहकों और बिल्डरों के बीच पुल सही होना जरुरी है:

साधवानीजी बताते है, "रियल एस्टेट में, दीर्घकालिक संबंध बनाने के लिए ग्राहक और बिल्डरों के बीच आपसी समझ बनाना आवश्यक है। मार्केटिंग टीम, सेल्स टीम और चैनल पार्टनर ग्राहकों और बिल्डरों के बीच का सेतु हैं। ग्राहकों और बिल्डरों के बीच का सेतु और मजबूत होना चाहिए। "

प्रभावी प्रबंधन के बिना, कोई विकास नहीं:

साधवानीजी बताते है, "प्रभावी प्रबंधन के बिना, कोई भी कंपनी जीवित नहीं रह सकता या समृद्ध नहीं बन सकता। प्रभावी प्रबंधन सभी भौतिक और मानव

संसाधनों का उत्पादक रूप से उपयोग करता है। यह ग्रुप के प्रयासों को पूर्व निर्धारित लक्ष्यों की प्राप्ति के लिए निर्देशित करता है। नानिक ग्रुप में हम सब एक संगठित व्यवस्था के साथ काम करते हैं। सभी व्यापार भागीदार प्रबंधन में शामिल हो जाते हैं। शुरुआत से ही हम इस सिद्धांत पर काम कर रहे हैं, जो हम ऊपर से निर्देशित करते हैं उसे नीचे तक पहुंचाया जाना चाहिए और जिम्मेदार व्यक्ति को ईमानदारी से काम करना चाहिए।

हर रोज का अपडेट रखे:

साधवानीजी बताते है, कि वह अपने दिन की शुरुआत ग्रीन टी से करते हैं। वह कहते हैं, एक रियल एस्टेट लीडर के रूप में, अपने दैनिक कार्यों को बनाए रखना आपकी दक्षता और स्थिरता के लिए महत्वपूर्ण है। वह अपनी टीम के साथ-साथ साइट पर क्या चल रहा है, इसके बारे में दैनिक अपडेट प्राप्त करते है। आपके दैनिक अपडेट से कार्यों के अपडेट और रिपोर्ट की एक सरल श्रृंखला आपको गेम में आगे रहने में आसानी से मदद कर सकती है। भारत के केंद्र से एक प्रभावी दूरदर्शी जो ग्राहकों को गुणवत्ता प्रदान करने, घर को घर में बदलने और भारत के छात्रों को शिक्षा के साथ सशक्त बनाने में विश्वास रखते है। यही आपके महेशजी साधवानी है।

मैं यहां उनकी मां द्वारा उनसे कहे गए शब्दों को उद्धृत करना चाहूंगा, "अपनी दौड़ के चक्कर में अपनों को कभी पीछे मत छोड़ना और आपकी दौड़ के वजह से किसी का नुकसान न हो बस इस बात का ध्यान रखना।"

आज, एक दूरदर्शी द्वारा स्थापित और बेहतर एक टीम द्वारा प्रबंधित, नानिक ग्रुप अब उसी ग्राहक-उन्मुख दृष्टि के साथ दूसरी पीढ़ी में प्रवेश कर रहा है, जो मात्रा से अधिक गुणवत्ता पर ध्यान केंद्रित कर रहा है। ग्रुप के पास निरंतर विकास, ग्राहक संतुष्टि और नवाचार का एक सिद्ध ट्रैक रिकॉर्ड है। कंपनी ने 2 मिलियन वर्ग फुट कंस्ट्रक्शन पूरा कर लिया है और 1.3 मिलियन वर्ग फुट पर कंस्ट्रक्शन चल रहा है।

✳ ✳ ✳

32. श्री सौरव खैतान

एस पि डी कंस्ट्रक्शन लिमिटेड के मैनेजिंग डायरेक्टर - भुवनेश्वर, उड़ीसा

एसपीडी कंस्ट्रक्शन लिमिटेड (एसपीडी) को व्यवसायी और पेशेवर व्यक्तियों के समूह ने प्रमोट किया है, जिनके पास नागरिक निर्माण और प्रबंधन में कई दशकों का अनुभव है। इस समूह के पास बड़े आकार के आवासीय, वाणिज्यिक और औद्योगिक नागरिक निर्माण परियोजनाओं को पूरा करने का विशाल अनुभव है। एसपीडी के पास 630+ अत्यधिक योग्य पेशेवरऔर अनुभवी टीम है

सौरवजी खैतान पहले लंघम कैपिटल, एक बुटीक इन्वेस्टमेंट बैंक के लिए काम कर चुके हैं, जहां वे कई M&A और फंड जुटाने वाले लेनदेन के प्रबंधन में शामिल थे। लंघम कैपिटल में शामिल होने से पहले, उन्होंने डेलॉयट के लिए काम किया, जहां वे कॉर्पोरेट वित्त प्रभाग में शामिल थे, जो बाय-साइड, सेल-साइड, कॉर्पोरेट विकास और पूंजी जुटाने की पहल के लिए सलाहकार सेवाएं प्रदान करते थे।

सौरवजी ने किंग्स कॉलेज लंदन से ग्रेजुएट की डिग्री और लंदन स्कूल ऑफ इकोनॉमिक्स से वित्त में मास्टर डिग्री पूरी की है। सौरवजी कंपनी के फाउंडर एंड डायरेक्टर हैं और कंपनी के वित्त, कानूनी, ह्यूमन रिसोर्स और प्रशासन विभागों के प्रमुख हैं।

जीवन, सफलता और रियल एस्टेट उद्यमिता पर सौरव खेतान जी से सीखने योग्य संसाधनपूर्ण बातें:

रियल एस्टेट व्यवसाय एक उतार-चढ़ाव से भरा हुआ सफर है:

सौरवजी अपने पिता के जीवन से प्रेरित रहे हैं। वह कहते हैं, उनके पिता एक स्व-निर्मित व्यक्ति और उनके गुरु हैं। उन्होंने अपने पिता को बचपन में

बिजनेस में चुनौतियों से जूझते हुए देखा है। उनके पिता की यात्रा एक रोलर-कोस्टर की सवारी की तरह थी जो अप्रत्याशित घुमाव और मोड़ से भरी हुई थी। वह हमें गर्व से बताते हैं, पिछले तीन सालों से उनके पिता की कंपनी सिंगापुर की शीर्ष 50 कंपनियों में शामिल है। वह कहते हैं, आपकी यात्रा में कई चुनौतियाँ होंगी, आपको हमेशा अपने रास्ते पर ध्यान देना चाहिए। यह यात्रा है जो मायने रखती है, मंजिल नहीं।

एसपीडी कंस्ट्रक्शन लिमिटेड में लीडरशिप:

सौरवजी सच्चे नेतृत्व को एक उद्धरण के साथ बताते हैं "एक लीडर वह होता है जो रास्ता जानता है, उस रास्ते पर चलता है, और रास्ता दिखाता है"। रियल एस्टेट जैसे जन केंद्रित व्यवसाय में, सक्रिय होने और समस्या को सुलझाने के कौशल को मजबूत करके, एक अच्छा लीडर टीम के अन्य सदस्यों को प्रोत्साहित करता है। सच्चा लीडर वह होता है जो सकारात्मक काम के माहौल को प्रेरित करता है और कर्मचारियों के लिए एक रोमांचक दृष्टि बनाकर टीम वर्क को प्रोत्साहित करता है।

बहुत ही कम समय में, एसपीडी ने केंद्र सरकार और प्रतिष्ठित डेवलपर्स दोनों से कई अनुबंध प्राप्त किए और निष्पादित किए और 850 करोड़ रुपये से अधिक के कुल अनुबंध मूल्य के साथ 100+ सिविल निर्माण प्रोजेक्ट्सको निष्पादित किया। कंपनी टॉवर क्रेन, बैचिंग प्लांट, ईंट निर्माण संयंत्र और विभिन्न प्रकार की स्टील शटरिंग सामग्री सहित कई भारी मशीनरी से पूरी तरह सुसज्जित है, जो निर्धारित समय के अनुसार गुणवत्तापूर्ण कार्य के निष्पादन में सहायता करती है। एसपीडी कई बड़ी प्रोजेक्ट्सको क्रियान्वित करके और डेवलपर्स, आपूर्तिकर्ताओं, ठेकेदारों और श्रमिकों जैसे सभी हितधारकों को संतुष्ट करके भारत के निर्माण उद्योग में प्रतिष्ठा बनाने में सफल रहा है।

✳ ✳ ✳

33. श्री आदित्य कुशवाहा
एक्सिस इ कॉर्प के सीईओ - पणजी, गोवा

गोवा, अरब सागर पर भारत का उष्णकटिबंधीय राज्य, हजारों भारतीय और अंतरराष्ट्रीय पर्यटकों के लिए एक पसंदीदा छुट्टीयो का आनंद लेने का स्थान बन गया है। हाल के वर्षों में, गोवा एक पसंदीदा निवेश करने लायक स्थान भी बन गया है। रियल एस्टेट मार्केट में प्रभावशाली वृद्धि देखी गई है, ज्यादातर भारतीयों, अनिवासी भारतीयों (अनिवासी भारतीयों), पीआईओ (भारतीय मूल के व्यक्ति) और यहां तक कि विदेशियों द्वारा की गई खरीदारी के कारण जो सेकंड होम की तलाश में हैं।

एक्सिस इकोकॉर्प भारत की सबसे तेजी से बढ़ती रियल एस्टेट कंपनियों में से एक है, जो हॉलिडे होम्स, सेकेंडरी हाउसिंग, क्लब और रिसॉर्ट्स, सर्विस्ड विला, होटल अपार्टमेंट्स और प्रीमियम सुइट्स में प्रीमियम विकास पर केंद्रित है। एक्सिस एक अग्रणी विश्व स्तरीय शैक्षिक ग्रुप के रूप में उभरा है जो उन्नत प्रौद्योगिकी को एकीकृत करते हुए ज्ञान का निर्माण और प्रसार करता है।

कंपनी कानपुर में एक कॉलेज चलाती है। ग्रुप ने शिक्षा क्षेत्र में अपनी दृष्टि का विस्तार करने के लिए देश के विभिन्न हिस्सों में भूमि को प्राप्त किया है। इसलिए वे रियल एस्टेट पर फोकस कर रहे हैं। श्री आदित्य कुशवाहा एक्सिस ई-कॉर्प के ग्रुप सीईओ हैं।

आदित्यजी के पास 17+ साल का औद्योगिक अनुभव है। वह शिक्षा, इंफ्रास्ट्रक्चर एंड टेक्नोलॉजी के क्षेत्र में पारिवारिक व्यवसाय से जुड़े। बाद में, उन्होंने "Axis Ecorp" नाम से पारिवारिक व्यवसाय में रियल्टी वेंचर की स्थापना की। आदित्य जी पूरे कारोबार में हितधारकों के साथ काम करने के लिए अपने बेहतर दृष्टिकोण को लेकर आए हैं। उनका स्वभाव फौलादी है और उनका स्वभाव उन्हें सभी के बीच एक प्रिय व्यक्ति बनाता है। उनके पास अंतर्दृष्टि की बेहतर क्षमताएं हैं और डेटा के साथ प्रस्तुत किए जाने पर वह बेहतर कर सकता है।

आदित्यजी से सीखने योग्य संसाधनपूर्ण बातें:

आपका ग्राहक ही आपका सच्चा गुरु है:

आदित्यजी कहते हैं, "किसी भी रियल एस्टेट उद्यमी के लिए मेरा मानना है कि ग्राहक ही सच्चा मार्गदर्शक है। उनसे आप खरीद व्यवहार, सटीक आवश्यकताओं आदि को समझ सकते हैं। जैसे 20 साल पहले कार में AC एक लग्जरी हुआ करता था, लेकिन आज यह एक जरूरत बन गयी है। इसी तरह ऑटोमोबाइल इंडस्ट्री ने डिमांड के हिसाब से प्रोडक्ट बनाना शुरू किया। इसी तरह समय के साथ बदलने वाली डिमांड को हम अपने गुरु/ मार्गदर्शकों से भी सीख सकते है जो होते है हमारे ग्राहक!"

आपकी टीम आपकी ऊर्जा है:

"चूंकि हमारे अलग-अलग स्थानों में कई ऑफिस हैं, इसलिए मुझे बहुत सारी यात्राओं में शामिल होना पड़ता है। मुझे लगता है कि मेरी टीम ही मेरी ऊर्जा है। क्योंकि मेरी टीम ग्राहकों को सेल्स या किसी भी चीज़ के संबंध में उनके प्रश्नों को हल करने के लिए संभाल सकती है। उनका काम और परिणाम देखकर मुझे बहुत अच्छा लग रहा है। चूंकि एक्सिस ई-कॉर्प हॉलिडे होम्स सर्विसेज में है, इसलिए हमारी साइट्स अलग-अलग जगहों पर हैं। आपके ग्राहकों को साइट विजिट के लिए काफी यात्रा करनी पड़ती है। इसलिए जिस तरह से मेरी टीम उन्हें हैंडल करती है उसकी तारीफ करने लायक है। उनके काम को देखने के बाद, मैं ऊर्जावान महसूस करता हूं।" आदित्य जी हमें बताते है।

यह ग्रुप गोवा के उत्तर में विश्व स्तरीय प्रोजेक्ट्स को लाने के लिए अथक प्रयास कर रहा है। इन वर्षों में, इन्होने गोवा में सबसे प्रतिष्ठित रियल एस्टेट डेवलपर्स में से एक होने की प्रतिष्ठा बनाई है। एक्सिस इकोर्प गोवा में बसने या गोवा में निवेश करने के इच्छुक लोगों के लिए दूसरे घरों और हॉलिडे होम विकल्पों की एक किस्म की पेशकश कर रहा है।

इन प्रोजेक्ट्स में एक्सिस लेक सिटी, एक्सिस ब्लूज़ और एक्सिस योग विला शामिल हैं। यह प्रोजेक्ट्स अपने अत्याधुनिक निर्माण और सर्वश्रेष्ठ-इन-क्लास सुविधाओं के लिए जाने जाते हैं।

✳ ✳ ✳

34. श्री गिरीश लाहोटी

तिरुपति ग्रुप के मैनेजिंग डायरेक्टर - वाशिम, महाराष्ट्र

वाशिम महाराष्ट्र के विदर्भ क्षेत्र में एक जिला मुख्यालय शहर है। वाशिम शहर में कई प्रसिद्ध अस्पताल, स्कूल, कॉलेज और बैंक हैं। यह अपने बालाजी मंदिर के लिए विशेष रूप से प्रसिद्ध है। वाशिम में बालाजी का मंदिर काफी पुराना मंदिर है और इसका निर्माण भवानी कालू ने करवाया था। मंदिर का निर्माण 1779 ईस्वी में हुआ था। इस पवित्र स्थान पर बड़ी संख्या में श्रद्धालुओं ने दर्शन किए। वाशिम का एक महान तीर्थ अतीत है। वाशिम का रियल एस्टेट मार्केट मुख्य रूप से निवासी और व्यावसायिक संपत्ति के लिए विकसित है, और यहाँ पर विभिन्न प्रकार की संपत्तियों की मांग होती है। नगर में निर्मित और नगरीय विकास की दिशा में विभिन्न परियोजनाएं भी चल रही हैं, जिन्होंने वाशिम के रियल एस्टेट मार्केट को विकसित किया है। तिरुपति ग्रुप ने आज ऐतिहासिक प्रोजेक्ट्सको विकसित करके वाशिम के रियल एस्टेट परिदृश्य को बदल दिया है। जिनमें से सभी का निर्माण रचनात्मक और उत्कृष्ट इमारतों को निर्माण करके रियल एस्टेट मार्केट में अपनी पहचान बनाना था।

गिरीशजी तिरुपति ग्रुप के एमडी हैं, जिन्होंने वाशिम के लोगों को गुणवत्ता प्रदान करने, जीवन शैली को उन्नत करने और रोजगार पैदा करने के लिए रियल एस्टेट में अपनी यात्रा शुरू की। गिरीशजी ने कई कंपनियों के लिए काम किया है जहां से उन्हें खुद का बिज़नेस शुरू करने की प्रेरणा मिली।

अद्भुत व्यापार और जीवन के सबक हम सभी गिरीशजी से सीख सकते हैं:

स्थानीय बाजार की आवश्यकता को पूरा करने और रोजगार बनाने करने की दृष्टि:

गिरीश जी बताते है, "मैं एक कॉर्पोरेट कंपनी में काम करता था। इसलिए मैं उनकी सिस्टम और प्रक्रिया से बहुत प्रभावित हुआ। कॉर्पोरेट की तरह, स्वचालित मोड पर समय पर काम किया जाता है और सभी रिपोर्टिंग व्यक्तियों से पूछे बिना की जाती है। तो मैंने सोचा कि क्यों हम अपने जगह की कंपनी बनकर और हम अपने जगह में विकास क्यों नहीं कर सकते? क्योंकि अगर हम लोग बढ़ेंगे तो हम अपने लोगों की आवश्यकताओं को पूरा कर पाएंगे। हम ऐसे प्रोडक्ट्स बनाएंगे और सर्विस देंगे जो हमारे स्थानीय लोगो की जरुरत को पूरा करेंगे और रोजगार निर्माण करेंगे।"

एक अच्छा लीडर बनने के लिए, टीम के सदस्य के रूप में कार्य करें:

गिरीश जी बताते है, "मैं कंपनी में एक लीडर के रूप में काम नहीं करता, मैं अपनी कंपनी में एक टीम सदस्य के रूप में काम करता हूं। मैं पहले हफ्ते में ही मंथली प्लानिंग कर लेता हूं कि सेल्स कैसे करनी है, साइट पर किस तरह से काम करना है, क्या खरीदना है, ये सारी प्लानिंग पहले हफ्ते में की जाती है। उसके बाद मेरी टीम के साथ मीटिंग रहती है और हम चर्चा करते है की कैसे लक्ष्य को निर्धारित करके प्लानिंग बनाकर यश को प्राप्त करना है। मैं साप्ताहिक आधार पर और दैनिक आधार पर समीक्षा लेता हूं, जहां मेरी आवश्यकता होती है, मैं स्वयं इसमें शामिल होता हूं। मै दिन में और हफ्ते में काम की प्रोग्रेस को चेक करने के लिए रिविव्य लेते रहता हु और जिस कार्य में मेरी जरुरत होती है उस कार्य में मै सहभागी हो जाता हु। यह श्री गिरीश लाहोटी की परिवर्तनकारी कहानी है जहां आप सीख सकते हैं कि एक प्रभावी लीडर कैसे बनें और एक छोटे शहर से अपने रियल एस्टेट व्यवसाय को बढ़ाने के लिए एक टीम बनाएं और आसपास के शहरों में जुनून से विस्तार करें।

✳ ✳ ✳

35. श्री राजेश मित्तल

शुभ डेवलपर्स के मैनेजिंग डायरेक्टर - पुणे, महाराष्ट्र

शुभ डेवलपर्स को 2011 में बनाया गया था। अपने ग्राहकों के लिए सर्वोत्तम प्रोडक्ट्स प्रदान करने के लिए विविध क्षेत्रों से अपने डायरेक्टर्स के ज्ञान को संयोजित करने के उद्देश्य से कंपनी का निर्माण किया गया। इस प्रतिभा के पूल से उत्कृष्टता का मंत्र निकला, जिसका नाम शुभ डेवेलपर्स रखा गया। एक बेहतर टीम वर्क ने पिछले कुछ वर्षों में शुभ डेवलपर्स को ठोस रूप दिया है, समझदार ग्राहकों का विश्वास और भरोसा हासिल किया है।

श्री राजेश मित्तल शुभ डेवलपर्स के एमडी हैं। इस इंटरव्यूव् में उन्होंने रियल एस्टेट में अपने अद्भुत अनुभव और हार्डवेयर स्टोर के मालिक से बिल्डर बनने तक के संघर्ष और कहानी के बारे में बताया है। एक मजबूत उद्यमशीलता की भावना और बेजोड़ पारस्परिक कौशल के साथ, राजेशजी कंपनी में अपने बुद्धि और कौशल से सभी को प्रेरित करते है। औपचारिक शिक्षा के सीमित अनुभव के बावजूद, वह अपने प्रैक्टिकल अनुभव और सामाजिक कौशल के साथ किसी भी चुनौतियों के साथ निपटने का साहस रखते है।

एक छोटे से हार्डवेयर स्टोर के मालिक से खुद को अपग्रेड करते हुए, वह स्टील ट्रेडिंग के बड़े खिलाडी में बदल गए। भूमि संपादन और लाईजनिंग में एक्सपर्ट, कौनसा विशेष लोकेशन प्रीमियम बनने वाला है लोकेशन बनने की क्षमता रखता है। वह टीम के लिए एक पक्के संकटमोचक और समस्या-समाधानकर्ता भी हैं, जिनकी ठोस सलाह हर कोई चाहता है।

राजेशजी के रियल एस्टेट के अनुभव से सीख ने लायक कुछ महत्वपूर्ण बाते:

फिल्में समाज का आईना होती हैं:

राजेशजी बताते है, "सबसे पहले अपने दिमाग को तरोताजा करना और अपने दिमाग को ऊर्जा देना बहुत जरूरी है। मेरा एक अलग तरीका है। मैं सुबह उठकर 30 मिनट बगीचे में बैठकर अपनी पसंदीदा फिल्म देखता हूं। मेरा मानना है कि फिल्म समाज का आईना है। उसी से मैं कुछ सीख कर खुद को प्रोत्साहित करता हूं।"

टीम के उतार-चढ़ाव में उनके साथ रहें:

राजेशजी बताते है, "टीम से जुड़े रहना बहुत जरूरी है, हम उनके सुख-दुख में शामिल होते हैं, अगर उन्हें कुछ परेशानी होती है तो हम उन्हें समझते हैं। जब हम टीम के प्रत्येक सदस्य का जन्मदिन मनाते हैं, तो हम व्यक्तिगत रूप से शामिल होते हैं।"

चुनौती विकास की गति को बढ़ाती है:

राजेशजी बताते है, "जब मेरी हार्डवेयर की दुकान थी और उस समय हमने जमीन खरीदी थी। मेरे एक मित्र ने कहा, 'जैसे एक फार्मासिस्ट डॉक्टर नहीं बन सकता, वैसे ही एक हार्डवेयर की दुकान वाला बिल्डर कैसे बन सकता है? आप तभी बिल्डर बनेंगे जब आप अपना पहला प्रोजेक्ट सफलतापूर्वक पूरा कर लेंगे। इसलिए मैंने उसी चीज को एक चुनौती के रूप में लिया और अपना पहला प्रोजेक्ट सफलतापूर्वक पूरा किया। मुझे चुनौती देने के लिए मैं उसी दोस्त को "धन्यवाद" कहूंगा।"

आज शुभ डेवलपर्स ने 1200 से ज्यादा खुशहाल परिवारों को घर मुहैया कराया है। शुभ का हर कार्य "RISE" के विचार से प्रेरित है। "RISE" समृद्ध ग्राहक अनुभव का इंजन है। टीम के सदस्यों, भागीदारों और सलाहकारों की प्रगति भी "RISE" के विचारो से संचालित होती है।

✳ ✳ ✳

36. श्री सुमित मंत्री

शुभम ग्रुप के सीईओ, इंदौर, मध्य प्रदेश

शुभम ग्रुप की उपलब्धि समर्पण की अनूठी मिसाल है। शुभम ग्रुप की सफलता की कहानी प्रतिबद्धता का एक अनूठा उदाहरण है। ग्रुप का वसीयतनामा संतोष, विश्वास, समय की पाबंदी और उचित कीमतों के साथ निर्माण क्षेत्र में नए मानक स्थापित करना रहा है।

शुभम ग्रुप का प्रयास रंग लाया है और पिछले बीस वर्षों में इसने मध्य प्रदेश की व्यावसायिक राजधानी इंदौर में सफलता के अनूठे आयाम स्थापित किए हैं।

इसके संस्थापक और प्रमोटर, श्री सुमित मंत्री एक युवा उद्यमी हैं, जिन्होंने लगभग दो दशक पहले, 2001 में अपने पिता श्री कल्याणमल मंत्री के साथ शुभम ग्रुप की स्थापना एक बिल्डर और डेवलपर के रूप में की थी, जिनके पास सरकारी ठेकेदारी का बहुत अच्छा अनुभव है।

पिताश्री ही प्रेरणा है:

सुमितजी बताते है, "मेरे पिता ने हमेशा मुझे अपनी आकांक्षाओं का पालन करने और अपने जुनून का पीछा करने के लिए प्रोत्साहित किया है, चाहे जो भी रिस्क हो। उनका मानना है कि गलतियों से सीखने के लिए हर किसीने गलतिया करनी चाहिए। इस तरह से सुमितजी के पिता रिस्क लेने वालो में से है। वे समस्या समाधान कौशल के विकास में सहायता करते हैं ताकि हम बेहतर प्रदर्शन कर सकें। मेरे पिता विचारशील, उदार और सत्यवादी हैं। मैं एक व्यक्ति के रूप में जो हूं, उसके लिए वह जिम्मेदार हैं।"

सुमितजी के रियल एस्टेट के अनुभव से सीख ने लायक कुछ महत्वपूर्ण बातें:

लोगों को ईमानदारी से काम करने के लिए प्रेरित करें:

सुमितजी ग्राहकों के साथ ईमानदारी से काम करने में विश्वास रखते हैं। वह ग्राहकों के साथ स्पष्ट प्रतिबद्धता और नैतिकता के साथ व्यापार करने में विश्वास करते हैं। शुभम ग्रुप में, वह उदाहरण के द्वारा नेतृत्व करने का प्रयास करते है, क्योंकि आप कंपनी के कल्चर को बनाते है। वह उन प्रतिबद्धताओं को सुनिश्चित करते है जो कंपनी की मार्केटिंग टीम से की जा रही हैं।

प्रोजेक्ट जैसे शुरू करे वैसे पूरा भी करे:

सुमितजी कहते हैं, "रियल एस्टेट में भरोसा बहुत महत्वपूर्ण होता है और मैं समझता हूं कि रियल एस्टेट में ज्यादा कंपनियां इसलिए विफल होती हैं क्योंकि वे ग्राहकों के साथ भरोसा नहीं बना पाते हैं। हमें जितने भी पुरस्कार मिले हैं, वे इंदौर शहर में हमारे भरोसे के कारण हैं। चाहे आप कितने भी प्रोजेक्ट कर रहे हों। सबसे महत्वपूर्ण बात यह है कि आपने कितनी प्रोजेक्ट्स को सफलतापूर्वक पूरा किया है। अगर हमें किसी रियल एस्टेट कंपनी का बैकग्राउंड की जांच करनी है, तो हम देख सकते हैं कि उस कंपनी ने कितने सफल प्रोजेक्ट दिए हैं और उनके ग्राहक कितने खुश है। यह हमारा कर्तव्य है कि हम ग्राहकों को वह गुणवत्ता प्रदान करें जो हम वादा कर रहे हैं। हमारी कंपनी ने भले ही धीरे-धीरे काम किया हो लेकिन हमने हमारा भरोसा कम नहीं होने दिया।"

शुभम ग्रुप अपने ग्राहकों के लिए लगातार इनोवेटिव और क्रिएटिव कॉन्सेप्ट लेकर आ रहा है। कंपनी के तीन प्रोजेक्ट- शुभम डायमंड सिटी II, शुभम वैली और शुभम प्राइड उनमें से ही हैं।

प्रबंधकीय प्रतिभाओं, कार्यशैली, ग्राहक आचरण और गुणवत्ता के प्रति शुभम ग्रुप के समर्पण ने कंपनी की कुछ प्रशंसा अर्जित की है। ग्रुप को 2019 में सर्वश्रेष्ठ प्रोजेक्ट्स के लिए दैनिक भास्कर एमिनेंस अवार्ड और 2020 में टाइम्स ऑफ इंडियाज मोस्ट ट्रस्टेड ग्रुप ऑफ सेंट्रल इंडिया मिला।

✳ ✳ ✳

37. श्री विजय नथानि

वि जी आर रियल एस्टेट के मैनेजिंग डायरेक्टर - रायपुर, छत्तीसगढ़

पिछले कुछ दशकों में, VGR रियल एस्टेट, बेहतर रेसिडेंशियल और कमर्शियल प्रोजेक्ट्स बनाने में प्रतिष्ठित है। VGR रियल एस्टेट ग्रुप में, लीडर्स लोगो का लक्ष्य अपने प्रोजेक्ट्स में ग्राहकों को उत्कृष्टता और आराम करना है। ग्रुप ने 2,10,000 वर्ग फुट से अधिक लैंड का कंस्ट्रक्शन किया है।

श्री विजय नथानी VGR रियल एस्टेट ग्रुप के मैनेजिंग डायरेक्टर है। उन्होंने गवर्नमेंट इंजीनियरिंग कॉलेज रायपुर (अब एनआईटी रायपुर) से सिविल इंजीनियरिंग में ग्रेजुएट की डिग्री प्राप्त की है। वह 1986 में फर्म में शामिल हुए और डिजाइन, निर्माण और कानूनी मामलों से सहभागी रहे।

विजयजी के रियल एस्टेट के अनुभव से सीख ने लायक कुछ महत्वपूर्ण बाते:

टीम वर्क कंपनी के विकास की सफलता की कुंजी है:

विजयजी बताते है की, "अपने दम पर काम करते समय, आपके पास केवल एक ही दृष्टिकोण और विचार होता है। परन्तु जब आप टीम के साथ करते हो तो आपके पास अलग-अलग विचार और दृष्टिकोण रहता है। सभी के लिए Win-Win (फायदे) की स्थिति है, हर कोई रियल एस्टेट में एक प्रभावी भूमिका निभाता है। टीम के बीच सहयोग रियल एस्टेट कंपनी की सफलता के प्रमुख तत्वों में से एक है।

आपका स्वास्थ्य पहली प्राथमिकता होनी चाहिए:

विजय जी कहते हैं कि सभी को प्रात:काल व्यायाम करना चाहिए। एक स्वस्थ जीवन शैली के लिए उनकी सुबह की दिनचर्या में दौड़ना और टेनिस खेलना शामिल है। उनके अनुसार आपका स्वास्थ्य आपकी पहली प्राथमिकता होनी चाहिए।

अपनी टीम के सदस्यों के साथ मैत्रीपूर्ण संबंध बनाए रखें:

VGR रियल एस्टेट में, टीम को समझने और उनके साथ दोस्ताना व्यवहार करके उन्हें सशक्त बनाना ही लीडरशिप है। मैत्रीपूर्ण होना, और अपनी टीम के भीतर एक मैत्रीपूर्ण वातावरण बनाना, ज्ञान को बढ़ाना और सभी को मदद करने की भावना को बढ़ावा देता है। कार्यस्थल पर दोस्ताना माहौल टीम के हर सदस्य को सहज महसूस कराता है। यह विश्वास की भावना निर्माण करता है।

VGR ग्रुप रियल एस्टेट बाजार में एक स्थापित और प्रसिद्ध नाम है। VGR ग्रुप रायपुर में सबसे अच्छे बिल्डरों में से एक है, जो एक लक्जरी और किफायती जीवन शैली प्रदान करता है। हमारा लक्ष्य अपने ग्राहकों को उच्च गुणवत्ता वाली सेवा प्रदान करना है।

हमारी प्रत्येक प्रॉपर्टी अत्याधुनिक डिजाइन और आधुनिक तकनीक का मिश्रण है। VGR का उद्देश्य रायपुर को सर्वश्रेष्ठ प्रदान करना है। अपने उच्चतम नैतिकता और मूल्यों के साथ, कंपनी अपने ग्राहकों को बेहतर गुणवत्ता का निर्माण प्रदान करते हैं।

रायपुर में एक प्रमुख संपत्ति डीलर होने के अलावा, वीजीआर ग्रुप सामाजिक रूप से जिम्मेदार रहा है। कंपनी पृथ्वी की हरियाली और हमारे कर्मचारियों की सुरक्षा पर ध्यान केंद्रित करती है। ग्राहक और कर्मचारी कंपनी की नींव हैं, और ग्रुप में इतनी मजबूत नींव रखने पर उन्हें गर्व है।

✳ ✳ ✳

38. श्री सुदीप कुमार

साकार ग्रुप के मैनेजिंग डायरेक्टर - पटना, बिहार

साकार कंस्ट्रक्शन्स 1996 से उच्च-गुणवत्ता, लंबे समय तक चलने वाले सपनों और दृष्टि के निर्माण में विशेषज्ञता प्राप्त कर रहा है। साकार बिहार में CRISIL की सदस्यता पाने वाली पहली कंपनी है।

CRISIL एक वैश्विक विश्लेषणात्मक कंपनी है जो रेटिंग, अनुसंधान, जोखिम और नीति सलाहकार सेवाएं प्रदान करती है। यह ग्रुप पटना का सर्वश्रेष्ठ बिल्डर है।

पटना भारत में बिहार राज्य की राजधानी और सबसे बड़ा शहर है। श्री सुदीप कुमार साकार ग्रुप के एमडी हैं जिन्होंने साझा किया कि कैसे उन्होंने अपने कार्यस्थल पर रियल एस्टेट और नेतृत्व रणनीतियों में अपनी यात्रा शुरू की।

रियल एस्टेट में व्यापार रणनीति और सफलता के लिए श्री सुदीप कुमार के तरीके:

केवल एक ही लक्ष्य पर ध्यान केंद्रित करे:

सुदीप जी बताते है, "साकार ग्रुप रियल एस्टेट के अमीर खान जैसा है। जिस तरह आमिर खान एक समय में एक ही प्रोजेक्ट पर फोकस करते हैं, उसी तरह हम भी एक समय में एक ही प्रोजेक्ट पर फोकस करते हैं। इसलिए आपने देखा होगा कि 24 साल के सफर में साकार ने सिर्फ 9 प्रोजेक्ट पूरे किए हैं। हम काफी शोध करते हैं और हम एक प्रोजेक्ट पर तेजी से ध्यान केंद्रित करते हैं। जिस तरह अर्जुन सिर्फ चिड़िया की आंख देखता है, उसी तरह हम भी एक बार में एक ही प्रोजेक्ट देखते हैं। पहले हम एक प्रोजेक्ट को हाथ में लेते हैं, फिर हम अगले एक पर जाते हैं।"

हमारे प्रतियोगी ही हमारी प्रेरणा है:

सुदीप जी बताते है, "शुरुआत में, मैं एक आर्किटेक्चर कंसल्टेंसी में पार्टनर बना। हम रियल एस्टेट में अन्य डेवलपर्स के साथ पार्टनरशिप में व्यवहार करते थे। उनके लिए हम साइट विजिट करते थे और प्रोजेक्ट्स पर भी ध्यान देते थे। मैंने देखा कि जिस तरह की गुणवत्ता ग्राहकों को रियल एस्टेट मार्केट में मिलनी चाहिए, वह डेवलपर्स से नहीं मिल रही है। क्योकि रियल एस्टेट मार्केट में डेवेलपर्स एंड बिल्डर्स प्रोफेशनल नही है। मूल रूप से, वे सिर्फ व्यवसायी हैं। तो इससे हमें प्रेरणा मिली और हमने सोचा कि अगर हम अपने ज्ञान और इमारतों की समझ का उपयोग करके अपनी प्रोजेक्ट्स बनाते हैं, तो शायद हम अपने ग्राहकों को बेहतर गुणवत्ता दे पाएंगे।"

इमारतें सिर्फ घर नहीं बल्कि जीवन की कहानियां होती हैं:

हम इमारतें नहीं, बल्कि विश्वास की मजबूत नींव पर कहानियाँ बना रहे हैं। इस दरियादिली दृष्टिकोण के साथ, साकार ग्रुप घरों और कार्यस्थलों को न केवल बनाता है, बल्कि खुशियाँ भी पैदा करता है, जो उन घरों और कार्यस्थलों के अंदर-बाहर और उन लोगों के बीच होती है। कंपनी का लक्ष्य सर्वश्रेष्ठ देना, शीर्ष पर पहुँचना है और सभी स्ताकधारियों के सपनों को पूरा करना है।

पटना में सबसे भरोसेमंद निर्माण कंपनियों में से एक होने के नाते, साकार ग्रुप ने ईंट दर ईंट, घर दर घर, और सपनों के ऊपर एक मानक बनाया है, और आज निर्विवाद रूप से टैगलाइन के साथ प्रतिबद्धता, गुणवत्ता और विश्वास का एक नाम है - "अपने सपने करो साकार" साकार कंस्ट्रक्शन्स के साथ।

✳ ✳ ✳

39. श्री उज्वल कुंटे

सीक्यूआरए (CQRA) के मैनेजिंग डायरेक्टर - पुणे, महाराष्ट्र

जब किसी प्रोडक्ट्स या सेवा की बात आती है तो गुणवत्ता बोहोत महत्वपूर्ण है। अच्छी गुणवत्ता नियंत्रण की प्रक्रिया के साथ किया गया कोई भी प्रोजेक्ट कम से कम दोष और ज्यादा से ज्यादा सफलता को सुनिश्चित करता है। अच्छी गुणवत्ता नियंत्रण की प्रक्रिया कंस्ट्रक्शन प्रोजेक्ट के गुणवत्ता बढ़ाने में सामर्थ्य बढाती है। क्योकि प्रोजेक्ट की कंस्ट्रक्शन गुणवत्ता में ध्यान नहीं देने से भविष्य में इसका नकारात्मक प्रभाव हो सकता है।

स्वचलित गुणवत्ता की जागरूकता की ओर टीम को उत्साहित, शिक्षित, और प्रेरित करने के उद्येश से, CQRA की अवधारणा बनाई गयी। CQRA का फुलफॉर्म कंस्ट्रक्शन क्वालिटी रेटिंग एजेंसी है। कंपनी औपचारिक रूप से 2004 में निर्माण के क्षेत्र में एक स्वतंत्र निरीक्षण और परामर्श कंपनी के रूप में स्थापित हुई थी। श्री उज्वल कुंटे CQRA के संस्थापक है। उज्वलजी एक समर्पित कॉन्क्रीट टेक्नोलॉजिस्ट और मैनेजमेंट विशेषज्ञ है। उज्ज्वल कुंटे पुणे के प्रतिष्ठित सिम्बायोसिस इंस्टीट्यूट ऑफ बिजनेस मैनेजमेंट से एमबीए के साथ-साथ एमआईटी कॉलेज पुणे से सिविल इंजीनियर हैं।

नब्बे के दशक के उत्तरार्ध में उज्जवलजी और उनकी टीम ने पूरे भारत में विभिन्न निर्माण स्थलों पर गुणवत्ता टेस्ट करने की प्रक्रिया पर शोध किया। जिसके परिणाम स्वरूप CQRA की स्थापना की गयी। CQRA प्रमाणन निकायों के राष्ट्रीय प्रत्यायन बोर्ड (NABCB) द्वारा मान्यता प्राप्त देश में एक अग्रणी तृतीय पक्ष गुणवत्ता निरीक्षण कंपनी है।

उज्वलजी के रियल एस्टेट के अनुभव से सीख ने लायक कुछ महत्वपूर्ण बाते:

अनुभवी लोगो को अपनी कंपनी में लाये:

अनुभवी लोग अधिक आत्म-जागरूक होती हैं। वे अपनी ताकत, क्षमता, और सुधार के क्षेत्रों को जानते हैं।

लोगो को विकास करने में इन्वेस्ट करे:

CQRA में, लीडर्स लोगो को बनाने में अपनी अधिक से अधिक ऊर्जा को इन्वेस्ट करते है।

हर काम करने के लिए एक व्यवस्थित प्रक्रिया होनी चाहिए:

हर एक कठिन और जटिल काम को बोहोत आसान और छोटे कामो में किया जा सकता है। बस उसके लिए आपको चीजों को सरल करना आना चाहिए। यह तभी सम्भव है जब आप सभी कार्यो के लिए एक व्यवस्थित प्रक्रिया बनाते है।

रियल एस्टेट इंडस्ट्री के लिए एक जूनून होना चाहिए:

उज्ज्वलजी के अनुसार जनता ही हमारी संपत्ति है। भले ही वो लोग आपके साथ आपके कंपनी में काम नहीं कर रहे है जिनको आपने बनाया है परन्तु फिर भी इससे आप रियल एस्टेट इंडस्ट्री को अधिक कौशल और सामर्थ्यशैली लोग दे रहे है जो रियल एस्टेट इंडस्ट्री को बढ़ाने में योगदान देंगे।

40. श्री सुर्भित लोधा

वर्धमान कंस्ट्रक्शन के मैनेजिंग डायरेक्टर - भोपाल, मध्य प्रदेश

एक रियल एस्टेट लीडर होने का मतलब है एक कंपनी में एक बड़ी भूमिका निभाना और साथ ही दूसरों को सफलता की राह पर ले जाना। हालांकि रियल एस्टेट लीडर्स को प्रेरित करने की यात्रा सफलता की कहानियों के साथ बनावटी और मधुर लग सकती है, परन्तु इसमें हमेशा बहुत सारी नैतिकता, प्रयास, शुद्ध इरादा, समर्पण और बलिदान होता है। चुनौतियाँ और बाधाएँ वास्तव में एक व्यक्ति को एक सफल लीडर में बदल देती हैं जो दूसरों को भी ऐसा करने के लिए प्रोत्साहित करता है। इसी तरह के विचारों के साथ, सुर्भितजी रियल एस्टेट की दुनिया को सकारात्मक रूप से प्रभावित कर रहे हैं।

झीलों के शहर से सुर्भितजी की कहानी:

सुर्भितजी वर्धमान कंस्ट्रक्शन के मैनेजिंग डायरेक्टर है । वो मध्यप्रदेश के भोपाल शहर से है जिसे झीलों का शहर के रूप में जाना जाता है। भोपाल भारत का 16वां और दुनिया का 131वां सबसे बड़ा शहर है। इसे भारत का सबसे हरा-भरा शहर कहा जाता है। भोपाल में और शहर के आसपास कई बड़े और मध्यम उद्योगों के ऑपरेशन के साथ एक मजबूत आर्थिक आधार है। भोपाल को मध्य प्रदेश में महत्वपूर्ण वित्तीय और आर्थिक स्थलों में से एक माना जाता है। भोपाल को पीएम नरेंद्र मोदी के प्रमुख स्मार्ट सिटी मिशन के तहत स्मार्ट सिटी के रूप में विकसित होने वाले पहले बीस भारतीय शहरों (पहले चरण) में से एक के रूप में चुना गया था।

सुर्भितजीने अपनी उच्च शिक्षा भोपाल से पूरी की है। उनकी योजना सिविल इंजीनियरिंग में आगे की पढ़ाई करने की थी। उस समय रियल एस्टेट बाजार में मंदी के कारण, उन्होंने मैकेनिकल इंजीनियरिंग को चुनने का फैसला

किया ताकि वे अन्य क्षेत्रों में व्यापार करने पर ध्यान केंद्रित कर सकें। वह मैकेनिकल इंजीनियरिंग में अपनी डिग्री पूरी करने के लिए यूके में मैनचेस्टर विश्वविद्यालय गए। शिक्षा पूरी करने के बाद वे भारत लौट आए और उन्होंने वर्धमान कंस्ट्रक्शन में अपने पिता के व्यवसाय पर ध्यान देना शुरू किया।

वर्धमान कंस्ट्रक्शन के बारे में:

वर्धमान कंस्ट्रक्शन का सफर 1992 में शुरू हुआ। कंपनी की स्थापना सुर्भितजी के पिता पुनीतजी गोधा ने की थी। शुरुआत में, उनके पिता ने रियल एस्टेट में सिंगल बिल्डिंग और ज्वाइंट वेंचर के साथ शुरुआत की। टियर 4 और टियर 3 शहरों में वास्तविक बाजार की मांग को समझकर, उन्होंने ऐसे प्रोजेक्ट्स का निर्माण शुरू किया जो ग्राहकों की आवश्यकताओं से मेल खाते हों। अब, वर्धमान कंस्ट्रक्शन्स ने 2000+ संतुष्ट परिवारों को घर दिया है।

सुर्भितजी की ग्राहक केंद्रित रणनीति:

C: Customer focused (ग्राहक पर केंद्रित)

L: Leadership (नेतृत्व)

E: Excellence in quality (गुणवत्ता में उत्कृष्टता)

A: Aspiration (आकांक्षा)

R: Results (परिणाम)

जैसा कि उनके पिता उनके लिए एक प्रेरणा हैं, वह अपनी दृष्टि के बारे में बहुत स्पष्ट थे। अपनी यात्रा के आरंभ में उन्हें कार्यालय में प्रसन्न ग्राहक दिखाई देते थे। इससे उन्हें अपने पिता से यह सीखने को मिला कि अपने ग्राहक को कैसे समझा जाए और उनकी समस्याओं का समाधान कैसे तैयार किया जाए। सुर्भितजी कहते हैं कि एक रियल एस्टेट बिल्डर या डेवलपर के रूप में आपको ग्राहक केंद्रित होना चाहिए। यदि आप कुछ समस्याओं को अनसुलझा छोड़ रहे हैं तो यह आपका कर्तव्य है कि समस्याओं का समाधान करें।

सुर्भितजी के रियल एस्टेट के अनुभव से सीख ने लायक कुछ महत्वपूर्ण बाते:

अपने कर्मचारियों के साथ अच्छा व्यवहार करे:

जब आप कर्मचारियों से पूछते हैं कि उनके लिए सबसे ज्यादा क्या मायने रखता है, तो वरिष्ठों द्वारा सम्मानित महसूस करना अक्सर सूची में सबसे ऊपर होता है। सुर्भितजी कहते हैं, एक लीडर को हमेशा अपने कर्मचारियों के साथ अच्छा व्यवहार करना चाहिए और उन्हें कार्यस्थल पर सम्मानित महसूस कराना चाहिए। टीम के सदस्य जो सम्मानित महसूस करते हैं वे अपनी नौकरी से अधिक संतुष्ट रहते हैं और अपनी कंपनियों के प्रति अधिक आभारी और वफादार रहते हैं।

ग्राहकों पर केंद्रित रहकर जिम्मेदार बने:

सुर्भितजी कहते हैं, "आपको किसी भी स्थिति में ग्राहक की सेवा करनी चाहिए और प्रतिबद्धताओं को पूरा करना चाहिए। आपको गुणवत्ता बनाए रखने पर ध्यान देना चाहिए। यदि आपके वजह से ग्राहकों को कुछ समस्याएं होती है तो यह आपका कर्तव्य है कि आप समस्याओं का समाधान करें।"

अपने टीम के सदस्यों को उनके काम के लिए प्रोत्साहित करें और उनकी सराहना करें:

आपके कर्मचारी "धन्यवाद" से अधिक के पात्र हैं। सुर्भितजी टीम के सदस्यों की उपलब्धियों की सराहना करने में विश्वास रखते हैं। टीम के सदस्यों को दिखाना कि आप उनकी सराहना करते हैं, इससे उनके काम करने की गति और मनोबल में सुधार आता है। इन नेतृत्व विचारों के साथ, सुरभितजी वर्धमान कंस्ट्रक्शन का नेतृत्व कर रहे हैं। आज, वर्धमान कंस्ट्रक्शन के पास 25+ साल का अनुभव है। कंपनी ने 17+ प्रोजेक्ट्स को पूरा किया है और 2000+ संतुष्ट परिवारों को घर डिलीवर किया है।

✻ ✻ ✻

41. श्री आदित्य जैन

आदित्य इंफ्रावेंचर्स के सीईओ और मैनेजिंग डायरेक्टर - चंद्रपुर, महाराष्ट्र

आदित्यजी की कहानी महाराष्ट्र राज्य के चंद्रपुर से है। इस शहर को ब्लैक डायमंड के शहर के रूप में जाना जाता है। इस शहर के नाम का मतलब चाँद का गांव है। देवी महाकाली को चंद्रपुर की माता के रूप में पूजा जाता है। चंद्रपुर के अधिकारियों ने सराहनीय काम किया है। चंद्रपुर सड़क, रेल और हवाई अड्डे से भी अच्छी तरह से जुड़ा हुआ है।

आदित्यजी ने अपनी उच्च शिक्षा चंद्रपुर में पूरी की। वह मेट्रो शहरों में अनुभव हासिल करना चाहता थे। इसलिए वे आगे की पढ़ाई के लिए और व्यावहारिक रूप से कुछ नया सीखने के लिए पुणे चले गए। आदित्यजी को कोयला व्यापार, परिवहन और पेट्रोल पंप जैसे पारिवारिक व्यवसायों का वसीयत सम्पदा प्राप्त थी। लेकिन कुछ अलग करने की उनकी उत्सुकता ने उन्हें रियल एस्टेट में अपनी यात्रा शुरू करने पर मजबूर कर दिया। उन्होंने ग्राहकों को खुशी और संतुष्टि देने के इरादे से "आदित्य इंफ्रा वेंचर्स" नाम से अपनी रियल एस्टेट कंपनी शुरू की।

आइए देखें कि आदित्य को रियल एस्टेट में प्रवेश करने के लिए किसने प्रेरित किया:

आदित्यजी अपने दादाजी से प्रेरित थे, भले ही उनके दादाजी रियल एस्टेट में नहीं थे। उनके दादाजी के जीवन जीने के तरीके ने उन्हें बहुत प्रेरित किया। आदित्यजी की सफर के शुरुआत में उनके दादाजी ने उन्हें नैतिकता के साथ व्यापार करने की सलाह दी। उनके दादा ने चंद्रपुर में शुन्य से अपनी नींव बनाई थी। कुछ नहीं से सब कुछ तक उन्होंने अपनी यात्रा पर विजय प्राप्त की। उनकी जीवन शैली, दृष्टि, महत्वाकांक्षा, आत्मविश्वास और व्यापार में

शुद्ध इरादे ने आदित्य को रियल एस्टेट में अपनी यात्रा शुरू करने के लिए प्रेरित किया।

आदित्य इंफ्रावेंचर्स के बारे में:

आदित्य इंफ्रावेंचर्स चंद्रपुर में प्रीमियर कॉन्ट्रैक्टर्स में से एक है। कंपनी के पोर्टफोलियो में विभिन्न प्रकार की पब्लिक, प्राइवेट, कमर्शियल और रेजिडेंशियल प्रोजेक्ट्स का समावेश है। 10 से अधिक वर्षों से चंद्रपुर में स्थित, आदित्य इंफ्रावेंचर्स एक अनुभवी कंपनी है।

कंपनी गुणवत्तापूर्ण शहरी जीवन शैली बनाने और मजबूत समुदायों के निर्माण की दृष्टि से रियल एस्टेट मार्केट में उभर रही है। आदित्यजी के नेतृत्व में कंपनी अपनी गुणवत्तापूर्ण सर्विस से अपना प्रभाव बना रही है।

टीअर 4 शहर में रियल एस्टेट उद्योग का नेतृत्व करने और बढ़ने के लिए आदित्यजी की रणनीति:

आदित्यजी कहते हैं कि यदि आप टियर 4 शहरों में अपने रियल एस्टेट व्यवसाय को बढ़ाना चाहते हैं, तो आपको एक अच्छा लीडर बनने की आवश्यकता है। केवल एक अच्छा लीडर ही टियर 4 शहरों में रियल एस्टेट की चुनौतियों से निपट सकते हैं। टियर 4 शहरों में रियल एस्टेट में प्रशिक्षित टीम बनाना और सही प्रतिभा को आकर्षित करना बहुत चुनौतीपूर्ण है। केवल एक प्रशिक्षित टीम ही रियल एस्टेट में कुछ बेहतर कर सकती है।

आदित्यजी से सीख ने लायक कुछ महत्वपूर्ण बातें:

प्रोजेक्ट्स को बनाने से पहले उस जगह के हिसाब से लोगो की जरुरत / डिमांड को समझे:

आदित्य के अनुसार, जिस तरह से लोगों की संस्कृति और व्यवहार एक स्थान से दूसरे स्थान पर बदलते हैं, रियल एस्टेट के लिए उपभोक्ताओं की मांग अलग-अलग शहरों में अलग-अलग होती है। आदित्य के अनुसार, जिस तरह से लोगों की संस्कृति और व्यवहार एक स्थान से दूसरे स्थान पर बदलते हैं, रियल एस्टेट के लिए उपभोक्ताओं की मांग अलग-अलग शहरों में अलग-अलग होती

है। यदि आप टियर 4 शहर से हैं, तो आपको टियर 4 शहरों और आसपास के गांवों में अपने ग्राहकों की आवश्यकताओं के अनुसार प्रोडक्ट्स को डिजाइन करने की आवश्यकता है। टियर 1 शहरों के लोग टियर 4 शहरों में शिफ्ट होने के बारे में कभी नहीं सोचेंगे। यदि आप ऐसे प्रोजेक्ट बनाते हैं जो टियर 1 शहरों में बेचे जा रहे हैं, तो यह टियर 4 शहरों में रहने वाले ग्राहकों की आवश्यकताओं से कभी मेल नहीं खाएगा। कोई भी प्रोजेक्ट शुरू करने से पहले अपने स्थानीय बाजार में शोध और विकास करें। आपकी रिसर्च एंड डेवलपमेंट टीम आपको स्थानीय बाजार में सटीक मांग को समझने में मदद करेगी। यह मंत्र टियर 4 शहरों में रियल एस्टेट में आपकी सफलता और विकास में एक महत्वपूर्ण घटक हो सकता है।

आदित्यजी के बारे में किस बात ने मेरा ध्यान आकर्षित किया:

इंटरव्यूव् के अंत में, मुझे वास्तव में आदित्यजी के बारे में जो पसंद आया वह यह है कि जब उन्होंने कहा, "पहले हम बिल्डिंग्स बनाते हैं और फिर बिल्डिंग्स हमें बनाते है। यह आपके बारे में नहीं बल्कि आपके शहर के बारे में भी है। रियल एस्टेट में काम करके आप अपने शहर का विकास कर रहे हैं।"

यह पूरा इंटरव्यू बताता है कि किसी भी काम को शुरू करने से पहले आपमें काम के प्रति कितनी लगन और निष्ठा होनी चाहिए। कभी भी अपने ग्राहकों के साथ धोखा करने के बारे में न सोचें। क्योंकि आपका ग्राहक आप पर भरोसा कर रहा है और विश्वास बनाए रखना आपका कर्तव्य है। रियल एस्टेट में आपका मूल इरादा शुद्ध मन से काम करना और सर्वोत्तम गुणवत्ता प्रदान करना होना चाहिए। आदित्य जी का सीखने का नजरिया, आशावाद, कुछ अलग करने का साहस, स्थानीय बाजार की मांग को समझने की क्षमता, टीम के निर्माण और ट्रेनिंग में विश्वास, हर नई प्रोजेक्ट को एक चुनौती के रूप में देखना, हर दिन सीखने की भूख और सर्वोत्तम गुणवत्ता देने का जुनून उन्हें हमारे लिए एक आदर्श बनाता है।

✳ ✳ ✳

42. श्री मिलीन शाह

मधुरंम ग्रुप के सीईओ - उदयपुर, राजस्थान

मधुरम उदयपुर की एकमात्र रियल एस्टेट कंपनी है जहां इसके सभी प्रमोटर सिविल इंजीनियरिंग में पेशेवर रूप से योग्य हैं। मधुरम डेवलपर्स की शुरुवात ब्राह्मणी कॉन्ट्रैक्टर्स के नाम से शुरू हुई थी। मिलिनजी शाह मधुरम ग्रुप के सीईओ हैं। कंपनी की नींव उनके पिता श्री भुनेश शाह द्वारा रखी गई थी। भुनेश शाह जिनके नेतृत्व ने कंपनी को तीव्र गति के पथ पर स्थापित किया। उन्हें सिविल इंजीनियरिंग में 40+ साल का अनुभव है। कंपनी ने शुरुआत में सरकारी और प्राइवेट क्षेत्रों में कंस्ट्रक्शन सम्बन्धी टर्नकी प्रोजेक्ट्स के साथ शुरुआत की।

मिलिनजी के रियल एस्टेट के अनुभव से सीख ने लायक कुछ महत्वपूर्ण बाते:

हमेशा के लिए बने रहने वाले सम्बन्ध बनाये:

रियल एस्टेट व्यापारिओं के बीच एक आम गलती, विशेष रूप से जो इस उद्योग के लिए नए हैं, लगभग अनन्य रूप से लीड प्राप्त करने और नए ग्राहकों को आकर्षित करने पर ध्यान केंद्रित करना है। आपके मौजूदा ग्राहक उतने ही महत्वपूर्ण हैं जितने कि कोई नया।

मधुरम में, उनके साथ हमारा रिश्ता एक बार बनता है लेकिन जीवन भर रहता है। ऐसा नहीं है कि एक बार तुमने बेच दिया तो तुम कौन और मैं कौन? रिश्ते आजीवन होने चाहिए। ग्राहकों के साथ दीर्घकालिक संबंधों का पोषण करने से हमें भी और उन्हें भी कई दीर्घकालिक लाभ मिलते हैं। इसलिए आपको इसे अपनी बिजनेस स्ट्रैटेजी का हिस्सा जरूर बनाना चाहिए।

कुछ नया करने पर ध्यान केंद्रित करे:

मिलीन जी कहते है, "किसी भी अन्य उद्योग की तरह, रियल एस्टेट लगातार बदल रहा है। इसलिए हम हमेशा इनोवेशन पर फोकस करते हैं। रियल एस्टेट मार्केट में क्या नया ट्रेंड है? क्या नया तरीका है? क्या नया टेक्नोलॉजी है? क्या नया इनोवेशन है? क्या नया मार्केटिंग स्ट्रेटेजी है? हम उन्हें ही देख कर आगे बढ़ते है।

हर उद्देश्य को पूरा करने के लिए एक विशिष्ट समयरेखा बनाना:

सबसे महत्वपूर्ण चीजों में से एक समयबद्ध दृष्टिकोण है, चाहे वह कोई भी प्रोजेक्ट हो. फिर चाहे रेसिडेंशियल हो या कमर्शियल, हम हर प्रोजेक्ट को पूरा करने का समय निश्चित करते है। जिससे हमें कार्य गतिशीलता मिलती है।

प्रोजेक्ट के हिसाब से सही जगह चुनना रियल एस्टेट में सफलता की चाबी है:

हम हमेशा किस तरह के प्रोजेवक्ट बनाना है इस बात को ध्यान में रखते हुए सही जगह में निवेश करते है। यदि आप टाउनशिप बना रहे हैं, तो रेसिडेंशियल प्रोजेक्ट के अनुसार स्थान का चयन किया जाएगा। अगर कमर्शियल कॉम्प्लेक्स बनाया जा रहा है तो लोकेशन कमर्शियल हब में होनी चाहिए।

शारीरिक ऊर्जा के लिए लॉन टेनिस और आध्यात्मिक ऊर्जा के लिए भगवत गीता:

मिलीनजी बताते है, "मैं सुबह जल्दी उठता हूं और लॉन टेनिस खेलकर अपनी ऊर्जा को बढ़ाता हु। अपनी सुबह की रस्म पूरी करने के बाद, मैं एक आध्यात्मिक किताब पढता हु, मैं विशेष रूप से भगवत गीता पढता हु, क्योंकि भगवत गीता मैनेजमेंट के लिए अपने आप में एक उत्कृष्ट रचना है।"

आज ग्रुप के पास 30+ वर्षों की विरासत है, 30+ बनाये हुए प्रोजेक्ट्स (टर्नकी + रियल एस्टेट) और 19 लाख+ वर्ग फुट वितरित हैं। मधुरम ग्रुप उदयपुर में रियल एस्टेट और कंस्ट्रक्शन व्यवसाय में प्रतिष्ठित है। उंचाईयों पर चढ़ना हमारी व्यावसायिक नैतिकता का परिणाम है जिसमें व्यापक रूप से गुणवत्ता, ग्राहकों के हमेशा रहने वाले सम्बन्ध, इनोवेशन और निरंतर परिश्रम शामिल है।

✷ ✷ ✷

43. श्री पंकज धवन

क्रिएटिव होम बिल्डर्स एंड डेवेलपर्स - नागपुर, महाराष्ट्र

क्रिएटिव होम्स बिल्डर और डेवलपर्स भारत के सेंटर नागपुर में रियल एस्टेट कंपनी है। ग्रुप के पास रियल एस्टेट उद्योग में 25+ वर्षों का अनुभव है। कंपनी ने 35+ प्रोजेक्ट पूरे किए हैं और 1200+ संतुष्ट ग्राहकों को घर वितरित किए हैं। यह ग्रुप एक युवा और उत्साही रियल एस्टेट लीडर पंकज धवन की लीडरशिप में सफलता की उचाईयो को चढ़ने का लक्ष्य साध रहा है जो की कंपनी के मैनेजिंग डायरेक्टर है।

पंकज जी से सीख ने लायक कुछ महत्वपूर्ण बातेः

सही तरीके और उत्साही होकर रिसर्च करेः

पंकज जी के अनुसार, आपका प्रोजेक्ट बड़ा हो या छोटा, रिसर्च करना आपकी जिम्मेदारी होनी चाहिए। प्रोजेक्ट के हर क्षेत्र में शोध करें चाहे वह आसपास के, स्कूल, कॉलेज, विश्वविद्यालय, बाजार आदि।

ग्राहकों को के साथ घुलमिल कर बात करेः

नागपुर के रियल एस्टेट मार्केट का अपना स्वाद है। यदि आप रियल एस्टेट में सफल होना चाहते हैं, आपके ग्राहकों की सटीक आवश्यकताओं को समझना ही सफलता की चाबी है। जितना अधिक आप समझते हैं, उतना ही बेहतर आप ग्राहकों को वो दे सकते है जो उन्हें चाहिए। अपने ग्राहकों के साथ बातचीत करें और उन्हें बेहतर समझने की कोशिश करें।

अपने अतीत से सीखे और वर्तमान में उस सीख को लागु करे:

पंकज जी सलाह देते है की हमेशा अपने अतीत के अनुभवों और गलतियों से सीखे। सीखे हुए सबक का वर्तमान में उपयोग करना चाहिए। सीखना कभी खत्म नहीं होता है, जीवन आपको अपने सफर के हर मोड़ पर सिखाता है। परन्तु यह आप पर निर्भर करता है की उस सीख का आप किस तरह से उपयोग कर रहे है।

44. श्री राकेश गुप्ता

नीलम रियलटर्स के सीईओ - न्यू टाउन, कोलकाता

नीलम रियलटर्स एक विश्वसनीय रियल एस्टेट कंपनी है और न्यू टाउन कोलकाता से अपनी गुणवत्ता के लिए जाना जाता है। न्यूटाउन कोलकाता, भारत का एक नियोजित शहर है। राकेशजी गुप्ता नीलम रियलटर्स कंपनी के सीईओ है। राकेशजी ने रियल एस्टेट में शुन्य से शुरुवात की और रियल एस्टेट मार्केट में "नीलम रियलटर्स" नाम से एक ब्रांड बनाया।

नीलम रियलटर्स बिल्डर्स एंड डेवलपर्स को 10 अगस्त- 2021 को गुजरात के माननीय राजस्व मंत्री श्री कौशिकभाई पटेल, विधायक, श्री असरानी- बॉलीवुड अभिनेता और सुश्री भूमि त्रिवेदी- बॉलीवुड गायक की उपस्थिति में रियल एस्टेट विकास की श्रेणी के तहत गुणवत्ता में उत्कृष्टता के लिए प्रतिष्ठित 10 वें क्वालिटी मार्क अवार्ईस 2021 का विजेता घोषित किया गया है।

राकेशजी एक महत्वाकांक्षी रियल एस्टेट बिजनेसमैन हैं। ग्रेजुएशन की पढाई के समय, वह अपने दम पर कुछ करना चाहता थे। जैसा कि रियल एस्टेट व्यवसाय जमीन या घर खरीदने, बेचने और किराये पर देने का व्यवसाय है जिसमे काफी इन्वेस्टमेंट की जरुरत होती है। परन्तु राकेश जी की सोच थी की वह बिना इंवेसंटमेंट के या कम से कम इन्वेस्टमेंट में बिज़नेस कैसे शुरू कर सकते है। काफी रिसर्च करने के बाद उन्हें समझा की रियल एस्टेट से बेहतर कुछ नहीं हो सकता।

राकेशजी से सीख ने लायक कुछ महत्वपूर्ण बाते:

गुणवत्ता को बनाये और USP से बेचे:

राकेशजी बताते है, "रियल एस्टेट में जैसे जैसे मेरा सफर बढ़ने लगा मैंने सिर्फ काम की गुणवत्ता को सबसे महत्वपूर्ण माना। हम लोगो ने जो भी काम किया

उसके विडिओ और फोटो को एक डेटा के रूप में जमा किये और उन्हें अपने ग्राहकों को दिखाने लगा। मैं क्या गुणवत्ता दे रहा हूं, मैं इसे कैसे दे रहा हूं, कौनसे कंपनियों के प्रोडक्ट्स कंस्ट्रक्शन में उपयोग कर रहा हु, इसकी सम्पूर्ण जानकारी ग्राहकों को देता था। जिससे मेरे सारे ग्राहक हम पर भरोसा करते थे। जिन ग्राहकों को हम लोगो ने अच्छी गुणवत्ता दी है वही ग्राहक दूसरों से कहता था कि आप राकेश गुप्ता के पास जाकर आंखें बंद करके थोड़ा महंगा होने पर भी खरीद लो। क्योकि काम की गुणवत्ता अच्छी है। इस तरह हमने रियल एस्टेट मार्केट में अपने ब्रांड को बनाया।"

रियल एस्टेट की 3A स्ट्रेटेजी:

राकेशजी बताते है, "अपने ग्रेजुएशन के समय मुझे कुछ अलग करने की चाह थी। मैं एक अच्छे परिवार से हु। पर मुझे खुद के दम पर कुछ करने की चाह थी। तब मैं कुछ करने लायक कुछ सोचने लगा और खोजने लगा। बोहोत खोजने के बाद मुझे समझा अगर कोई ऐसा बिज़नेस है जो बिना पैसे निवेश किये शुरू किया जा सकता है तो वो है रियल एस्टेट मार्केटिंग। इसलिए मैंने रियल एस्टेट मार्केटिंग का बिज़नेस शुरू किया। यह करते समय मुझे बोहोत अनुभव आये। मैं निरिक्षण करने लगा की बिल्डर्स किस तरह के प्रोजेक्ट्स बना रहे है, किस तरह की गुणवत्ता दे रहे है, ग्राहकों को क्या चाहिए आदि। यह सब निरिक्षण करते हुए बोहोत कुछ सीख ने को मिला। उसके बाद हमने हमारे प्रोजेक्ट्स लाना भी शुरू किये। मैं इसमें सफल रहा क्योकि मुझे रियल एस्टेट मार्केटिंग का अच्छा अनुभव था। मुझे कंस्ट्रक्शन का थोड़ा ही ज्ञान था। इसलिए मै अपने कनेक्शन के लोगो से पूछते रहता था की इस काम को कहा से करना चाहिए और किस तरह से करना चाहिए। मेरे कुछ मित्र इंजिनियर, आर्किटेक्चर थे जिन्होंने मुझे मार्गदर्शन दिया और मदद की। इसी तरह से मैंने अपने पहले प्रोजेक्ट को सफल बनाया।"

इस तरह से राकेशजी ने 3A स्ट्रेटेजी से रियल एस्टेट में अपना सफर शुरू किया। परन्तु यह 3A स्ट्रेटेजी का मतलब क्या है? चलिए मैं आपको समझाता हु। राकेशजी ने अपनी यात्रा शून्य से शुरू की और उन्होंने इंजीनियरों, आर्किटेक्चर्स और रियल एस्टेट पेशेवरों का एक अच्छा नेटवर्क बनाया है।

इसलिए, उन्होंने अपना खुद का व्यवसाय बनाने के लिए जो चीजे उन्हें नहीं समझती थी, उसके बारे में पूछना, सीखना और समझते ही काम करना शुरू किया। इसलिए मैंने इस प्रभावी रणनीति का नाम - 3A स्ट्रेटेजी रखा है। इसका मतलब है "Ask-Ask-Ask" मतलब "पूछते रहो, पूछते रहो और पूछते रहो" और निरंतरता से नए नए लोगो पूछते रहो जबतक आप उसमे सफल ना हो जाये। इसी स्ट्रेटेजी से आप रियल एस्टेट के सफर में बिना पैसो से भी सफलता हासिल कर सकते है।

45. श्री अतुल चारडे

हिमालय ड्वेलर्स के मैनेजिंग डायरेक्टर - नागपुर, महाराष्ट्र

प्राचीन काल से विशाल हिमाच्छादित ऊंचाइयों ने भारत के तीर्थयात्री पर्वतारोहियों का ध्यान आकर्षित किया है, जिन्होंने उस प्रभावी पर्वत प्रणाली के लिए हिमालय ("बर्फ") और आलय ("निवास") से संस्कृत नाम गढ़ा था। रियल एस्टेट मार्केट में इसी नाम के साथ और हिमालय की तरह सबसे एक विशाल दृष्टिकोण रखने वाले ग्रुप, हिमालय बिल्डर्स और डेवलपर्स की स्थापना 1987 में हुई थी, जो अब हिमालय ड्वेलर्स प्राइवेट लिमिटेड नाम से जाना जाता है। श्री अतुल चारडे हिमालय ड्वेलर्स प्राइवेट लिमिटेड के मैनेजिंग डायरेक्टर है। उन्होंने 1985 में मैसूर यूनिवर्सिटी से सीविल इंजीनियरिंग में डिग्री हासिल की।

वह एक दूरदर्शी व्यक्ति हैं जो अपने लोगों की सेवा करना चाहते हैं। वह दीर्घकालीन दृष्टि वाले एक जुनूनी व्यक्ति हैं। उन्होंने कुल 50 प्रोजेक्ट पूरे किए है और अपने ग्राहकों को संतुष्ट करने में सफल रहे है। लोग उन्हें उनके द्वारा उत्पादित प्रोडक्ट्स में गुणवत्तापूर्ण कार्य के लिए जानते हैं। वह समाज सेवा में भी शामिल हैं और परम पूज्य श्री श्री रविशंकर से प्रेरित हैं। वे आर्ट ऑफ लिविंग के शिक्षक भी हैं। वे अच्छा इंसान बनाने में विश्वास रखते है और लोगों को प्रशिक्षित करने की अपनी क्षमता का अभ्यास करते है।

अतुलजी के रियल एस्टेट के अनुभव से सीख ने लायक कुछ महत्वपूर्ण बातें:

एक प्रेरणा बनें: आपके कार्य दूसरों को कैसे प्रेरित और सशक्त कर सकते हैं:

अतुलजी बताते है, "मैं हमेशा एक बात में विश्वास करता था कि आप किसी को हमेशा के लिए प्रेरित नहीं कर सकते। लेकिन अगर आप अपने व्यवहार से

किसी को प्रेरित करते हैं, तो वह लंबे समय तक बना रहता है। तो मैंने यही देखा है कि जब मैं किसी प्रोजेक्ट में पूरी तरह से शामिल हो जाता हु, तो उसे देखकर हमारे आसपास के लोग उसमें शामिल हो जाते हैं। इसलिए मेरा मानना है कि हम जो भी काम करें, उसमें पूरी तरह से शामिल हों और तन-मन-धन को समर्पित करके करें।"

सहानुभूति की शक्ति: जानिए क्यों बेहतर लीडर कार्यस्थल में दयालुता को प्राथमिकता देते हैं:

अतुलजी बताते है, "गलतियाँ सभी से होती हैं। अगर आप अपनी टीम के सदस्यों और कार्यकर्ताओं को प्यार से समझाते हैं, तो चीजें बहुत अच्छी तरह से आकार लेती हैं। आज हमारी कंपनी में ठेकेदारों की दूसरी पीढ़ी भी हमारे साथ काम कर रही है।"

एक विनम्र शुरुआत के साथ हिमालया बिल्डर्स एंड डेवलपर्स, महान दृष्टि और दर्शन के साथ, आज हिमालय के निवासियों ने उच्च गुणवत्ता वाले निर्माण और नागपुर शहर के क्षितिज पर सौंदर्यपूर्ण रूप से प्रभावशाली इमारतों के निर्माण के कारण रियल एस्टेट क्षेत्र में खुद के लिए एक जगह बनाई है।

✳ ✳ ✳

46. श्री सी. बी. सूर्यवंशी

हनी बिल्डर्स प्राइवेट लिमिटेड के मैनेजिंग डायरेक्टर - छिंदवाड़ा, मध्यप्रदेश

हनी बिल्डर्स प्राइवेट लिमिटेड भारत के छिंदवाड़ा, मध्य प्रदेश की एक रियल एस्टेट कंपनी है। दुनिया को रहने के लिए एक बेहतर जगह बनाना, संपर्क में आने वाले प्रत्येक व्यक्ति के जीवन और जीवन शैली की गुणवत्ता को बदलना ही कंपनी का विज़न है। 'अर्थव्यवस्था के साथ गुणवत्ता निर्माण' इस आदर्श वाक्य के साथ कंपनी के विजन स्टेटमेंट को समझा जा सकता है।

1992 में स्थापित, हनी बिल्डर्स प्राइवेट लिमिटेड का नेतृत्व सी. बी. सूर्यवंशी जी ने किया है। सी. बी. सूर्यवंशी जी एक दूरदर्शी लीडर है जिन्हे रियल एस्टेट क्षेत्र का २ दशकों से भी ज्यादा समय का अनुभव है। अपने शुरुआती दिनों में, उन्होंने एलआईसी एजेंट के रूप में काम किया और 12,000 पॉलिसी बेचीं।

सी बी सूर्यवंशी जीके रियल एस्टेट के अनुभव से सीख ने लायक कुछ महत्वपूर्ण बातें:

रियल एस्टेट में ईमानदारी और पारदर्शिता का महत्व:

सी बी सूर्यवंशी के अनुसार, ईमानदारी और पारदर्शिता लोगों को आकर्षित करने और विश्वास बनाने का एक शक्तिशाली तरीका है। यह एक सफल व्यवसाय के निर्माण के लिए आवश्यक है।

स्पष्टता के लिए लिखित समझौते चुनें:

वह अपने ग्राहकों से कहते हैं कि वे केवल उनकी बातों पर विश्वास न करें बल्कि कागज पर की गई प्रतिबद्धताओं पर विश्वास करें। मौखिक अनुबंध

जोखिम भरे होते हैं और व्यावसायिक लेनदेन के लिए उपयुक्त नहीं होते हैं। इसलिए, वे ग्राहकों के साथ स्पष्ट होने के एक सुरक्षित और सरल तरीके के रूप में विस्तृत विनिर्देशों के साथ लिखित समझौते चुनते है।

सही दाम पर सही कंस्ट्रक्शन की गुणवत्ता देना:

श्री सीबी सूर्यवंशी का मुख्य उद्देश्य पर्यावरण के अनुकूल आर्थिक समाधानों के साथ गुणवत्तापूर्ण निर्माण करना और बढ़ती आबादी की वास्तविक जरूरतों को पूरा करना है। वे पैसे के लिए मूल्य और उत्कृष्ट निवेश रिटर्न देने में विश्वास करते है।

श्री सीबी सूर्यवंशी के शक्तिशाली विचारों के साथ, हनी बिल्डर्स ने छिंदवाड़ा जैसे छोटे शहरों में 1200+ बंगले बेचे हैं और 10 लाख वर्ग फुट से अधिक भूमि विकसित की है और रियल एस्टेट में 30+ वर्ष का अनुभव रखते हैं। आज, कंपनी ने मंत्र के रूप में गुणवत्तापूर्ण किफायती आवास के साथ अधिकांश टियर-3 शहरों में प्रोजेक्ट्स शुरू करके पैन इंडिया के आधार पर विस्तार करने की योजना बनाई है।

❋ ❋ ❋

47. श्री दक्ष पटेल

सोहम ग्रुप के मैनेजिंग डायरेक्टर - अहमदाबाद, गुजरात

सोहम ग्रुप अहमदाबाद के रियल एस्टेट मार्केट में अपनी गुणवत्ता के लिए प्रसिद्ध नाम है। कंपनी के पास रियल एस्टेट मार्केट में 35+ साल का अनुभव है। श्री नरेंद्र पटेल सोहम ग्रुप के संस्थापक और सीईओ हैं। उनके बेटे दक्ष पटेल सोहम ग्रुप के एक युवा मैनेजिंग डायरेक्टर हैं।

सोहम ग्रुप अहमदाबाद के रियल एस्टेट मार्केट में अपनी गुणवत्ता के लिए प्रसिद्ध नाम है। कंपनी के पास रियल एस्टेट मार्केट में 35+ साल का अनुभव है। श्री नरेंद्र पटेल सोहम ग्रुप के संस्थापक और सीईओ हैं। उनके बेटे दक्ष पटेल सोहम ग्रुप के एक युवा मैनेजिंग डायरेक्टर हैं। इस इंटरव्यूव् में दक्ष जी ने उनके युवावस्था में रियल एस्टेट के अनुभवों को बताया है।

दक्षजी के रियल एस्टेट के अनुभव से सीख ने लायक कुछ महत्वपूर्ण बातें:

अपने कर्मा से नेतृत्व करने के विचार:

सोहम ग्रुप में, लीडर्स अपने कर्मा से नेतृत्त्व करने के विचार पर विश्वास करते है। कंपनी में सभी का समर्थन सुनिश्चित करने के लिए लीडर्स लोगो ने अपने कर्मा से सभी को प्रेरित करना चाहिए।

दक्षजी कहते हैं, कार्यालयों या साइटों में, उनके पिता हमेशा एक कार्य को पहले करने की पहल करते हैं, भले ही वह एक छोटा सा कार्य हो। उदहारण बनकर नेतृत्त्व करने के लिए साहस और दृढ़ विश्वास की आवश्यकता होती है। इस तरह श्री नरेंद्र पटेल ने सोहम ग्रुप के सभी नेताओं के लिए खुद को एक प्रेरणा के रूप में स्थापित किया है। यदि आप चाहते हैं कि आपकी कंपनी का विकास हो तो आपको एक ऐसिंग कार्य वातावरण बनाना होगा जहां पूरे कंपनी में हर कोई एक उदाहरण स्थापित करके नेतृत्व की भूमिका निभाए।

अपने ग्राहकों से जुड़े रहें और सुधार के लिए ग्राहकों के फीडबैक और अनुभव को इनपुट की तरह उपयोग करें:

दक्षजी कहते हैं, "सोहम ग्रुप में हम सभी अपने ग्राहकों के साथ वास्तविक संबंध बनाने में विश्वास करते हैं। आज भी हम अपने पुराने ग्राहकों से जुड़े हुए हैं। हम उनसे सही प्रश्न पूछकर उनके विचारों पर शोध करते हैं। हम उनके सुझावों का अध्ययन कर उनकी आवश्यकताओं को समझने का प्रयास करते हैं।"

सोहम ग्रुप ने 40+ प्रोजेक्ट पूरे किए हैं, 2100+ सपने पूरे किए हैं और 3,500,000 वर्ग फुट जमीन विकसित की है। वर्षों से कमर्शियल और रेसिडेंशियल स्थानों की एक श्रेणी विकसित करने के बाद, सोहम ग्रुप अब अल्ट्रा-शानदार आवासों, हाई-टेक कमर्शियलस्थानों, कॉलोनियों और एक बदलते मेगा शहर की मांग के अनुरूप अपने पोर्टफोलियो के विस्तार में है।

* * *

48. गुर्नीतजी भाटिया

शिप्रा बिल्डर्स की मार्केटिंग डायरेक्टर - कानपुर, उत्तर प्रदेश

शिप्रा बिल्डर्स 1998 में श्री संजय अग्रवाल द्वारा शुरू की गई एक फर्म है जो इस फर्म के संस्थापक हैं। उन्होंने 18 साल की उम्र में अपनी यात्रा शुरू की। यह इंटरव्यू गुरनीत भाटिया अग्रवाल जी का है जो की अभी शिप्रा बिल्डर की मार्केटिंग डायरेक्टर है।

अपने करियर के शुरुआती चरण में, उन्होंने मुंबई में टाटा कंसल्टेंसी सर्विसेज के साथ एक कंप्यूटर साइंस इंजीनियर के रूप में काम किया। उन्होंने अपनी मास्टर डिग्री पूरी करने के बाद एक इंजीनियरिंग कॉलेज में प्रोफेसर के रूप में भी पढ़ाया। अपनी शादी के बाद, अपने ससुराल वालों के सहयोग से, वह अपने पारिवारिक व्यवसाय में शामिल हो गई और अपनी कड़ी मेहनत और लगन से, वह अब शिप्रा बिल्डर्स की मार्केटिंग डायरेक्टर बन गई हैं।

गुर्नीतजी के रियल एस्टेट के अनुभव से सीख ने लायक कुछ महत्वपूर्ण बाते:

बुजुर्ग लोग और अनुभवी लीडर्स हमारे शुभेच्छुक और हमारी शक्ति है:

राजा रानियों की कहानियो के ज्ञान से लेकर तो दादी माँ के नुस्खे तक, बुजुर्ग लोग हमारे जीवन को राह दिखने में एक महत्वपूर्ण भूमिका निभाते हैं। गुरनीत जी के जीवन में उनके ससुरजी के आशीर्वाद ने बड़ी भूमिका निभाई। वे कहती है कि वह आज जो कुछ भी है उनकी वजह से ही है। उसके सामने हमारा ज्ञान कुछ भी नहीं है। वे सागर है और हम केवल सरोवर हैं। वे एक दूरदर्शी व्यक्ति हैं। उनकी मेंटरशिप के तहत गुर्नीतजी रियल एस्टेट में प्रैक्टिकल नॉलेज ले रही हैं और शिप्रा बिल्डर्स का ब्रांड शहर में प्रमोट कर रही हैं।

आप अपने माता-पिता के अनुभव से जो सीख सकते हैं, वह आप दुनिया में कहीं से नहीं सीख सकते। आपके माता-पिता आपकी सबसे बड़ी संपत्ति हैं।

उनके पास किसी भी युवा व्यक्ति के ज्ञान से परे का अनुभव है इसलिए वे कई समस्याओं को अधिक कुशलतापूर्वक और प्रभावी ढंग से हल कर सकते हैं।

अपने प्रोडक्ट्स को समझे और अपने ग्राहकों को भी:

अपने प्रोडक्ट/ प्रोजेक्ट का ज्ञान होना एक महत्वपूर्ण सेल्स स्किल है। अपने प्रोडक्ट्स की विशेषताओं को समझने से आप उनके लाभों को सटीक रूप से प्रस्तुत कर सकते हैं। ग्राहक उन्ही लोगो को एक सकारात्मक प्रतिक्रिया देते है जिन्हे अपने प्रोजेक्ट्स/ प्रोडक्ट के बारे में अधिक से अधिक ज्ञान होता है और जो उन्हें सही तरीके से समझा सकते है। यदि आप सभी को बेच रहे हैं, तो आप किसी को नहीं बेच रहे हैं। इसलिए आपके लिए अपने लक्षित दर्शकों को समझना आवश्यक है।

अपनी क्षमता को पहचानें, खुद को एक ब्रांड बनाएं:

आपको कभी भी समाज में खुद को फिट करने की कोशिश नहीं करनी चाहिए। क्योंकि अगर आप ऐसा करेंगे तो आप कभी भी अपने टैलेंट को निखारने की कोशिश नहीं करेंगे। आपको अपने पंख फैलाने चाहिए। आपको अपनी क्षमता का एहसास होना चाहिए और आपको खुद को एक ब्रांड बनाना चाहिए। आपको कभी भी समाज में खुद को फिट करने की कोशिश नहीं करनी चाहिए। क्योंकि अगर आप ऐसा करेंगे तो आप कभी भी अपने टैलेंट को निखारने की कोशिश नहीं करेंगे। इन्हीं विचारों के साथ गुरनीतजी रियल एस्टेट क्षेत्र में एक महिला लीडर के रूप में अपनी छाप छोड़ने के लिए कड़ी मेहनत कर रही हैं। रियल एस्टेट महिलाओं के बीच एक लोकप्रिय नहीं रहा है। परन्तु गुरनीतजी का सफर देखने के बाद मैं कह सकता हूं कि अब रुख बदल रहा है। जो भी अवसर उपलब्ध है, उन सभी में भारत की महिलाये सर्वोत्तम कार्य करने की पूरी कोशिश कर रही है। भारतीय महिलाओं के बीच इस वृद्धि की सुंदरता यह है कि पहल न केवल बड़े शहरों से बल्कि छोटे शहरों और गांवों से भी होती है। आज के भारतीय रियल एस्टेट सेक्टर में जिस तरह से भारतीय महिलाएं रियल एस्टेट में सफलता के कठिन रास्ते पर चलने का साहस दिखा रही हैं, वह वाकई काबिले तारीफ है।

✳ ✳ ✳

49. तापसजी पटेल

ओम श्री बिल्डर्स के सीईओ - सिकंदराबाद, तेलंगाना

एक नई भारतीय जीवन शैली को सक्षम करने की अवधारणा से प्रेरित होकर, ओम श्री ग्रुप ने गुणवत्तापूर्ण आवास स्थानों में बदलाव लाया। ओम श्री शहरों में गुणवत्तापूर्ण निर्माण के क्षेत्र में एक जाना-पहचाना नाम है। ग्रुप को 2003 में तीन दूरदर्शी लीडर्स - मनसुख भाई पटेल, वसंतलाल पटेल और भारत भाई पटेल द्वारा शामिल किया गया था। कंपनी मुख्य रूप से लाइफस्टाइल को बेहतर बनाने पर फोकस करती है।

नए जमाने की सुविधाओं के साथ नई डिजाइन विचारधाराओं का संयोजन करके, कंपनी शांत और रणनीतिक स्थानों के माध्यम से अपने ग्राहकों के जीवन स्तर को बढ़ाते हुए असाधारण गुणवत्ता वाले जीवन स्थान प्रदान करती है। यह प्रोजेक्ट नियोजन, अभिनव दृष्टिकोण और ग्राहकों के साथ घनिष्ठ सहयोग में लगाए गए सभी समर्पणों के कारण संभव है। यह इंटरव्यू ओम श्री बिल्डर्स के सीईओ श्री तापस पटेल का है।

तापसजी के रियल एस्टेट के अनुभव से सीख ने लायक कुछ महत्वपूर्ण बातें:

शुरुवात में छोटे कदम लेना सही है:

अगर आपको लगता है कि आप प्रोजेक्ट्स को समय पर पूरा कर लेंगे, तो ही प्रोजेक्ट को अपने हाथ में ले। उन प्रोजेक्ट्स के साथ एक पोर्टफोलियो बनाने का कोई मतलब नहीं है जिन्हें आप समय पर पूरा नहीं कर रहे हैं। यह मेरा मार्गदर्शक सिद्धांत है इसलिए मैंने अपने करियर में धीरे-धीरे विकास किया है। यही मैं उन लोगों को सुझाव दूंगा जो रियल एस्टेट में आ रहे हैं। छोटे कदम उठाना सही रहता है।

अपने लोगो के साथ सही संवाद करे:

यदि आप अपने लोगों को प्रेरित करना चाहते हैं, तो आपको अपने लोगों के साथ संवाद करना होगा। सही संवाद के बिना आप अपने लोगो को सही तरीके से प्रेरित नहीं कर सकते है।

एक ऐसा सामान्य विचार बनाये जो सम्पूर्ण कंपनी को चलाये:

नेतृत्व की रणनीति का केवल एक ही प्रभावी तरीका है, आपको उदाहरण बनकर नेतृत्व करना होगा। जैसे-जैसे आप बढ़ते हैं, आपको लोगों को सशक्त बनाने की आवश्यकता होती है। आज लीडर के लिए सबसे बड़ी चुनौती है अपनी टीम लीडर्स के दिमाग में एक कॉमन पावरफुल विचार डालना। एक ऐसा विचार जो उन्हें ईमानदारी और लगन के साथ काम करने में प्रेरित करे। यदि आप ऐसा कर सकते हैं, तो आप एक महान कंपनी बना सकते हैं।

17 से अधिक वर्षों की उपस्थिति के साथ, कंस्ट्रक्शन गतिविधियों के काम को बढ़ने के लिए कंपनी प्रभावी रणनीति से बढ़ती गयी है। ओम श्री अब हाउसिंग जरूरतों के लिए एंड-टू-एंड सॉल्यूशन प्रोवाइडर बन गया है। ओम श्री इस विचार साथ काम करते हैं, "जब हम ईश्वर को एक निर्माता के रूप में सोचते हैं, तो हम समझते हैं कि हम घरों का निर्माण करते समय भगवान की छवि के उस हिस्से को व्यक्त कर रहे हैं। इसलिए नया घर बनाने का कार्य हमारे लिए एक आध्यात्मिक प्रक्रिया है।"

50. श्री दीपज्योति बरुआह

उत्तरायण ग्रुप के डायरेक्टर - गुवाहाटी, असम

जब गुवाहाटी में रियल-एस्टेट डिवीजन की बात आती है तो उत्तरायण ग्रुप प्रसिद्ध और पसंदीदा ब्रांड में से एक है। कंपनी की शुरुआत वर्ष 2004-05 में दो दूरदर्शी श्री दीपज्योति बरुआ और श्री अमरचंद कलानी, उत्तरायण डेवलपर्स (पी) लिमिटेड द्वारा की गई थी। उसके बाद से कंपनी ने कभी पीछे मुड़कर नहीं देखा। वर्ष 2005 में, उत्तरायण ने अपना पहला प्रोजेक्ट,

गुवाहाटी के बेहरबाड़ी में 1 लाख 50 हजार वर्ग फुट का एक गोदाम पूरा किया। उसके बाद, श्री बरुआ और श्री कलानी दोनों ने काम को सुव्यवस्थित करने के लिए एक कंपनी बनाने की आवश्यकता महसूस की। यह इंटरव्यू उत्तरायण समूह के डायरेक्टर श्री दीपज्योति के साथ है।

दीपज्योतिजी के रियल एस्टेट के अनुभव से सीख ने लायक कुछ महत्वपूर्ण बातें:

अपने पार्टनर्स के साथ जिम्मेदारियों को बांटें:

दीपज्योतिजी बताते है, "हमारे पास एक दिन में केवल 24 घंटे हैं और रियल एस्टेट में बहुत काम करना है। इसलिए, आपको अपने भागीदारों के साथ जिम्मेदारियों को बांटना चाहिए और चीजों को आपके लिए आसान बनाना चाहिए।"

ग्राहकों की भाषा बोलना जरुरी है:

अगर कोई हिंदी बोलने वाला आपके पास आता है और आपकी टीम के सदस्य उससे असमिया भाषा और अंग्रेजी में बात करते हैं, तो वह समझ नहीं पाएगा। तो आपके पास टीम में टीम के सदस्य होने चाहिए जो ग्राहक से उसकी भाषा में बात करें। इसलिए रियल एस्टेट में स्थानीय भाषा या इतर भाषाओं का एक अलग ही महत्व है।" दीपज्योति जी कहते है।

अपने मौजूदा ग्राहकों के साथ बातचीत करें:

"मौजूदा ग्राहक आपके लिए बहुत मायने रखते हैं। जिन लोगों को आप फ्लैट बेचते हैं उनसे समय-समय पर बातचीत होना बहुत जरूरी है और हम उत्तरायण ग्रुप में भी ऐसा ही करते हैं। मौजूदा ग्राहकों को कुछ कार्यक्रमों में आमंत्रित करना और संचार करना जारी रखना चाहिए। इससे उनके मन में यह भाव आता है कि उत्तरायण आज तक हमसे जुड़ा हुआ है। तो इससे हमें माउथ टू माउथ पब्लिसिटी में बहुत मदद मिलती है।" दीपज्योति जी बताते है।

कंपनी को 5 लाख वर्ग फुट से अधिक का निर्माण का अनुभव है। कंपनी के पास डिजाइनिंग से लेकर फिनिशिंग तक, निर्माण कार्य के विभिन्न क्षेत्रों को देखने वाली समर्पित टीमें हैं। बाजार के हमारे वर्षों के अनुभव के दौरान, कंपनी ने पूरे पूर्वोत्तर भारत में आठ अच्छी तरह से सुसज्जित और विशिष्ट शैली वाली निर्माण प्रोजेक्ट को पूरा किया है और कुछ आगामी प्रोजेक्ट को पाइपलाइन में रखा है।

51. श्री गौरव अग्रवाला

संदीप ड्वेलर्स प्राइवेट लिमिटेड के डायरेक्टर - नागपुर, महाराष्ट्र

संदीप ड्वेलर्स प्राइवेट लिमिटेड 1987 से नागपुर में पिछले 35 गौरवशाली वर्षों से बिल्डर और डेवलपर हैं, जो 1 से 4 बीएचके अपार्टमेंट, ड्प्लेक्स, रो हाउस, बंगले, टाउनशिप और कमर्शियल परिसरों से लेकर रेसिडेंशियल प्रॉपर्टीज बनाने में गर्व महसूस करते हैं। संदीप ड्वेलर्स प्राइवेट लिमिटेड 1987 से नागपुर में पिछले 35 गौरवशाली वर्षों से बिल्डर और डेवलपर हैं, जो 1 से 4 बीएचके अपार्टमेंट, ड्प्लेक्स, रो हाउस, बंगले, टाउनशिप और कमर्शियल परिसरों से लेकर रेसिडेंशियल प्रॉपर्टीज बनाने में गर्व महसूस करते हैं। यह श्री गौरव अग्रवाला का इंटरव्यू है जो की संदीप ड्वेलर्स प्राइवेट लिमिटेड के डायरेक्टर है। वह कॉमर्स में ग्रेजुएट हैं और उन्होंने सीए में अपनी आर्टिकलशिप की है। वह वित्त, कानूनी, मार्केटिंग और प्रशासनिक पहलुओं को देखते है।

गौरवजी से सीख ने लायक कुछ महत्वपूर्ण बाते:

अपने काम को पुरे दिल से करो:

अगर काम अच्छी तरह से, अच्छी समझ और अच्छे ज्ञान के साथ किया जाता है, तो आपके द्वारा किए जाने वाले प्रत्येक कार्य में वृद्धि की क्षमता होती है। जो भी काम करो ईमानदारी से करो। इसे पूरे मन से करें। इसलिए प्रभावी रूप से परिणाम सकारात्मक पक्ष में हैं।

सही काम के लिए सही लोगो को चुने:

अगर हम सही लोगों को अपने साथ जोड़ते हैं, तो आपके रियल एस्टेट व्यवसाय को बढ़ाना आसान हो जाता है। आपको सही लोगों को सही काम में

लगाना चाहिए। आपको उन्हें भूमिकाओं और जिम्मेदारियों के साथ सशक्त बनाना चाहिए। स्पष्ट भूमिकाओं और जिम्मेदारियों वाले सही लोग कंपनी की ताकत हैं। सारे काम आप अकेले नहीं कर सकते। अगर आपकी कंपनी में सेल्स मैनेजर है लेकिन आप अकेले निर्णय ले रहे हैं तो सेल्स मैनेजर क्या करेगा? आपको उसे बताना है कि यह काम करना चाहिए, यह करने के सिद्धांत / तरीका हैं, तो जिम्मेदार व्यक्ति इसे करने के लिए उन्हीं सिद्धांतों का पालन करेगा। कंस्ट्रक्शन टीम, सेल्स टीम, कंपनी में हर कोई अपने स्वयं के काम से सशक्त होता है जब भी वे अटक या कही फस जाते है जाते हैं तो वे आपके पास आते हैं और प्रबंधन के साथ चर्चा करते हैं।

अपने दिए हुए शब्दों को कायम रखे:

एक ही मंत्र सबसे जरुरी है कि जो वादा करो उसे पूरा करो। भारत में रेरा क्यों लाया गया, क्योंकि लोग कुछ और कहते थे, स्वीकृत नक्शा कुछ और कहता था, ब्रोशर कुछ और कहता था और डिलीवरी कुछ और। कहीं खरीदार को समझ नहीं आ रहा है कि सच क्या है, मेरी एक बहुत ही सिंपल सी सोच है, हमारे पूरे ग्रुप की, हमारे पूरे परिवार की, जो कर सकते हो बोलो और करके ही खत्म करो। यदि आपने शुरू से ही कहा है कि यह मेरी प्रोजेक्ट्स की क़ीमत है, यह मेरे प्रोडक्ट का वैल्यू है। अगर खरीदार इसे पसंद करेंगे तो वे इसे खरीद लेंगे। लेकिन झूठे वादे कभी न करें। आप जो भी वादा कर रहे हैं उसे आपको हर हाल में पूरा करना है।

✳ ✳ ✳

52. श्री वीरेंद्र कुकरेजा

कुकरेजा इंफ्रास्ट्रक्चर - नागपुर, महाराष्ट्र

कुकरेजा इन्फ्रास्ट्रक्चर मध्य भारत में सबसे अच्छी और सबसे तेजी से बढ़ती रियल एस्टेट कंपनी है। कंपनी ने मध्य भारत के रियल एस्टेट मार्केट में एक अलग ब्रांड नाम बनाया है। महज 12 साल के सफर में कंपनी ने नागपुर को ऐसा बेहतरीन प्रोजेक्ट दिया है कि लोगों के लिए सोचना और समझना नामुमकिन है कि यह सब कैसे हो गया। इस अध्याय में, आपको कुकरेजा इन्फ्रास्ट्रक्चर की सफलता के पीछे के कुछ रहस्यों को अध्यक्ष श्री वीरेंद्र कुकरेजा से जानने को मिलेगा। अगर आप और अधिक रहस्यों को जानना चाहते है तो आप हमारे यूट्यूब चैनल कुकरेजा जी का इंटरव्यूव् देख सकते हैं।

गुणवत्ता बनाएं और अपने ग्राहक को संतुष्ट करें:

आपके सफल प्रोजेक्ट्स आपकी सर्वोत्तम मार्केटिंग हैं। आपके संतुष्ट ग्राहक ही आपके ब्रांड के बढ़ाने वाले हैं। आपके बनाए भवनों में यदि लोग सन्तोष, सुख-शांति से रह रहे हैं तो उनका आशीर्वाद आपको प्राप्त होगा। इससे कोई फर्क नहीं पड़ता कि आप मार्केटिंग में कितनी राशि निवेश करते हैं और आप किन तकनीकों का उपयोग करते हैं, यह तभी सफल होता है जब आप गुणवत्ता प्रदान करते हैं और अपने ग्राहकों को संतुष्ट करते हैं।

कर्म ही पूजा है:

जब आप सोचते हैं कि काम ही पूजा है, तो आप अलग ऊर्जा के साथ काम करते हैं। जब आप काम को ही पूजा समझेंगे तो आप काम करते हुए कभी नहीं थकेंगे। जितना अधिक आप काम करते हैं, उतना ही आपका ऊर्जा स्तर बढ़ता है। एक बार जब आप अलग ऊर्जा के साथ काम करना शुरू कर देते हैं, तो आप अपनी टीम को प्रेरित करना शुरू कर देते हैं।

जो बिल्डर्स जल्दी उठते है, वे महान चीजे बनाते है:

कुकरेजा जी बताते है, "मेरे छोटे भाई श्री श्रवण कुकरेजा जो कुकरेजा इन्फ्रास्ट्रक्चर के एमडी हैं, सुबह टहलने जाते हैं और फिट रहने और अपने ऊर्जा स्तर को बनाए रखने के लिए क्लब में शामिल होते हैं। चूंकि मैं राजनीति में सक्रिय हूं, इसलिए मैं हर दिन लोगों से मिल कर अपनी सुबह की रस्म शुरू करता हूं। रियल एस्टेट में आप जितनी जल्दी शुरुआत करेंगे, आपको उतना ही बेहतर परिणाम मिलेगा। क्योंकि हम सब प्रकृति से जुड़े हुए हैं। सूर्य के साथ उदय होने से आपको अधिक ऊर्जा मिलती है, जैसे-जैसे सूर्य अस्त होने लगता है आपका ऊर्जा स्तर कम होने लगता है। जल्दी उठने वाले अधिक सक्रिय होते हैं। इसलिए, यदि आप अच्छी चीजें बनाना चाहते हैं, तो आपको अपनी टीम के साथ जल्दी काम करना शुरू करना होगा।"

शॉर्टकट मत ढूंढो, लगन से मेहनत करो:

कुकरेजा जी बताते है, "किताबें पढ़ना बहुत जरूरी है। किताबें हमें बहुत प्रोत्साहित करती हैं। किताबों से हमें सफल लोगों की प्रेरणादायक यात्रा का पता चलता है। हम समझते हैं कि सफलता के लिए कोई लिफ्ट नहीं है, सफलता की केवल एक सीढ़ी है। सफलता प्राप्त करना एक नियमित व्यायाम है। रोम एक दिन में नहीं बना था, रोम हर दिन बनता था। रियल एस्टेट कारोबार में सकारात्मक सोच बहुत जरूरी है। कोई धोखा नहीं, कोई शॉर्टकट नहीं। रियल एस्टेट में सफलता हासिल करने का एकमात्र मंत्र कड़ी मेहनत और सकारात्मक दृष्टिकोण है। रियल एस्टेट में सफलता पाने का कोई शॉर्टकट नहीं है, सिर्फ ईमानदारी और लगन से काम करना ही सफलता की चाबी है। शॉर्टकट मत ढूंढो, लगन से मेहनत करो। मैंने श्री नितिन गडकरी की यात्रा पढ़ी। वह इंजीनियरिंग ग्रेजुएट नहीं है। लेकिन उन्हें भारत के इंफ्रास्ट्रक्चर मैन के रूप में जाना जाता है। उनकी यात्रा हमें प्रेरित करती है कि कुछ भी असंभव नहीं है। आप अपनी मेहनत से सब कुछ संभव कर सकते हैं। आपको केवल सही दिशा में काम करना है और समाधान प्राप्त करने के तरीकों का पता लगाना है।"

सोने का अंडा देने वाली मुर्गी को मत मारो:

कुकरेजा जी बताते है, "अगर आप सभी को साथ लेकर सकारात्मक सोच के साथ चलेंगे तो आपकी यात्रा में कोई परेशानी नहीं आएगी। रियल एस्टेट में सफलता प्राप्त करने के लिए ईमानदारी प्रमुख मंत्र है। दुर्भाग्य से, केवल 5% ब्रोकर ही ईमानदारी से काम करते हैं, 95% ब्रोकर शॉर्टकट की तलाश में हैं। यदि आपके ग्राहक को आपसे प्रोडक्ट्स खरीदने के बाद सही ROI नहीं मिलता है, तो क्या वह भविष्य में आपसे खरीदेगा? सोने के अंडे देने वाली मुर्गी को काटोगे तो सोने के अंडे कहां से लाओगे? अगर आपके ग्राहक को आपसे खरीदने के बाद संतुष्टि नहीं मिलती है तो वह आपके पास कभी वापस नहीं आएगा। आपने जो किया है उससे अधिक देने का प्रयास करना चाहिए।"

मार्केट के टॉप लीडर्स ने नागपुर के मार्केट में निवेश करना शुरू करना चाहिए:

कुकरेजा जी बताते है, "नागपुर के बाजार के अनगिनत फायदे हैं। नागपुर भौगोलिक रूप से भारत का केंद्र है। मौसम और कनेक्टिविटी बेहतर है। सरकार और स्थानीय नेता अच्छे हैं। बाहर से बड़ी संख्या में लोग पलायन कर नागपुर आ रहे हैं। नागपुर एक बड़ा व्यापार केंद्र हो सकता है। मैं विशेष रूप से आईटी कंपनियों से अनुरोध करूंगा कि वे नागपुर में निवेश शुरू करें। हम उन्हें सही कीमत पर अच्छा इंफ्रास्ट्रक्चर देने का बेहतरीन काम कर रहे हैं। कृषि, चिकित्सा, शिक्षा, ऑटोमोबाइल आदि से लेकर नागपुर हर क्षेत्र में तेजी से विकास कर रहा है। इसलिए मैं कहता हूं कि मुझे नागपुर से प्यार है।"

भारत का भविष्य सुनहरा है:

कुकरेजा जी बताते है, "लोग बड़े-बड़े बंगलों से परिवारों को बेअसर करने के लिए निकल रहे हैं। इसका बड़ा फायदा रियल एस्टेट सेक्टर को हुआ है। एशिया के बाजार में चीन की बड़ी भूमिका हुआ करती थी, लेकिन वह धीरे-धीरे कम हो रही है। अब दुनिया भारत की ओर देख रही है। दुनिया को भारत से बेहतर उम्मीदें हैं। लोग चाह रहे हैं कि भारत बेहतर काम करे। श्री नरेंद्र मोदी, श्री नितिन गडकरी और श्री देवेंद्र फडणवीस के नेतृत्व में विदर्भ, महाराष्ट्र और भारत तेजी से विकास कर रहे हैं। सरकार की पॉलिसीस बेहतर हैं। कई जगहों

पर काम करने का बेहतरीन माहौल मिलता है। तो ये सब देखकर मैं भारत के लोगों से कहूंगा कि सिर्फ रियल एस्टेट सेक्टर में ही नहीं बल्कि हर सेक्टर में निवेश करना शुरू कीजिए। उन्हें हर जगह निवेश करना शुरू कर देना चाहिए। भारत का भविष्य उज्जवल है।"

कुकरेजा का इन्फिनिटी टॉवर मध्य भारत की सबसे ऊंची इमारत बनने जा रही है। मध्य भारत का सबसे ऊंचा टॉवर, कुकरेजा इन्फिनिटी एक सात सितारा डीलक्स, पूरी तरह से वास्तु अनुरूप और स्वीकृत रेसिडेंशियल प्रोजेक्ट है। लेकिन इसमें और क्या खास है? यह 25 मंजिल ऊंचा है, लेकिन यह सिर्फ अपनी ऊंचाई के कारण नहीं बल्कि विश्व स्तरीय सुविधाओं और बुनियादी ढांचे के कारण 'उच्च वृद्धि' है जो आपको मध्य भारत के किसी भी शहर या कस्बे में कहीं और नहीं मिलेगा।

टावरों की शानदार महिमा वस्तुतः शीर्ष मंजिल होगी जिसे 'स्काई लाउंज' के रूप में डिजाइन किया गया है जो इमारत के सभी निवासियों के लिए खुला होगा। कुकरेजा इन्फ्रास्ट्रक्चर टीम सबसे ऊपरी मंजिलों पर घर बना सकती थी और उन्हें प्रीमियम पर बेच सकती थी। लेकिन वे चाहते थे कि सभी अपार्टमेंट मालिक ऊपर से शानदार दृश्य का आनंद ले सकें, इसलिए उन्होंने इसे स्काई लाउंज के साथ एक सामान्य क्षेत्र रखने का फैसला किया। रेजिडेंशियल प्रोजेक्ट - इन्फिनिटी टॉवर - भी ऑरेंज सिटी की पहली योजना होगी जिसमें 8000 वर्ग फुट के क्षेत्र के साथ 7 बीएचके फ्लैट होगा। इससे पहले, कुकरेजा इन्फ्रास्ट्रक्चर ने कुकरेजा सन सिटी के लिए विदर्भ के सर्वश्रेष्ठ रेसिडेंशियल फ्लैट/अपार्टमेंट योजना पुरस्कार 2019-20 जैसे पुरस्कार जीते हैं। कुकरेजा एम्बेसी के लिए विदर्भ का सर्वश्रेष्ठ रेसिडेंशियल अपार्टमेंट योजना पुरस्कार 2021-22 मिला है।

❋ ❋ ❋

हमें अक्सर पूछे जाने वाले प्रश्न (FAQ)

रियल एस्टेट गेम चेंजर्स किताब लिखने के अनुभव के बारे में सबसे अच्छी चीजों में से एक यह है कि हमें अपने पाठकों से ईमेल और सोशल मीडिया के माध्यम से हजारों अच्छे प्रश्न प्राप्त हुए हैं (और प्राप्त होते रहेंगे)। यहां कुछ सबसे अक्सर पूछे जाने वाले प्रश्न हैं जो हमने रियल एस्टेट गेम चेंजर्स के बारे में सुने हैं, साथ ही उनका उत्तर देने के हमारे सर्वोत्तम प्रयास भी दिए गए हैं।

आपको रियल एस्टेट के बारे में लिखने के लिए किसने प्रेरित किया?

इस क्षेत्र में अपने करियर की शुरुआत में ही मुझे रियल एस्टेट की ताकत का एहसास होने लगा था। इस किताब को लिखने का उद्देश्य बिल्कुल स्पष्ट है: इस किताब और रियल एस्टेट गेम-चेंजर सिस्टम के साथ अगले दशक में दिसंबर 2030 तक 100,000 से अधिक रियल एस्टेट व्यवसायियों को अपने रियल एस्टेट उद्यमों के विकास और विस्तार में मदद करना। यह सर्वविदित तथ्य है कि यह क्षेत्र देश की संपूर्ण जीडीपी और वित्तीय स्थिति को बदलने की क्षमता रखता है। कई अध्ययनों और अकादमिक पत्रों ने भविष्यवाणी की है कि भारतीय रियल एस्टेट क्षेत्र 2030 तक एक ट्रिलियन डॉलर का हो जाएगा। इसलिए, हमने अगले 10 वर्षों में एक लाख से अधिक रियल एस्टेट उद्यमियों को सशक्त बनाकर क्रांति लाने का फैसला किया है। यह स्पष्ट है कि देश भर में सबसे अधिक नौकरियाँ प्रदान करने में कृषि के बाद रियल एस्टेट क्षेत्र का नंबर आता है। इस तथ्य ने मुझे किताब लिखने के लिए प्रेरित किया।

क्या रियल एस्टेट गेम चेंजर्स की कहानियाँ वास्तविक हैं और सच्ची घटनाओं पर आधारित हैं?

हां, किताब में शुरू से अंत तक सभी कहानियाँ वास्तविक हैं। मैंने कुछ ऐसा साझा किया है जो मैंने व्यावहारिक रूप से किया है। मैं तुम्हें वह कुछ नहीं दे सकता जो मैंने अपने जीवन में कभी नहीं किया। इस किताब में, मैंने

आपके साथ जो भी अनुभव साझा किए हैं वे वास्तविक हैं। 50 शीर्ष रियल एस्टेट सीईओ की सभी कहानियाँ मौलिक और प्रामाणिक हैं। आप उन्हें हमारे यूट्यूब चैनल पर देख सकते हैं और उनके संघर्ष, साहस, सफलता और खुशी की यात्रा को महसूस कर सकते हैं। शुरू से ही इस किताब का उद्देश्य रियल एस्टेट जगत की सर्वश्रेष्ठ प्रेरणादायक कहानियों को सामने लाना था। क्योंकि वास्तविक कहानियाँ वास्तविक चीज़ों के बारे में सिखाती हैं। रियल एस्टेट गेम चेंजर्स किताब की सभी कहानियाँ रियल एस्टेट उद्यमियों को आगे बढ़ने, सीखने और प्रगति करते रहने के लिए प्रेरित करती रहेंगी।

डॉ. अमोल मौर्य द्वारा रियल एस्टेट ट्रेनिंग और कोचिंग प्रोग्राम

आरजीसी सीईओ कोचिंग प्रोग्राम

उभरते बिल्डर्स, डेवलपर्स, मार्केटिंग एजेंसी के मालिक, और निवेशकों के लिए

आप आरजीसी सीईओ कोचिंग प्रोग्राम से क्या सीख सकते हैं?

- सफलता के लिए स्पष्ट रोड मैप बनाना
- अमल करने के लिए सरल एक्शन प्लान बनाना
- प्रभावशाली अच्छी आदते बनाना
- एक प्रभावशाली रिव्युव् मैकेनिज्म बनाना
- व्यक्तिगत विकास की योजनाए
- गेम चेंजर्स मानसिकता

आरजीसी चैंपियन प्रोग्राम

एजेंट, सलाहकार और कर्मचारीयो के लिए

आप आरजीसी चैंपियन प्रोग्राम से क्या सीख सकते हैं?

- बिना रुके लीड जनरेट करने वाली तकनीक
- डील को क्लोज करने की वैज्ञानिक तकनीक
- अपने बिज़नेस में आधुनिक साधनो को उपयोग करने की कला
- अपने बिज़नेस को स्केल करने का व्यावहारिक सिस्टम

आरजीसी सिस्टम ट्रेनिंग प्रोग्राम

रियल एस्टेट कम्पनिया, बिल्डर्स, डेवेलपर्स, मार्केटिंग एजेन्सिया और इन्वेस्टमेंट फर्म के लिए

आपको आरजीसी सिस्टम ट्रेनिंग प्रोग्राम से क्या फायदे हो सकते है?

- प्रॉफिट रेश्यो में बढ़ोतरी

- टर्नओवर में बढ़ोतरी

- टीम के परफॉरमेंस में वृद्धि

- अमल करने में सरल हो ऐसा एक सिस्टम

- कंपनी में लोगो के दिमाग में स्पष्टता लाना

- कंपनी के लीडर्स को अल्ट्रा-स्किल बनाना

टीम के कोर स्किल्स और रियल एस्टेट के क्षेत्रीय ज्ञान को बढ़ा

संपर्क करे:

फ़ोन: +91 8087010150/52/53

मेल: dramolmouryaa@gmail.com / winwintraining001@gmail.com

यूट्यूब: https://www.youtube.com/@dramolmourya

लिंकडइन: https://www.linkedin.com/in/dr-amol-mourya/

फेसबुक: https://www.facebook.com/amolmouryaofficial

इंस्टाग्राम: https://www.instagram.com/realestatewithdr.amol

अधिक जानने के लिए: https://dramolmourya.com/

रियल एस्टेट गेम चेंजर्स

इस सिद्ध मॉडल और रणनीतियों का उपयोग करके कैसे रियल एस्टेट उद्यमी अपना व्यवसाय को 5 गुना बढ़ा सकते हैं

डॉ. अमोल मौर्य

Copyright © Dr. Amol Mourya 2023
All Rights Reserved.

ISBN 979-8-89186-990-5

This book has been published with all efforts taken to make the material error-free after the consent of the author. However, the author and the publisher do not assume and hereby disclaim any liability to any party for any loss, damage, or disruption caused by errors or omissions, whether such errors or omissions result from negligence, accident, or any other cause.

While every effort has been made to avoid any mistake or omission, this publication is being sold on the condition and understanding that neither the author nor the publishers or printers would be liable in any manner to any person by reason of any mistake or omission in this publication or for any action taken or omitted to be taken or advice rendered or accepted on the basis of this work. For any defect in printing or binding the publishers will be liable only to replace the defective copy by another copy of this work then available.